U0512584

Fujiansheng Xianjin Zhizaoye
Gao Zhiliang Fazhan Yanjiu

福建省先进制造业高质量发展研究

吴德进　陈捷　等\著

中国财经出版传媒集团
经济科学出版社
Economic Science Press

图书在版编目（CIP）数据

福建省先进制造业高质量发展研究/吴德进等著.
—北京：经济科学出版社，2020.8
ISBN 978 - 7 - 5218 - 1649 - 5

Ⅰ.①福…　Ⅱ.①吴…　Ⅲ.①制造工业 - 产业发
研究 - 福建　Ⅳ.①F426.4

中国版本图书馆 CIP 数据核字（2020）第 108433 号

责任编辑：孙怡虹　赵　岩
责任校对：王苗苗
责任印制：李　鹏　范　艳

福建省先进制造业高质量发展研究

吴德进　陈　捷　等著

经济科学出版社出版、发行　新华书店经销
社址：北京市海淀区阜成路甲 28 号　邮编：100142
总编部电话：010 - 88191217　发行部电话：010 - 88191522
网址：www. esp. com. cn
电子邮件：esp@ esp. com. cn
天猫网店：经济科学出版社旗舰店
网址：http：//jjkxcbs. tmall. com
北京季蜂印刷有限公司印装
710 × 1000　16 开　17 印张　285000 字
2020 年 11 月第 1 版　2020 年 11 月第 1 次印刷
ISBN 978 - 7 - 5218 - 1649 - 5　定价：59.00 元
（图书出现印装问题，本社负责调换。电话：010 - 88191510）
（版权所有　侵权必究　打击盗版　举报热线：010 - 88191661
QQ：2242791300　营销中心电话：010 - 88191537
电子邮箱：dbts@ esp. com. cn）

前　言

我们正处在爆炸式创新的前夜。信息技术革命快速演进，人工智能、物联网、云计算、大数据、区块链等技术广泛渗透到经济社会各个领域；增材制造、机器人与智能制造、超材料与纳米材料等领域不断取得重大技术突破；基因组学、精准医疗、生物合成、工业化育种等新技术加快推广；数字创意产业逐渐成为促进优质产品和服务有效供给的智力密集型产业；新能源革命正在改变现有国际资源能源版图。今天，实施创新驱动发展战略已经成为共识，加强科技创新，掌握核心技术，才能助力制造大国迈向制造强国。

先进制造业是充分应用现代计算机技术、数字化技术，自动化程度、智能化程度、柔性化程度较高的制造行业。我国的先进制造业经过改革开放40多年的发展，实现了规模从无到有、基础从薄弱到坚实的历史性提升。但从先进制造业的发展质量来看，劳动力、技术、能源、人力资源等生产要素的投入产出效率与美国、日本、欧洲等发达国家和地区相比仍有一定差距，一些关键领域的重要核心技术仍然被发达国家的企业所掌控。为提高制造业的发展水平，2018年12月召开的中央经济工作会议，明确提出要推动我国制造业高质量发展，推动"中国制造"迈向"中国创造"和"中国智造"。2019年政府工作报告进一步指出，"要围绕推动制造业高质量发展，强化工业基础和技术创新能力，促进先进制造业和现代服务业融合发展，加快建设制造强国"①。推动先进制造业高质量发展，也是我国发展现代产业体系的重要环节和必然要求。当前我国国内虚拟经济过热，推动先进制造业实现跨越式发展，成为实现中国经济稳定、获取经济发展新动能的焦点和抓手。

改革开放以来，福建省人均国内生产总值（Gross Domestic Product, GDP）增速长期居于全国前列，然而经济增长至今主要依靠传统产业支撑，经济发展遇到人才、技术、资源、环境等"瓶颈"约束，企业长期沉迷于通

---

① 《2019年国务院政府工作报告》是国务院总理李克强2019年3月5日在中华人民共和国第十三届全国人民代表大会第二次会议上所做的报告。

过规模扩张取得低成本优势。随着新一轮科技革命和产业变革的到来，在经济新常态背景下，如何通过产业技术突破性创新、产业价值链提升、商业模式创新、市场空间拓展等策略性举措，推动福建省先进制造业的高质量跨越发展已经成为影响重大而深远的研究课题。

进入中国特色社会主义新时代，推动福建省先进制造业高质量发展已经具备诸多条件和优势：

第一，拥有门类齐全的制造业体系，呈现出智能化、服务化、绿色化三大发展趋势，在产业结构升级的周期性机遇中，能够释放"效率红利"。传统制造业的智能化转型，先进制造业的数字化提升，与生产性服务业结合越来越紧密，能够为企业发展提质、增效、降本，衍生新型商业模式，从而推动产业结构升级转换和经济持续增长。

第二，福建省处于工业化中后期，人均GDP已达到1万美元以上，能够在新一轮消费升级中继续释放"市场红利"。近年来投资和出口在经济结构中增长乏力，但在电商等新零售模式的带动下，消费需求持续增长，消费结构升级转换，拓宽未来经济增长的市场基础。福建省在装备制造、智能制造、物联网、大数据、云计算、生物科技、新材料、新能源、电子商务、互联网平台经济等新兴产业领域积累了越来越多的发展优势和潜力。

第三，福建省正面临多重"政策红利"。中央支持福建省设立自由贸易试验区、21世纪海上丝绸之路核心区、生态文明先行示范区、平潭综合实验区、福州新区、福厦泉国家自主创新示范区等多区叠加，不断探索新路，吸引优质生产要素集中集聚，全面提升福建产业竞争力，有力推动改革开放先行先试，成为推动福建省先进制造业跨越发展的强大引擎。

本书着眼于全球高新技术和新兴制造业发展新动向，在理论概述的基础上立足福建省现有产业基础、科技条件、资源禀赋和政策配套，深入福建省先进制造业子行业内部，重点研究福建省智能制造、装备制造、增材制造、船舶制造、新能源汽车、医疗设备、医药生物、石墨烯、稀土等产业发展中存在的现实问题，力求提出需要发展的总体思路、重点领域、核心技术、突破路线、业态模式以及切实可行的政策措施。"大鹏一日同风起，扶摇直上九万里"，愿我们的研究能够为新时代新福建建设起到些许助推作用，对增进八闽福祉有所裨益。

吴德进

2019年11月18日

目　录

第一章　先进制造业高质量发展理论综述 ……………… 1

　　第一节　先进制造业的内涵、特征与发展态势 ………… 1
　　第二节　先进制造业高质量发展的相关理论研究 ……… 10
　　第三节　先进制造业高质量发展的研究述评 …………… 16

第二章　福建省智能制造产业高质量发展研究 ………… 24

　　第一节　发展背景和基本现状 …………………………… 25
　　第二节　福建省智能制造产业发展方向和重点 ………… 35
　　第三节　福建省智能制造产业高质量发展的路径和策略 ……… 40

第三章　福建省增材制造产业高质量发展研究 ………… 44

　　第一节　增材制造产业发展的背景 ……………………… 44
　　第二节　增材制造产业的发展态势 ……………………… 46
　　第三节　增材制造产业发展的政策路径与对策建议 …… 54

第四章　福建省装备制造业创新驱动高质量发展研究 ……… 60

　　第一节　福建省装备制造业发展现状与趋势 …………… 60
　　第二节　福建省装备制造业创新发展动因与障碍分析 … 66
　　第三节　福建省装备制造业创新发展方向与对策建议 … 69

第五章　福建省船舶制造业高质量发展研究 …………… 79

　　第一节　福建省船舶制造业的发展历史及重要意义 …… 80
　　第二节　福建省船舶制造业高质量发展现状 …………… 84
　　第三节　福建省船舶制造业高质量发展的问题 ………… 89
　　第四节　福建省船舶制造业高质量发展的方向 ………… 92
　　第五节　福建省船舶制造业高质量发展的对策建议 …… 94

第六章　福建省新能源汽车产业发展研究 ················· 99
　　第一节　中国新能源汽车特点、现状及发展趋势分析········· 99
　　第二节　福建省新能源汽车产业发展现状分析 ··········· 110
　　第三节　福建省新能源产业发展的思路对策 ············ 115

第七章　福建省石墨烯产业高质量发展研究 ··········· 124
　　第一节　推动新材料产业高质量发展的重要意义 ········· 124
　　第二节　福建省石墨烯产业的现状基础 ·············· 132
　　第三节　推动福建省石墨烯产业高质量发展的措施建议 ····· 142

第八章　福建省稀土产业高质量发展研究 ··········· 150
　　第一节　发展稀土产业的战略价值 ················ 150
　　第二节　福建省稀土产业的现状及 SWOT 分析 ·········· 163
　　第三节　推动福建省稀土产业高质量发展的措施建议 ······ 172

第九章　福建省医疗器械产业高质量发展研究 ········· 181
　　第一节　医疗器械产业特征及发展态势 ·············· 181
　　第二节　福建省医疗器械产业发展现状 ·············· 194
　　第三节　福建省医疗器械产业高质量发展思路 ·········· 202
　　第四节　福建省医疗器械产业高质量发展建议 ·········· 204

第十章　福建省医药生物技术产业高质量发展研究 ······· 210
　　第一节　福建省医药生物技术产业发展的时代背景 ········ 210
　　第二节　福建省医药生物技术产业发展质量分析 ········· 219
　　第三节　福建省医药生物技术产业高质量发展的对策建议 ···· 225

第十一章　福建省平台经济高质量发展研究 ··········· 235
　　第一节　平台经济概述 ······················ 235
　　第二节　福建省平台经济发展的现状与存在问题 ········· 241
　　第三节　福建省平台经济高质量发展方向与对策思路 ······ 245

参考文献 ······························ 252
后记 ································· 265

第一章

先进制造业高质量发展理论综述

制造业既是一国综合国力和核心竞争力的重要体现，也是国民经济发展的主要支撑，先进制造业则是制造业中的高端环节，是引领制造业发展的中坚力量。我国的先进制造业经过改革开放40多年的发展，实现了规模从无到有、基础从薄弱到坚实的历史性提升。但是从先进制造业的发展质量来看，劳动力、技术、能源、人力资源等生产要素的投入产出效率还有待提高，和美国、日本、德国等发达国家的先进制造业发展水平仍有一定差距，一些关键领域的重要核心技术仍然被发达国家企业所掌控。为提高制造业发展水平，2018年12月召开的中央经济工作会议明确提出要推动制造业高质量发展，坚定不移建设制造强国。2019年政府工作报告进一步指出"要围绕推动制造业高质量发展，强化工业基础和技术创新能力，促进先进制造业和现代服务业融合发展，加快建设制造强国"，充分体现了先进制造业高质量发展的重要性与紧迫性。因此，要进一步厘清先进制造业高质量发展的基本思路和主要任务，并对先进制造业的发展态势、发展路径以及相关理论进行研究。

第一节　先进制造业的内涵、特征与发展态势

先进制造业中的"先进"意味着技术先进、模式先进与管理先进，作为最新科技成果与工业体系结合最为紧密的产业，先进制造业担负着引领制造业发展、从应用端推升技术进步与科学研究发现、从供给端保障输出优质供给的重要使命，需要以高质量发展方针为指引，不断提高产业素质与产品质量，实现价值链攀升。

一、先进制造业的内涵及高质量发展的重要意义

(一) 先进制造业的内涵

制造业不仅是国民经济的基础，也是一国经济实现产业领先和赶超的主要力量，其发展程度通常是一国经济是否进入发达阶段的重要标志。从世界主要经济体的发展经验来看，制造业的发展在国家崛起的历史进程中均扮演着重要角色。如英国成为首个实现工业化的国家并成为世界制造中心，美国依托大规模生产和分销模式实现追赶和崛起，日本和德国均通过特有的先进生产组织模式成为世界制造强国。因此，发展制造业是在全球科技发展趋势下把握产业革命机遇的重要战略手段，是实现国家发展升级的国之重器。先进制造业是制造业中的高端产业，是制造业中创新最为活跃、技术成果最为丰富的领域，具有技术密集、成长性好、带动能力强等特点，因此先进制造业的发展强弱也反映了一个国家或地区经济核心竞争力的强弱。

在定义上，由于先进制造业隶属于制造业范畴，现有的研究主要从制造业与先进制造业的区别出发，对先进制造业进行界定。如王志华、陈沂 (2005) 认为先进制造业是以先进制造技术或高新技术为主要生产手段，采用现代先进管理模式，能产生良好经济效益与社会效益，对经济增长，产业结构优化与升级有巨大重大促进作用，走可持续发展与循环经济道路，体现新型工业化方向的制造业。张伟民 (2007) 认为运用先进制造技术获得高附加值的产业为先进制造业。罗文 (2014) 认为先进制造业是在传统制造业基础上，吸收信息、机械、生物、材料、能源及现代管理等最新技术成果，并将这些先进技术综合应用于产品研发设计、生产制造、营销管理、售后服务全过程，实现优质、高效、低耗、清洁、灵活生产并取得良好经济社会和市场效益的现代制造业的总称。多数研究认为先进制造不仅在技术层面上是先进的，而且在管理方式、制造模式等层面具有先进性。先进制造企业一方面能够应用先进的制造技术，不断优化生产中的物质流、能量流和信息流，另一方面通过制造模式的改进、更新，把生产力和生产要素加以高效组织，实现制造过程的系统化、集成化和信息化，为产品质量提高，扩大生产规模，加快制造速度提供解决方案。表1-1显示了传统制造业企业与先进制造业企业在制造模式、生产要素的获得、核心竞争力、创新竞争策略等方面的差异。

表 1-1　　　　　　　　　　传统制造业与先进制造业企业的区别

比较项	传统制造企业	先进制造企业
制造模式	福特生产管理模式下高标准化的流程管理	模块化和封装化的基础上进行系统化,实现定制化、节能化与绿色生产导向
生产要素的获得	以自身的工厂为中心,生产要素获得和配置相对封闭	在自身工厂基础上加以延伸,利用企业外部的多元要素和资源,加以集成
核心竞争力	基于规模经济的大批量生产,通过降低成本提高生产效率	以大规模定制满足个性化要求的制造模式,提供产品内置软件、附加服务、解决方案业务获取高附加值
创新竞争战略	通过购置先进的生产设备和生产工序的标准化管理提高生产效率、降低成本	基于网络获取信息,及时反映市场需求,集成、共享各种资源

资料来源:作者根据相关资料整理。

(二) 先进制造业与高技术产业、战略性新兴产业的联系

高技术产业是制造业中研发投入强度相对较高的制造业行业,我国的高技术产业有医药制造,航空、航天器及设备制造,电子及通信设备制造,计算机及办公设备制造,医疗仪器设备及仪器仪表制造,信息化学品制造六大类。战略性新兴产业则强调产业的战略性和产业对经济发展的重大引领带动作用,我国的战略性新兴产业包括节能环保产业、生物产业、高端装备制造业、新能源产业、新材料产业、新一代信息技术产业、新能源汽车产业七大类。战略性新兴产业由于技术应用形态与市场需求均处于新兴发展阶段,具有相对传统制造业而言的先进性,因此战略性新兴产业在内涵上隶属于先进制造业,并且是先进制造业中处于行业技术前沿且具有重大战略意义的产业。高技术产业主要指研发比重较大的行业,高技术产业因为技术水平普遍高于其他制造业而通常也被视为先进制造业。但从微观层面来看,并非所有的高技术企业均属于先进制造业,高技术产业在产业内部同样存在着产品附加值低、技术水平相对同行业水平处于较低的一部分企业,不具有先进性,不能视为先进制造业中的一部分。

此外,一些学者认为先进制造业既包括新兴制造业(如战略性新兴产业),也包括传统制造业的先进部分。罗文(2014)认为,先进制造业既包括新技术催生的新产业新业态新模式,也包括利用先进适用技术、工艺、流程、材料、管理等改造提升后的传统产业。李金华(2017)认为先进制造业可分为两类,一类是传统制造业引入信息技术、智能技术和其他高新技术后

升级而成的产业，如航空航天装备制造、数控机床制造、交通运输装备制造等；另一类是新兴技术成果产业化形成的产业，如 3D 打印制造、精密与超精密加工、生物制造、纳米制造等。综合来看，先进制造业包含高技术产业与传统制造业中技术水平、管理能力处于行业前段的企业，以及所有的新兴产业。

（三）先进制造业高质量发展的重要意义

现阶段推动先进制造业高质量发展，不仅是先进制造业成长的内在要求，也关系国民经济供给侧与需求侧各个层面的协调与优化。

一是有利于产业结构升级优化。制造业是信息服务业、金融服务业、物流业、研发设计产业等生产性服务业的发展基础，制造业发展程度越高，为生产性服务业创造的增长空间就越高，在先进制造业的发展带动下，一个国家的现代服务业能够加速服务创新与服务能力提供，发展至高级服务供给阶段。

二是有利于促进就业。先进制造业创造了对熟练工人、技师的大量就业需求。美国、欧洲等发达经济体曾经把制造业向发展中国家转移，以获取更高的利润，本土的制造业逐渐萎缩，导致就业机会不足、贫富差距扩大、社会矛盾增大等问题，因此，美国正推行制造业回流计划，通过减税优惠等各类方式吸引国外的制造业回流美国。

三是有利于加速需求升级。高质量发展的重要目标之一就是满足需求侧对品质功能要求的不断增长。先进制造业吸收了先进的技术成果，并在产品研发设计、生产制造、销售、维护等生产的全过程实现了信息化、智能化、生态化，能够满足市场对产品品质、功能不断提升的要求，能够取得良好的市场效果和经济效益。

四是有利于增加高质量供给。当前制造业发展中存在着低端供给过剩和高端供给不足并存的结构性问题，由于技术要求低、投入成本低，低端制造行业产能严重过剩，而大量关键装备、核心技术、高端产品既不能自给自足，也不能满足市场需求。发展先进制造业，能够进一步增加高端产品的供给，提升质量品牌附加值，减少对国外关键技术的进口依赖，并且能提高供给体系的质量和效率，破解发展不平衡不充分问题。

二、先进制造业的主要特征

有别于传统制造业，先进制造业更多表现为技术密集、模式先进、战略支撑引领和动态演进四个方面的特征。

（一）技术密集性

先进制造业是技术密集产业，采用的技术必然是先进的技术。随着技术的不断进步，自 20 世纪 60 年代以来，制造技术已经历了四个发展阶段。机器人技术、数控技术、集成技术、超精密加工技术等先进制造技术，通过升级改造促进传统制造业生产效率提升和生产方式转变。

未来先进制造技术是制造技术与高技术的集成。美国先进制造伙伴执行委员会经过评估后认为三大技术领域是下一阶段制造技术发展的重点，一是先进传感器、控制和制造平台技术，传感器方面有基于生物、纳米和微制造的传感器研发，控制系统包括离散制造控制与过程控制集成等方面的技术。在制造平台方面以互联网基础设施建设、软件应用与开发、平台基础设施设计和构建等为方向。二是可视化、信息化和数字化的制造技术，包含可视化数字化设计、仿真、数据模型、大数据分析等技术的应用。三是先进制造材料，主要包括高结构复合材料、生物制造材料和关键材料再加工等技术。

（二）模式先进性

制造模式是制造业组织各类物质资源、资金、人才、知识等各类生产要素所形成的生产组织形式。传统制造模式和先进制造模式还存在较大的差异，如工业化时代以福特为代表的大批量生产模式是以提供低成本的产品、大规模生产为主要目标，以满足市场对工业产品需求不能得到满足的状况。在信息化时代则以柔性生产模式、精益生产模式、敏捷制造模式等满足市场多元化需求为主要目标。李京文、黄鲁成（2003）认为先进制造模式表现为在社会范围内建立虚拟制造系统和敏捷制造系统，在微观领域则主要表现为柔性制造系统、计算集成制造系统和精良生产等。目前，根据国际生产工程学会统计，发达国家的先进制造系统和先进制造模式已多达数十种，如柔性制造系统、计算机集成制造系统、精益生产模式、清洁生产模式、虚拟制造模式等，下一代的制造模式有并行工程和系统制造、生物制造、远程网络制造、全球制造等模式。[①]

（三）战略支撑性

世界范围内，先进制造业的发展往往是国家意志的直接体现，因此推动先进制造业加速发展不仅具有重大经济意义，而且蕴含了国与国之间的相互

---

① 肖高. 先进制造企业自主创新能力结构模型及绩效关系研究［D］. 浙江大学博士学位论文，2007.

角力竞争，具有明显的地缘意义。美国先后出台了一系列诸如《确保美国先进制造的领先地位》《先进制造业国家战略计划》《赢得美国先进制造竞争优势》《国家制造创新网络的初步设计》《加速美国先进制造》《振兴美国制造与创新法案》等政策；英国 2013 年发布了《制造业的未来：英国面临的机遇和挑战》，围绕以生产为核心的价值链，提出"服务 + 再制造"的新理念；德国的"工业 4.0"则是以"智能制造"为关键词；法国在《新工业法国计划》中指出，计划的目的是为了强力支撑"未来工业"的兴起与发展；日本 2013 年和 2015 年发布了《日本再兴战略》与《机器人新战略》，韩国 2014 年发布了《制造业创新 3.0 战略》和实施方案。发达国家以先进制造业为重要抓手，抢占产业竞争的战略高地，因此，先进制造业的发展通常以战略、政策、规划为引领，以满足国家根本战略利益为目标，具有规划性、长期性和稳定性。

（四）动态演进性

先进制造业的先进性是一个动态的概念，随着技术的发展不断改变，并随着技术的进步不断革新和自我更替。因此，先进制造业在不同的历史背景下，具有不同的产业分类和内涵。在 1992 年美国政府提出先进制造业概念初期，普遍认为先进制造技术主要包括数字化生产技术、计算机辅助设计和机器人技术。随着第三次产业革命的到来及科技技术的不断进步，智能和数字制造、人工智能基础设施、新能源、高性能材料、增材制造、生物制造等相关产业成为先进制造业的代表性产业。因此，先进制造业中的"先进性"要结合时代背景进行认识，不能把先进制造业局限在具体的产业范畴，而是应根据制造业的技术应用、模式发展变化及时加以调整。

三、全球先进制造业发展的主要态势

发达国家的先进制造业发展在产业重点上虽然有所差异，但在大的方向上却保持一致，智能化、高端化、自动化都是全球各大经济体先进制造业的主要发展趋势。

（一）重点技术领域创新驱动先进制造业发展

先进制造业是制造业中创新要素聚集、成果应用迅速、技术竞争激烈的领域。创新是先进制造业发展的第一动力，科技成果从基础研究向应用领域的转化不断拓展了先进制造业的发展空间。在当前第三次产业革命的时代背景下，新一代信息技术、新材料技术、新能源技术正在带动群体性技术突破，如《美国先进制造业领导战略》认为未来新兴市场将由多种技术创新共同驱动，包括智能制造和数字制造系统、工业机器人、人工智能、增材制造、高性能材料、半导体和混合电子、光子学、先进纺织品、生物制造、食品和农业制造业等，其中高性能先进材料在开发新产品以及国家和经济安全方面至关重要。中科院院长白春礼院士指出，信息网络、生物科技、清洁能源、新材料等正在孕育一批具有重大产业变革前景的颠覆性技术，具有良好创新前景的技术领域还有量子计算机与量子通信、干细胞与再生医学、合成生物和"人造叶绿体"、纳米科技和量子点技术、石墨烯材料等。[①] 由于技术的发展具有连续性，围绕重点技术领域的创新将推动先进制造业快速发展，并成为引领世界范围内制造业发展的主要力量。

（二）新生产制造模式不断涌现

生产制造模式是制造技术的载体，是充分发挥技术作用提高生产效率的生产组织方式，以精益生产、敏捷制造、绿色制造等为代表的生产制造模式已成为先进制造业发展的重要标志。在新一代技术革命的推动下，新技术和新产品的开发引发了制造模式全面革新，形成包括数字化设计、自动化设计、信息化管理和虚拟实验室在内的新型研发手段与载体，实现了制造技术、信息技术、自动化技术与现代管理技术的高度融合，如先进制造业与信息化的融合产生了制造业自动化单元技术、计算机辅助工艺设计等，虚拟制造模式、数字化制造模式等，先进制造技术与环保技术的融合产生了清洁生产模式等，与人工智能技术的融合产生了无人工厂模式，与云计算技术的融合产生了共享制造模式等。新生产制造模式的发展是先进制造业适应顾客需求的多样化与全球范围内竞争加剧的内在要求，它的本质是需求侧改变和供给侧调整两端相互衔接的动态演化过程，它的产生与发展体现了技术创新、流程创新、组织结构创新等多个方面，是以高级形态创新应对需求侧高端化、定制化的组织变革，先进制造业的发展必然伴随着生产制造模式的不断进化。

（三）嵌入全球生产网络程度加深

全球生产网络的形成是经济全球化和区域经济一体化不断深化所产生的结果，在追求效率和成本的目标下，企业生产活动空间范畴跨越一国国界，研发、定位、设计、投入、制造、分销各个环节在企业全球战略指导下实现跨企业、跨国界的安排，产业价值链下生产要素组织以及附加值完成的全过程不再受到单个企业实体资源总量的约束，而是突破了单个企业的边界，向

---

① 白春礼. 未来的科技发展新趋势［N］. 人民网, 2015－7－5.

外部企业与机构延伸。① 全球先进制造业生产网络主要表现为模块化、关系型和控制型三种模式，美国硅谷、德国阿德勒斯霍夫科技园、日本丰田汽车产业群分别是这三种类型生产网络的典型代表。② 在市场规律的作用下，先进制造业的发展依赖于相关科技领域最新的技术突破以及最高效率的生产制造过程，只有积极嵌入全球生产网络，才能从内部与外部环境中获取技术进步，形成不断升级、不断更新的良性循环发展局面。但随着美国逆全球化外交策略的实施以及对以华为、中兴为代表的中国高技术企业的遏制打压，我国先进制造业嵌入全球生产网络的进程可能有所放缓。

（四）智能制造趋势日益明显

智能制造是新一轮科技革命发展的重点方向，也是国际制造业竞争的制高点。借助先进的信息技术，制造业在智能装备、工业互联网、3D 打印、自动化系统等多个领域迅速发展，以及在制造业基础设施上实现"机器换人"、数字化车间、智能工厂等"智能化"改造升级。发达国家也把智能制造置于重要地位，如美国 2013 年制定了《工业互联网战略》，以智能机器、高级分析和人的有机融合为目标，2017 年通过《国家机器人计划 2.0》，旨在加快机器人开发和实际应用。欧洲联盟（以下简称"欧盟"）在 2010 年和 2014 年相继制定"第七框架（FP7）"计划和"2020 地平线"计划，将智能型先进制造系统作为创新研发的优先项目。党的十九大报告指出，要加快发展先进制造业，推动互联网、大数据、人工智能和实体经济深度融合。据初步统计，我国智能制造试点示范项目智能化改造前后对比，生产效率平均提升30% 以上，运营成本平均降低 20% 左右。机械工业信息研究院副院长石勇认为，智能制造模式从五个方面实现了对制造业的改造和重构：（1）生产方式逐渐从大批量制造逐渐转向少量多样；（2）市场竞争将逐渐从以成本/价格为中心逐渐转向以价值创造和应用普及为中心；（3）产业结构将逐渐由封闭走向开放；（4）价值链主导力量将会由产品主导转为服务整合主导；（5）价值链结构将会由链式垂直分工逐渐转向网状价值整合。③ 智能制造将成为先进制造业与通信技术融合发展、集成创新的重要领域。

（五）集群化发展进程加速

集群化发展是工业化过程中的普遍规律，也是先进制造业完善产业空间

---

① 黄烨菁. 何为"先进制造业"？——对一个模糊概念的学术梳理 [J]. 学术月刊，2010，42（7）：87 – 93.

② 袁红林等. 全球生产网络下我国先进制造业集群的国际经验与政策建议 [J]，国际贸易，2019（5）：61 – 68.

③ 石勇. 新业态新模式深刻改变制造业生产方式 [N]. 中国产业经济信息网，2017 – 6 – 19.

布局，促进高端生产要素集聚的关键。从发达国家制造业发展经验来看，美、德、日等国都把制造业集群化发展作为制造业提升的主要手段，如美国通过设立产业集群发展基金、制定区域创新集群计划、产业集群测绘计划等战略来推动产业集群发展；德国将集群战略作为顶层设计的重要一环加以推进，不仅通过政府投资引导风险资本进入，对领先的制造业集群提供资金资助，而且为企业提供智力支撑。日本先后推进了产业集群计划（2001 年）、知识集群计划（2002 年）和城市区计划（2002 年）等三个产业集群发展战略计划，建立了集群计划的精准长效机制。党的十九大报告中也首次提出我国要促进产业迈向全球价值链中高端，建设世界级先进制造业集群。地方政府也在大力推动制造业集群，如安徽省把原先发展战略性新兴产业集聚发展基地的发展思路调整为建设先进制造业集群，体现出先进制造业发展空间布局实现由点到面的变化。从发展趋势看，在原有产业集群的基础上发展先进制造业集群，是先进制造业发展的空间地理特征。但先进制造业集群和传统产业集群存在本质上的差异，杜宇玮（2018）认为先进制造业产业集群依靠先进技术和高端装备的竞争优势，关键点不在产业规模和地方数量，而在于技术含量、附加值和产业控制力的高低。

（六）制造业与服务业相融合态势不断深化

制造业和服务业融合从 20 世纪 80 年代已经开始，但在大数据、互联网、人工智能等新一代信息技术以及服务外包、制造外包的产业模式的推动下，先进制造业和生产性服务业的加速融合，形成制造业服务化、服务业制造化的双重融合趋势，经济全球化与工业革命使制造业和服务业融合成为世界性的发展潮流。如 IBM 从硬件制造商成功转型为综合 IT 服务商，服务收入占比超过了营业总收入的 50%。通用电气的"技术＋管理＋服务"模式所创造的产值已经占到公司总产值的 2/3 以上，德国的西门子、博世等大型企业也逐步转型为 IT 企业。先进制造业和生产性服务业的融合发展，是制造业资源配置优化、助力产业转型升级、竞争模式创新的关键性路径。生产性服务业作为服务业中知识技术的集聚化产业，是一种具有较强产业关联性的现代服务产业，可以促进先进制造业生产体系的专业化和效率提升；而先进制造业则以创新优势、资本优势、品牌优势为依托，不断衍生新的专业化服务需求，提高生产性消费的地位和作用，促进生产性服务业的发展。《中国制造 2025》中提出"实现制造业和服务业协同发展"，"十三五"规划更进一步明确了"推动生产性服务业向专业化和价值链高端延伸、生活性服务业向精细和高品质转变，推动制造业由生产型向生产服务型转变"。先进制造业与服务业融合发展的主要领域有新一代信息技术领域、制造外包与服务外包领域，在新一代信息技术领域，由于创新速度快、直接面对需求终端，产品制造与服务融合的系统生态已逐渐成为该领域的核心竞争焦点，在制造外包与服务外包行业，企业对原材料、人才、专利、品牌、文化、知识等资源的整合使得先进制造业与服务业以更快的速度加以融合。

第二节　先进制造业高质量发展的相关理论研究

高质量发展是我国当前和未来一段时期内经济发展的总体要求，也是政府制定经济政策、进行各类规划、开展经济工作的指导方针。高质量发展已成为新时代中国特色社会主义阶段的鲜明发展主题，先进制造业的发展也应从行业到企业，进一步厘清高质量发展的基本思路，把握时代赋予的难得机遇，应对外部环境变化带来的严峻考验。

一、先进制造业高质量发展的理论内涵

党的十九大报告提出，"我国经济已由高速增长阶段转向高质量发展阶段""要切实把提质增效放到经济工作的首要位置，推动经济发展质量变革、效率变革、动力变革，提高全要素生产率"。2018 年 4 月习近平在湖北考察时也指出高质量发展是体现新发展理念的发展，推动高质量发展是做好经济工作的根本要求[1]。"质量第一""质量强国"等词汇也首次被写入十九大报告之中。这些论述及变化充分说明"高质量"在经济发展中的重要性越来越突出，也标志着我国的经济发展思路产生了重大调整，即从经济总量的高速扩张追求转向高质量高水平的发展道路。普遍认为，高质量发展既是和过去高增长相区别的符合新时代我国经济发展阶段性特征的理想的经济发展状态，也是一种全新的发展理念、发展战略，并且高质量发展内涵与"创新、协调、绿色、开放、共享"等发展理念高度契合，是五大发展理念的凝炼体现。张帆认为，高质量发展是商品和服务质量普遍持续提高，投入产出效率和经济效益不断提高，是创新发展、绿色发展、协调发展、深化供给侧结构性改革和共享的发展。[2] 金碚（2018）认为，高质量发展是区别于高速增长

---

① 习近平. 奋力谱写新时代湖北发展新篇章［N］. 人民网，2018－4－30。

② 张帆. "高质量发展"的思考：内涵及发展路径［J］. 经济研究导刊，2018（21）：187－188.

的一种经济发展质态，体现质量第一、效率优先。贺晓宇等（2018）认为高质量发展是实现经济提质增效的新的发展范式。刘志彪（2018）认为高质量发展，是基于我国经济发展新时代、新变化、新要求，对经济发展的价值取向、原则遵循、目标追求作出的重大调整，是创新、协调、绿色、开放、共享新发展理念的高度聚合，是创新成为第一动力、协调成为内生特点、绿色成为普遍形态、开放成为必由之路、共享成为根本目的的发展。

高质量发展既是国家经济、社会发展的大方略，也是指导产业发展、企业发展的工作思路，在宏观、中观、微观等不同层面具有不同的侧重点。在宏观层面，李伟（2018）认为，高质量发展包括高质量的供给、需求、配置、投入产出、收入分配和经济循环等六个方面。王一鸣（2018）认为，经济发展的质量在宏观层面主要指国民经济整体质量和效率，通常可以用全要素生产率来衡量。任保平和李禹墨（2018）提出，高质量发展的内涵主要包括：经济发展高质量、改革开放高质量、城乡建设高质量、生态环境高质量、人民生活高质量。任保平（2018）认为，高质量发展中的质量应包括经济增长质量、国民经济运行质量、经济发展质量、公共服务质量、对外贸易质量、高等教育质量和经济政策质量。张平（2019）认为，高质量发展包括经济效率与居民福利提高、消费升级、经济韧性加强、实现生态文明和可持续发展等方面的内涵。

在中观层面，王一鸣（2018）认为质量主要指产业和区域发展质量；任保平（2018）认为质量包括产业发展质量、工业化质量、城市化质量、金融发展质量和生活质量。

在微观层面，主要是指产品和服务的质量。任保平（2018）认为，质量不仅包括产品质量与企业质量，还应包括人口质量与环境质量。戴国宝等（2019）认为，民营企业的高质量发展是企业的发展方式由过去粗放式经营转向创新驱动发展；由过去单一自我发展转向积极整合内外部资源，协调共同发展。

先进制造业是制造业的组成部分，属于中观层面的概念，同时先进制造业由数量众多、领域不同的先进制造企业构成，因此先进制造业高质量发展的重心是中观、微观意义上的高质量发展，是强调全产业的效率变革、质量变革和动力变革的发展，具体表现为先进制造业各行业不断适应需求端消费升级的发展趋势，不断提高产业素质、企业活力、产品和服务的质量，实现技术结构的优化升级、资源利用的效率提高和劳动生产率的大幅提升。

二、先进制造业高质量发展的核心要求

先进制造业作为制造业中创新最活跃、科技技术应用最先进的领域，是我国在现阶段实现经济新旧动能转换中新动能的主要力量，先进制造业能否实现高质量发展关系现代化经济体系的建设成败，也是供给侧结构性改革能够取得成效的关键因素。因此，先进制造业的高质量发展具有不同于一般制造业的要求。

（一）为我国产业结构高级化提供动能

随着以规模扩张为目标的高速增长阶段的结束，我国制造业发展中最大的制约因素之一是产业结构的调整刚性与低效生产资源配置，造成了经济发展中低端产品产能过剩与高端产品供给不足的结构性矛盾，要在产业关键性技术与设计、研发等环节上下功夫，以质量提升促进产业结构高级化，推动制造业向中高端迈进，提高中观产业发展的质量。既要改造升级传统产业，以创新为支持，以市场为导向，按照技术、安全、环保、能耗等标准进行传统产业的提升和整合；也要壮大新兴产业，实现先进制造业要从无到有，从有到优，在新兴产业发展上形成突破，在世界新兴产业竞争格局中占据有利地位。

（二）为产品高质量供给提供保障

党的十九大报告指出，现阶段主要矛盾是人民日益增长的美好生活需要和不平衡不充分发展之间的矛盾。经济发展过程中必然伴随着人民生活水平和质量普遍提高，消费水平不断提升，消费结构、消费方式不断更新，消费的产品和服务种类不断增多。相对现有的制造业体系，先进制造业高质量发展要建立更加齐全的产业类别，应用更加先进的生产技术和新的组织管理模式、新的生产服务方式，提供更加丰富的产品种类、质量更高的产品和服务，使产业的发展不断适应消费结构的新变化、新特征。相对一般制造业，先进制造业要建立更加严格的质量标准，加强产品的全面质量管理，以标准的全面提升推动产业升级，形成新的竞争优势。

（三）为中国制造与中国创造品牌走向世界提供支撑

2014年5月习近平在河南省考察工作时提出"推动中国制造向中国创造转变、中国速度向中国质量转变、中国产品向中国品牌转变"的高质量发展"三转变"思路。我国是制造业大国，拥有世界上门类最齐全的制造业生产体系，但制造业大而不强，缺乏享有世界声誉的中国制造品牌。先进制造业

高质量发展要强化企业创新主体地位和主导作用，加快培育一批拥有自主知识产权和知名品牌、具有国际影响力的创新型领军企业。不断提高我国工业制成品的品牌影响力、知名度、国际市场份额。要强化对品牌的知识产权保护和管理，提升竞争质量。

（四）为质量变革和效率变革提供范本

先进制造业是高生产率行业，实现高效率、高效益、低污染、低能耗的发展格局要把质量第一、效益优先作为衡量标准，不再盲目追求规模上的扩张，而是以产业价值链和产品附加值的提升为主要目标。因此，要提高投入要素的质量。包括设备、技术、生产工艺，土地与资本价格，劳动力素质，生产的动力能源。采用新设备、新技术、新工艺是实现更有效率生产、更高质量发展的基础。

三、先进制造业高质量发展的相关理论

（一）全球价值链理论

从管理学家波特在1985年首次提出价值链理论以来，价值链就广泛应用于企业生产、消费活动的系统性研究。价值链逐渐被视为制定公司战略、提升公司竞争力的基本理念。在价值链理论的基础上，学者们结合全球产业分工从垂直一体化向水平一体化生产转变的趋势，并随之形成的跨国企业主导将商品的价值链进行分解为不同国家和地区的企业生产环节的格局，提出了"全球商品链理论"。在21世纪初，全球商品链概念逐步被全球价值链概念进行替代。按照驱动价值链方式的不同，可以把价值链分为生产者推动型和购买者推动型两种。前者以产业资本为主，通过跨国投资建立产业链的垂直分工体系，形成生产者主导的全球生产网络体系；后者主要为具有品牌知名度和销售渠道的企业利用全球采购和OEM制造体系形成全球商品供应网络，如沃尔玛、耐克等跨国企业控制着产品的全球生产网络。

全球价值链理论提出，发展中国家参与全球价值链，能够实现制造业供给质量的提高。这种进步一方面来源于参与价值链过程中发展中国家获得了零部件、生产设备和模仿学习的机会，提高了自身的制造能力与技术水平，实现了工艺流程的升级。另一方面，发展中国家参与全球价值链能够避免构建整条价值链的所产生的冗长性、刚性等不利因素，同时对经济规模较小的发展中国家来说，参与全球价值链能突破莱宾斯坦（Leibensten，1957）提出的"临界最小努力点"问题。在实证上，进口中间产品对全要素生产率的积

极影响不断得到验证，进口中间产品可以提升要素投入规模和种类，形成"研发替代效应"，一是进口中间品的代工企业由于省去了研发、设计环节上的高成本投入，企业可以专注于组装加工环节，产生规模经济。二是向高附加值环节攀升的企业能够通过消化与吸收高品质中间产品内嵌的先进技术，发挥"学习效应"机制，也能提高要素生产率。这两种效应为发展中国家从落后实现追赶提供了一条可行的路径，即先通过融入价值链和进口中间品来生产高端产品；随后通过"干中学"和技术外溢等方式来延长国内价值链，提升出口品中的国内增加值率。

同时，在全球价值链中存在锁定现象，发展中国家过多嵌入价值链的低端工序，容易被俘获处于低端发展困境，原因在于发达国家出于维护自身利益的需要，仅支持发展中国家从事组装加工等活动。我国先进制造业的发展也必须突破西方发达国家在价值链高端环节的技术封锁，加大研发投入能够减轻全球价值链嵌入对后发国家的不利影响并在后期呈现出显著的积极作用（王岚，2014）。全球价值链理论对先进制造业集群发展政策的制定也有一定的启发意义。先进制造业在建立全球价值链时，应根据不同的驱动方式制定政策，例如，对于装备制造、电子信息、石油化工和生物医药等生产者驱动类型的产业集群应该重点提升融资环境，强化技术扶持力度，鼓励上下游企业间垂直一体化等，对于纺织服装、食品饮料、家居用品制造等典型采购者驱动的产业集群，则应该营造地方亲商和重商的社会环境，培育本地市场，适当推进品牌战略，强化该领域的贸易扶持措施。①

（二）窗口理论

英国演化经济学家卡洛塔·佩雷斯针对发展中国家的发展模式转变提出了"机会窗口"理论，他认为发展中国家拥有两种机会窗口，"第一种机会窗口"存在于发达国家与发展中国家技术差距较大的环境下，当某种技术体系在发达国家趋于成熟后，落后国家可以利用劳动力成本优势，从价值链低端入手逐步融入国际分工体系，进行后发追赶。"第二种机会窗口"存在于发展中国家与发达国家共同面临新技术革命的环境下，使各个国家处于相似的技术起点，发展中国家由于不存在旧经济技术范式的惯性约束，比发达国家更能适应新的技术经济范式并有机会依托自身广大的市场规模实现跨越发展。"第二种机会窗口"强调发展中国家通过自主创新，利用本国的市场需求，建立新技术相适应的产业体系，逐步掌握价值链上的高端环节，掌握关

---

① 张辉. 全球价值链动力机制与产业发展策略 [J]. 中国工业经济，2006，(1)：40-48.

键设备、核心技术的制造能力并拥有自主的知识产权。佩雷斯认为，发展中国家要充分利用"第二种机会窗口"。

先进制造业高质量发展必须把握产业升级的机会窗口。吕铁等（2012）认为第三次工业革命对国家间的比较优势、第二、第三产业关系、世界经济地理和国家间收益分配机制产生深远的影响，也打开了实现赶超的机会窗口。

梁中（2019）认为，当前我国制造业面临的机会窗口有三个：一是全球制造科技革命背景下不连续创新带来的"技术变轨"窗口。二是推动制造业创新驱动升级的"制度供给"窗口，主要来源于政府在创新体系建设、营商环境改善、对外开放等方面机制体制变革。三是"一带一路"建设为制造业升级开辟新兴市场"需求窗口"。

（三）产业融合理论

产业融合是产业发展过程中出现的跨产业活动，是产业间界限趋于消融，形成新的产业部门替代原有的产业部门，或在产业交叉处起互补作用的一种模糊化的动态发展趋势。先进制造业在发展过程中不断出现产业与产业相互融合形成新的制造业，如电子信息技术应用于机械产业中，加速了电子产业与机械产业相互融合，形成电子机械产业，工业机器人、数控机床、无人驾驶汽车等产业都是融合后形成的新产业。产业融合的实质是外部社会分工内化为企业内分工的过程和结果，是为降低交易成本，获取分工收益的一种制度安排。[①]

产业融合理论认为融合的类型主要分为两类：

1. 技术融合

技术融合是最早出现的产业融合概念，也是在产业发展史中可以大量观察到的现象。如电力的发现与应用并与其他产业融合的过程中，创造了极其丰富的新产品、新产业，电与化学产业融合产生电化产业，与金属工具融合产生电动工具产业，与机械产业融合形成电气机械产业。罗森伯格（Rosenberg，1963）在研究美国机械工具产业早期演化时首次提到技术融合这个概念。他认为技术融合指在生产过程中不同产业依赖相同的技术诀窍的过程。随着信息技术时代的到来，在技术融合领域，数字技术、信息技术与其他制造产业的融合将形成一批新的先进制造业。技术融合以技术的突破性创新为驱动力，是突破性技术与其他具有融合基础的产业建立有机联系，导致产业边界重新界定，产业准入壁垒降低，企业竞合关系进一步加强的过程。

---

① 郭承先. 产业融合研究：基于企业行为的分析视角 [D]. 中央党校博士论文，2017.

2. 产业交叉融合

产业交叉融合表现为原来属于不同产业的企业间共同参与市场竞争，或者实施跨产业的兼并重组，形成产业相互交叉、相互渗透的动态发展过程。格林斯坦等（1997）认为产业融合是一种为促进产业发展而产生的产业边界消失或收缩的新经济现象，新的企业竞合关系则是产业融合的产物。李美云（2007）提出产业融合是与产业分化相对的另一种产业发展范式，原本独立的产业相互交叉、渗透，引起传统产业边界模糊化甚至消失的现象，产业间企业产生直接竞争关系。先进制造业与服务业的融合大多属于产业交叉融合的范畴，有利于促进制造业的效率提升。

产业融合对先进制造业的发展具有重要的影响：一是技术融合诱导新兴细分市场的出现，给进入企业提供了参与新兴价值链的机会。技术融合必然伴随着大量的新产品和新需求的出现，为新兴企业的蓬勃发展提供了机遇。二是产业融合导致制造业的边界消融，已有的边界面临重新定义，竞争规则体系等也面临着快速的调整。这就要求先进制造企业加强融合战略管理，在第一时间内对变革进行适应。三是产业融合有利于加速技术创新，两个产业的技术知识相互交融，形成技术集聚，有利于促进互补性技术创新，反过来又会促进产业的进一步融合。

第三节 先进制造业高质量发展的研究述评

近年来，关于先进制造业发展理论与实践问题的研究呈现出逐渐增加的趋势，而高质量发展战略的提出，为先进制造业发展提供了新的方法论视角，开辟了新的研究空间。目前，先进制造业高质量发展问题研究仍处于起步阶段，由于先进制造业概念自身的模糊与动态属性，现有的研究观点还比较分散，研究对象还未形成统一的认识。本书把先进制造业研究分为发展评价与发展路径两大类，前者重点在于对先进制造业的发展状况进行评价、测算，以获取先进制造业发展的一般规律与阶段性特征，后者重点在于建构先进制造业高质量发展的模式与路径等，进一步探索先进制造业的发展动力与内在机制。

一、先进制造业发展评价类研究综述

（一）关于先进制造业技术与生产效率的研究

效率变革是产业高质量发展的重要问题。先进制造业是制造业中具有先

进技术与先进生产管理模式的代表性产业，在理论上先进制造业的技术效率、生产效率应高于制造业平均水平，成为实现经济高质量发展和效率变革的主要力量。但目前有关先进制造业效率的研究还未能得出先进制造业生产效率高的结论。李金华（2017）采用仪器仪表及文化、办公用机械制造等 16 个制造行业的数据，运用 Malmquist 指数方法对 2011～2015 年的先进制造行业数据进行效率测算，发现我国先进制造业技术进步促进了生产效率，而规模效率尚未得到体现，技术效率与技术进步则仅在少数几个行业中出现提升。谭媛元等（2015）以我国七大先进制造业产业 70 家龙头上市企业为样本，研究了 2009～2013 年各先进制造业龙头上市公司技术效率及其影响因素。研究发现龙头上市企业的整体技术效率水平还较低，技术效率的提升不明显；先进制造业技术效率存在较显著的行业差异，新材料产业和新信息技术产业的技术效率最高，高端装备制造产业和节能环保产业的技术效率最低。在先进制造业的技术创新效率方面，张峰等（2019）选取非强制性幅度调整和 SFA 方法构建了先进制造业绿色技术创新三阶段组合效率的测算模型，对 30 省市的先进制造业绿色技术创新效率进行测度，发现先进制造业绿色技术创新水平总体发展态势良好，后期提升潜力较大，并呈现东部、中部、西部的梯度变化态势。

（二）先进制造业发展评价研究

先进制造业发展水平、发展能力等方面的评价也是研究的重点之一，评价主要分为两类，一类是对单一区域的先进制造业发展状况进行评价，王怀明等（2010）建立了新型制造业评价的四维指标，运用因子分析法、主成分分析法对湖北省制造业及其 30 个子行业的新型化程度进行了评价。张晓芹等（2017）应用熵值法从经济效益、科技创新能力、能源节约能力、环境保护能力、社会服务能力等五方面对佛山市先进制造业的发展状况进行评价，发现佛山先进制造业的经济效益水平、能源节约能力在提高，但科技创新能力呈波动状态。管亚梅（2017）以苏锡常地区的先进制造业上市公司为样本，建立上市公司的经营效益与收益质量评价体系，从真实性、现金保障性、成长性、稳定性、安全性五个方面进行综合评价。研究发现江苏先进制造业整体收益质量较好，但少数先进制造企业产业层次不够高、新技术转化率不高、工艺不够好等原因，收益质量还较低。陈敏等（2016）建立先进制造业经济、科技、环境协调度指标体系，利用模糊数学方法对海西先进制造业的发展协调度进行研究，发现其呈现显著有序的良性演化趋势。

另一类评价是通过对各个地区、城市的先进制造业发展水平进行横向比较，确定先进制造业相对发展水平。杜琦等（2010）选择西安、广州、深圳、南京、武汉、成都、厦门七个副省级城市，建立先进制造业发展水平的评价指标体系，从企业技术创新、盈利能力、公共环境、可持续发展能力等方面进行综合评价。邱立新、周家萌（2018）构建包含质量效益、创新能力、产业结构、两化融合、绿色发展和国际竞争力六个方面20个细分指标的先进制造业发展水平评价指标体系，选取上海、天津、重庆、苏州、深圳、青岛等城市的先进制造业进行研究，发现深圳先进制造业各个方面的关联度皆高于其他城市。

（三）关于先进制造业行业选择标准的研究

先进制造业概念的模糊性使得学术界对先进制造业的范围尚未形成一致的看法，因此，需要明确先进制造业的行业选择标准用以判定哪些行业可纳入先进制造业的范畴。但目前仍缺少明确、清晰的能够引领产业发展的先进标准，使得先进制造业的研究与客观事实存在一定偏差。

不少学者从现有的工业体系入手，对哪些行业隶属于先进制造业进行比较和测算。黄晖（2011）从技术进步水平、管理水平、经济效益、发展前景、可持续发展等方面构建了先进制造业的评价指标体系，对宁波市细分行业制造业进行评价，认为宁波应选择石油加工、电气机械及器材制造业和通用设备制造业及纺织服装业作为先进制造业。李凌雁等（2018）以河北省制造业细分行业为对象，从经济效益、管理效益、科技水平、环境效益等方面对各行业进行评价，发现河北省的汽车制造业、专用设备制造业、通用设备制造业等行业更加符合先进制造业的发展标准。但是从实践中看，先进制造业的内涵与传统的产业体系分类并不能很好地结合在一起。蒋选（2018）提出先进制造业选择标准应按照系统性、全面性、协调性、动态性等原则，从技术先进性、管理先进性、模式先进性、经济和社会效益等方面进行考虑，认为技术先进性可从技术创新和生产效率角度进行衡量，管理先进性应可考察行业的流动资金周转率，经济和社会效益应从利税、吸收劳动力、科技人才培养等方面进行衡量。

（四）关于先进制造业与其他产业融合协同发展的研究

在先进制造业与其他产业融合发展的实证研究上，主要集中于先进制造业与服务业的融合，研究者多认为先进制造业与服务业是互动融合的两个产业系统，具有协同演进的特性，主要应用协同学理论对先进制造业与其他产业的协同度进行计算。许学国（2017）对上海市知识密集型服务业和先进制造业，建立包含知识创新能力、持续发展能力、市场开拓能力、产业发展效率、产业综合效益的协同度评价指标体系，发现两产业有序度不断提升，而协同度呈波动发展态势。孙金秀等（2018）构建了流通业和先进制造业协同性的评价指标体系，从发展规模、发展能力、发展效益、发展贡献四个层面，运用动态 VAR 模型和隶属度模型，以浙江省为例，测算了流通业和先进制作业之间的协同发展状态。杨诗炜等（2018）通过向量自回归 VAR 模型，以广州市"十二五"期间先进制造业与生产性服务业的相关数据，对先进制造业与生产性服务业的融合进行实证研究，发现先进制造业对生产性服务业拉动明显，而生产性服务业对制造业的推动作用不足。

二、先进制造业高质量发展路径研究

（一）先进制造业与服务业融合发展路径研究

制造业和服务业之间存在相互促进、相互补充的协同关系。先进制造业的发展对生产型服务业提出了更高的要求，而生产性服务业的效率提升与专业化发展，能够反过来促进先进制造业的管理效率和企业竞争能力的提高。

王如忠等（2018）建立价值型投入产出模型，对上海市先进制造业和生产性服务业的协同发展机制进行研究，认为需要构建先进制造业与生产性服务业协同综合体，提高生产性服务业的专业化、规模化品质，通过主导产业引致、价值链协同配套、创新集群，形成产业协同正向溢出效应，实现我国先进制造业由全球价值链低端向中高端的转移和递进。郭朝先（2019）认为我国先进制造业和现代服务业融合程度低，融合效益不明显，在产出服务化水平上差距尤其明显，融合发展的方式主要有先进制造业服务化、现代服务业向制造业拓展延伸、先进制造业和现代服务业双向融合形成平台企业为主导的新产业系统三种方式。邓洲（2019）提出制造业与服务业的深度融合路径应包括要素结构、用户价值、制造效能提升、拓展服务提升四条路径，并提出各路径的适用领域、融合模式与融合目标。

在更具体的融合方向上，不同地区的研究者针对研究对象区域的产业优势与发展战略思路，提出不同的融合重点。如周桂荣等（2019）认为天津滨海新区要加快金融创新与智能制造、绿色制造的融合，杨英法等（2018）提出要提高制造业的文化内涵和品牌价值，促进河北省文化、智能化与制造业相互融合。刘川（2015）建立服务业与制造业的产出最大化模型，提出现代服务业与先进制造业融合的趋势是服务业在价值链中所占比重增大，并以珠三角制造业为例提出应对与制造业对应的现代服务业进行资本、劳动力的配置优化,使整体产出能力有效提升。

以产业为重点的融合研究上,赵丽杰等(2017)应用灰色关联分析,对生产性创意产业与制造业融合度进行测算,发现广告、市场调研、建筑设计服务等行业与制造业融合度低,而会计、法律、管理咨询业的融合度高。高智等(2019)计算了装备制造业与高技术服务业的融合水平,发现两个产业通过制度变革和技术变革两种机制对装备制造业纯技术效率和技术水平产生正向影响。

(二)先进制造业集群化发展路径研究

先进制造业集群化发展已成为世界制造业发展中的一个普遍现象,美国硅谷和印度班加罗尔的信息产业群、英国剑桥的生物技术产业集群、德国斯图加特和日本东京的汽车产业集群等都在全球产业分工中具有重要的地位,我国也已出现一批具有国际竞争力的先进制造业集群,但普遍认为我国的先进制造业集群仍存在关键核心技术控制权弱、集群创新活力不足等缺陷。

在集群化发展的动力问题上,笪尚明(2005)认为先进制造业集群是复杂产业集群,集群企业要通过有效分工互动合作降低技术创新风险,加快创新速度,构建完善产业链形成合理的产业分工机制。冯德连(2019)认为先进制造业集群应主要依靠区域创新网络驱动力、市场与政府驱动力、全球价值链驱动力等三种动力机制。

不少学者认为先进制造业集群化发展的目标是在全球价值链中向高端攀升,如刘志彪(2018)认为,关键在于提升产业集群的集体行动能力和效果,支持企业沿全球价值链攀升,政府要增加制度类公共服务供给、技术类公共服务供给和市场类公共服务供给,促进产业集群的竞争力提升和结构优化。袁红林等(2019)提出我国先进制造业嵌入全球生产网络主要有模块型生产网络一体化嵌入、关系型生产网络本土化嵌入、模块与关系结合的双元嵌入等多种模式,要根据嵌入国家的经济发展水平确定合适的嵌入方式。但有的学者也认为随着产业革命的到来,制造业的价值曲线发生了变化,如曾祥炎等(2019)认为全球价值链重构为我国培育世界级先进制造业集群提供机遇,价值流向标准制定、智能制造、个性化集成三个关键模块导致价值链中部隆起,是我国制造业集群升级的发展良机。

(三)先进制造业品牌化发展路径研究

先进制造业的发展与品牌建设有密切联系,一个制造业企业在行业内的技术领先及管理优势通常是与全国或世界范围内的知名品牌相联系在一起。反之,加强品牌建设是促进先进制造业发展的路径之一。我国政府发布的

《中国制造 2025》提出要面向国际市场，提升中国制造业的核心竞争力和国际品牌的塑造能力，把我国从制造大国转变成制造强国。

在现阶段先进制造业品牌化发展主要遇到的问题上，余稳策等（2017）认为，中国制造业发展面临的突出问题是低成本优势逐渐减弱，产品附加值低，自主创新能力偏弱，缺少世界知名品牌。李金华（2017）按照升级先进制造品牌与新兴先进制造品牌分析了我国先进制造业的品牌特征，认为我国先进制造品牌缺乏全球顶级品牌，以及缺乏具有自主知识产权的顶级品牌，需要从技术、质量、文化三方面对制造业品牌进行培育。在借助品牌战略发展先进制造业问题上，王启万等（2013）从品牌生态视角，提出战略性新兴产业的集群化发展应建立集群品牌生态系统，需要各主体在品牌宏观要素、支持要素、集群要素、市场要素等 8 个方面加强要素管理。胥朝阳等（2013）关于武汉先进制造业发展战略的研究中提出要把品牌战略作为提高先进制造业产品附加值和竞争力的重要抓手。毛蕴诗等（2016）以珠海德豪润达为案例，探讨了该企业从传统小家电企业转型为小家电、LED 双主业协同发展的升级过程，认为品牌授权、品牌收购是其保持战略领先性的关键。①

（四）先进制造业智能化融合发展路径研究

制造业智能化是工业 4.0 的核心内容之一，得益于数据驱动、计算能力的大幅提高和深度学习、增强学习等机器学习算法的持续优化，先进制造业与互联网、信息化和人工智能技术相互融合的态势日益凸显，使制造过程智能化与制造产品、制造服务的智能化成为先进制造业高质量发展的重要路径之一。

在智能制造的发展路径上，朱敏（2018）在"智能制造模式与发展方向"会上提出，智能制造有智能化生产、服务化延伸、网络化协同、个性化定制应用等主要模式，智能制造的发展有自上而下和自下而上两种发展路径，前者是信息实体化，主体是互联网企业，后者是实体的信息化，推进主体是工业企业。欧阳华兵（2018）归纳了智能制造技术的发展路径，认为智能制造实现路径中有四项关键性技术包括赛博物理系统、基于物联网的先进感知技术、基于大数据的智能生产调度与优化技术、基于云制造的智能服务技术等。史永乐等（2019）认为中国智能制造发展能力的构建要集中于信息数字化能力和数据增值化能力，我国智能制造的高质量发展，不仅应增加教育和

---

① 毛蕴诗，孙赛赛，李炜. 从传统产业跨向新兴产业的制高点——广东德豪润达的跨产业升级案例研究［J］. 学术研究，2016（09）：104-110+178.

科研投入、积极培养创新人才，而且要强化政策支持力度、高效配置创新资源以及推进制造业数字化、网络化、智能化的发展。在数字化网络化智能化的智能制造模式研究上，盛亚等（2019）研究了德国、美国的"互联网＋"制造模式，认为德国"互联网＋"制造模式的特点是横向整合了产品的产销全过程，纵向整合了企业的所有层次，美国模式的特点是工业互联网模式，通过软硬件、数据和网络形成智能化决策模型，提高制造业的生产效率。吕文晶等（2019）以海尔集团为案例探讨了工业互联网平台的建设与治理，认为工业互联网平台需要考虑制造业自身特征，在技术模块的开放与封闭之间形成平衡，吸引第三方参与。

三、先进制造业高质量发展研究展望

从现有的研究来看，对先进制造业的内涵、影响因素、特征等基础的研究已经较为成熟，对先进制造业发展的评价、细分产业的研究、区域先进制造业发展状况的比较、先进制造业的发展路径等也形成了大量的研究成果，但同时也存在一些需要进一步加以完善及深入研究的问题。

（一）先进制造业的外延研究

先进制造业的内涵已基本形成共识，但由于先进制造业中"先进"的动态性，不同学者对"先进"的认识有不同的选择标准，使得先进制造业的范围较难以确定。同时，在具体的政策操作层面，由于先进制造业业态仍然处于方案探索、技术路线搜寻的早期阶段，不同国家、地区对先进制造业的战略需求不同、重点不同，使得先进制造业在国际上也缺乏统一的认知。这些因素导致先进制造业目前仍然未有统一的产业外延门类体系认定，在统计口径上也未能较为准确地对其进行统计，为先进制造业高质量发展的相关实证研究带来了一定的困难，降低了此类研究结论的普遍意义与可信度。

（二）先进制造业高质量发展的理论基础研究

现有研究中把先进制造业研究与高质量发展理论结合起来的研究仍然较少，大多数涉及制造业高质量发展问题的研究主要以制造业整体为研究对象，鲜有关于先进制造业高质量发展的研究，对细分产业的研究也不多见。同时关于产业高质量发展的相关理论仍然较为薄弱，多数高质量发展研究是从宏观层面进行界定，产业高质量发展的概念内涵仍然不具备清晰性与逻辑自洽性，现有的经济学、管理学理论对先进制造业高质量发展的内在逻辑和机制机理的研究较少，使得发展过程中存在的不少实践问题难以获得理论基础的支撑。因此，在产业演化理论的基础上，仍需结合先进制造业的发展特征与发展规律，通过抽象概括与总结，确定先进制造业高质量发展的一般性理论框架。

（三）先进制造业高质量发展路径的深化

在发展路径上，目前还缺少对先进制造业高质量发展路径的系统化归纳。同时现有的具体发展路径还需进一步加以深化。如对先进制造业与其他产业融合的问题研究，主要是从三次产业分类的角度进行划分，研究产业如何融合，把制造业和服务业作为一个整体的研究较少，亟须尽快完善现代产业体系的分类，从整体上对先进制造业与其他产业的融合进行研究。在先进制造的模式与产业发展路径的关系上，普遍认为制造模式有积极、重要影响，但现有研究对先进制造模式如何促进产业的生产效率和技术效率提高，不同的发展路径应用制造模式的适用性等方面的研究仍然还很薄弱。

（四）先进制造业发展评价研究

先进制造业评价是衡量先进制造业发展状况的重要依据，具有较高的应用价值和理论价值。但目前先进制造业的评价标准和评价方法还处于不清晰、不统一状态，并且不能与行业技术与经济社会的发展同步，导致一些制造产业可能存在技术或设备管理水平落后，但仍然被视为先进制造业，而另一些新兴的制造业尽管技术先进，却由于难以纳入传统的产业分类体系而无法统计或无法单独进行统计。因此，需要合理确定先进制造业的评价方法，加快构建先进制造业的指标评价体系，才能对各制造行业实现战略突破的发展进行准确、有效的衡量。

第二章

福建省智能制造产业
高质量发展研究

智能制造是基于物联网、云计算、大数据等新一代信息技术的新型制造模式，它把制造自动化的概念更新，扩展到柔性化、智能化和高度集成化，是当今时代先进制造过程、系统与模式的总称，可分为离散型智能制造、流程型智能制造、网络协同制造、大规模个性化定制和远程运维服务5种智能制造新模式。

当前，各主要发达国家已经在智能制造领域陆续发力。美国已通过制定《先进制造业国家战略计划》，成立"智能制造领导联盟"，提出"工业互联网理念"等，全面支持智能制造业的发展；德国依靠其强大的制造业根基，部署实施《工业4.0战略》，以期成为全球智能制造技术的主要供应商，主导未来智能制造业的发展；欧盟是较早支持智能制造业发展的组织，早在20世纪90年代，欧盟作为创始成员支持了"智能制造系统（IMS2020）计划"，近年来又资助了包括"未来工厂"等多个智能制造相关项目；日本则充分发挥其自动化生产和机器人制造的既有优势，通过推动"智能制造系统国际合作计划"，制定《新产业创造战略》《机器人新战略》等，大力推动智能制造的发展。2015年，我国出台了《中国制造2025》战略，提出以加快新一代信息技术与制造业深度融合为主线，以推进智能制造为主攻方向，强化工业基础能力，促进产业转型升级，实现制造业由大变强的历史性跨越。在各国推进经济增长的蓝图中，智能制造都是作为一个主攻方向提出的，其重要性不言而喻。在这样的背景下，研究智能制造业就显得十分重要、意义十分重大。

当前，随着供给侧改革和消费端升级，以智能制造为代表的新一轮产业变革迅猛发展，数字化、网络化、智能化日益成为制造业的主要趋势。加快发展智能制造是《中国制造2025》确定的主攻方向，也是福建省《中国制造2025福建行动计划》明确实施的重点工程，党的十九大也提出了"发展先进制造业，建设制造强国"的战略决策。智能制造是新一代信息技术和制造技术深度融合的必然结果，对生产方式、商业模式、产业形态将产生深远影响，蕴含着巨大的市场机遇。福建是国内领先的制造省份、信息经济发达、创新创业活力迸发，形成了智能制造发展的良好产业基础和市场空间。智能制造作为"两化"深度融合的主攻方向，是发展信息经济促进智慧应用"一号工程"的主要抓手。科学谋划智能制造产业高质量发展，以新机遇促进新发展、以新理念引领新跨越，全面深化供给侧结构性改革，加速推进"制造大省"向"智造强省"迈进，具有十分重要的意义。

第一节 发展背景和基本现状

一、智能制造产业国内外发展环境

全球新一轮科技革命和产业变革加紧孕育兴起，与我国制造业转型升级形成历史性交汇。智能制造在全球范围内快速发展，已成为制造业重要发展趋势，对产业发展和分工格局带来深刻影响，推动形成新的生产方式、产业形态、商业模式。发达国家实施"再工业化"战略，不断推出发展智能制造的新举措，通过政府、行业组织、企业等协同推进，积极培育制造业未来竞争优势。经过几十年的快速发展，我国制造业规模跃居世界第一位，建立起门类齐全、独立完整的制造体系，但与先进国家相比，大而不强的问题突出。随着我国经济发展进入新常态，经济增速"换挡"、结构调整"阵痛"、增长动能转换等相互交织，长期以来主要依靠资源要素投入、规模扩张的粗放型发展模式难以为继。加快发展智能制造，对于推进我国制造业供给侧结构性改革，培育经济增长新动能，构建新型制造体系，促进制造业向中高端迈进、实现制造强国具有重要意义。

随着新一代信息技术和制造业的深度融合，我国智能制造发展取得明显成效，以高档数控机床、工业机器人、智能仪器仪表为代表的关键技术装备取得积极进展；智能制造装备和先进工艺在重点行业不断普及，离散型行业制造装备的数字化、网络化、智能化步伐加快，流程型行业过程控制和制造执行系统全面普及，关键工艺流程数控化率大大提高；在典型行业不断探索、逐步形成了一些可复制推广的智能制造新模式，为深入推进智能制造初步奠定了一定的基础。但目前我国制造业尚处于机械化、电气化、自动化、数字化并存，不同地区、不同行业、不同企业发展不平衡的阶段。发展智能制造面临关键共性技术和核心装备受制于人，智能制造标准/软件/网络/信息安全基础薄弱，智能制造新模式成熟度不高，系统整体解决方案供给能力不足，缺乏国际性的行业巨头企业和跨界融合的智能制造人才等突出问题。相对工业发达国家，推动我国制造业智能转型，环境更为复杂，形势更为严峻，任务更加艰巨。我们必须遵循客观规律，立足国情、着眼长远，加强统筹谋划，积极应对挑战，抓住全球制造业分工调整和我国智能制造快速发展的战略机遇期，引导企业在智能制造方面走出一条具有中国特色的发展道路。[①]

二、中国智能制造产业发展基本概况

（一）智能制造装备产业

相比发达国家的长期积累，我国智能制造业的发展起步于20世纪初，近10年发展尤为迅速。据《智能制造装备产业"十二五"发展规划》数据统计，2012年我国部分智能制造装备产业领域销售收入超过4千亿元，2015年，我国智能制造装备产业销售收入超过1万亿元，年均增长率超过25%，工业增加值率达到35%，智能制造装备满足国民经济重点领域需求；到2020年，我国将建立完善的智能制造装备产业体系，产业销售收入超过3万亿元，实现装备的智能化及制造过程的自动化[②]。

1. 工业机器人领域

我国工业机器人的开发和应用起步于20世纪70年代，大致经历了萌芽期、开发期和适用化期。当前，随着我国人口红利的消失，企业用工成本急速上升，由此导致工业机器人的应用成为发展趋势。2006~2011年，我国工业机器人需求量增加了4倍。2013年我国工业机器人销量约3.66万台，全球占比20.52%，首次超越日本成为全球第一大工业机器人销售国。2014~2015年我国工业机器人销量分别为5.71万台、6.6万台，全球占比持续提升至24.90%、26.66%，连续三年稳居全球销售第一[③]。2017年我国工业机器人销量将达10万台。从保有量看，2014年全球工业机器人保有量达148万台，我国保有量为18.9万台，全球占比12.8%，首次超越韩国、德国，仅

① 中华人民共和国国家发展和改革委员会. 智能制造发展规划(2016－2020年). 2016.
② 牛禄青. 高端装备淘金图 [J]. 新经济导刊, 2012 (7).
③ 世界机器人联合会（IFR）统计数据.

次于日本和美国；从使用密度看，我国工业机器人密度已由 5 年前的 11 增加到 2014 年的 36，但与工业发达国家相比仍然差距甚远（发达国家机器人密度普遍超过 200)①；另外，2013～2015 年我国自主品牌工业机器人销量分别为 0.96 万台、1.7 万台和 2.2 万台，全国总销量占比分别为 26%、30% 和 34%②，国产品牌已逐步打开市场。根据最新的《机器人产业发展规划（2016－2020)》，到 2020 年我国自主品牌工业机器人年产将达 10 万台，对应 2016～2020 年我国国产工业机器人的年复合增速 28%。

2. 三维（3D）打印领域

我国 3D 打印的研究始于 20 世纪 90 年代，其发展经历了蹒跚学步、直接制造、产业化等发展阶段。但目前我国 3D 打印市场规模仍较小，相比国外的细致分工来看我国 3D 产业尚没有形成产业链。2012 年中国 3D 打印市场规模约为 1.61 亿美元，至 2016 年，中国 3D 打印产业规模达到 11.87 亿美元。预计 2022 年将达到 80 亿美元左右，从而使中国超越美国成为全球最大的 3D 打印市场③。2017 年 11 月 30 日，国家和工业信息化部联合 12 个部门制定了《增材制造产业发展行动计划（2017－2020 年)》，提出到 2020 年，增材制造产业年销售收入超过 200 亿元，在部分领域实现规模应用，年均增长速度 30% 以上。

2017 年 12 月 13 日，工信部、国家发展和改革委员会（以下简称"发改委"）等十二部门又联合发布了《增材制造产业发展行动计划（2017－2020 年)》，提出到 2020 年，增材制造产业年销售收入超过 200 亿元，年均增速在 30% 以上。关键核心技术达到国际同步发展水平，工艺装备基本满足行业应用需求，生态体系建设显著完善，在部分领域实现规模化应用，国际发展能力明显提升。重点任务包括：提高创新能力、提升供给质量、推进示范应用、培育龙头企业、完善支撑体系。

3. 数控机床领域

中国机床产业在世界机床工业中的地位越来越重要，从"十五"初期起，中国就成为世界最大的机床消费国和进口国，2009 年起，又成为世界机床第一大生产国。近年来，中国的数控机床无论从产品种类、技术水平、质量和产量上都取得高速发展，在一些关键技术方面也取得重大突破。根据美国加德纳（Gardner）研究报告数据，2010 年中国机床消费 284.8 亿美元，到

---

① 世界机器人联合会（IFR）统计数据.
② 中国机器人产业联盟（CRIA）统计数据.
③ 前瞻产业研究院.2018～2023 年中国 3D 打印产业市场需求与投资潜力分析报告.2018－5.

2012 年达到 292.44 亿美元，2015 年则回落到 275 亿美元；进口方面，2010
年为 94.2 亿美元，2012 年达到 136.6 亿美元，2015 年为 86 亿美元；从产值
看，2011 年达到 282.7 亿美元，随后逐渐降低，2015 年产值为 221 亿美元；
出口则呈逐渐上升趋势，2010 年出口 18.5 亿美元，2015 年达到 32 亿美元；
从产量上看，近年来我国数控机床产量在 20 万～30 万台，2014 年达到 30.79
万台，2015 年为 25.9 万台[①]。

4. 智能控制系统领域

我国智能控制系统经历了 20 年的发展，无论从技术还是市场规模都取得
了长足的发展。20 世纪 90 年代以来一直保持年增长 20% 以上。其中 2016 -
2022 年行业增速仍将保持 6% - 8%，到 2021 年行业市场规模将超过 15000
亿元[②]。

（二）智能制造相关信息技术产业

新一代信息技术产业是新兴产业的重要组成部分，在我国经济发展中起
到重要作用。2015 年我国规模以上电子信息产业企业个数 6.08 万家，电子
信息制造企业 1.99 万家，软件和信息技术服务业企业 4.09 万家。全年完成
销售收入总规模达到 15.4 万亿元，同比增长 10.4%；其中，电子信息制造
业实现主营业务收入 11.1 万亿元，同比增长 7.6%；软件和信息技术服务业
实现软件业务收入 4.3 万亿元，同比增长 16.6%。[③] 根据赛迪顾问等研究机
构预测，未来 10 年我国软件业务收入将保持 20% 以上增速，云计算、大数
据和物联网市场规模增速超过 20%。

1. 移动互联网

中国移动互联网市场规模高速增长，已经成为全球移动互联网领域的领
先者。据中商产业研究院发布的《2017 - 2022 年中国移动互联网行业市场前
景及投资机会研究报告》数据显示，随着智能手机的大量推广和普及，中国
移动互联网市场规模保持稳定增长，预计 2018 年中国移动互联网市场规模有
望突破 8 万亿元，达到 8.42 万亿元。根据工信部发布的《2017 年通信业统
计公报》，2017 年我国在移动通信业务中移动数据及互联网业务收入 5489 亿
元，比上年增长 26.7%，在电信业务收入中占比从上年的 38.1% 提高到
43.5%，对收入增长贡献率达 152.1%。2017 年，移动互联网接入流量消费

---

① Gardner Research. World Machine Tool Survey 2012 - 2016.
② 前瞻产业研究院. 2016～2018 年中国智能控制系统行业市场前瞻与投资规划分析报告.
2017 - 8.
③ 工信部. 2015 年电子信息产业统计公报。

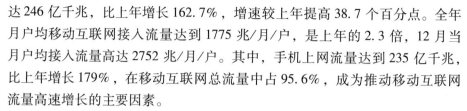

达 246 亿千兆，比上年增长 162.7%，增速较上年提高 38.7 个百分点。全年月户均移动互联网接入流量达到 1775 兆/月/户，是上年的 2.3 倍，12 月当月户均接入流量高达 2752 兆/月/户。其中，手机上网流量达到 235 亿千兆，比上年增长 179%，在移动互联网总流量中占 95.6%，成为推动移动互联网流量高速增长的主要因素。

2. 云计算

我国云计算市场规模持续扩大，产业步入稳定发展阶段。2015 年国务院印发《关于促进云计算创新发展培育信息产业新业态的意见》，加大了对云计算产业的财税扶持力度。云计算产业培育被提升至国家层面，产业发展将进一步提速。根据中国信息通信研究院发布《云计算发展白皮书（2018年)》，我国云计算市场总体保持快速发展态势。2017 年我国云计算整体市场规模达 691.6 亿元，增速 34.32%。其中，公有云市场规模达到 264.8 亿元，相比 2016 年增长 55.7%，预计 2018～2021 年仍将保持快速增长态势，到2021 年市场规模将达到 902.6 亿元；私有云市场规模达 426.8 亿元，较 2016年增长 23.8%，预计未来几年将保持稳定增长，到 2021 年市场规模将达到955.7 亿元。

总体来看，当前我国云计算市场整体规模较小，与全球云计算市场相比差距在 3～5 年。从细分领域来看，国内 IaaS 市场处于高速增长阶段，以阿里云、腾讯云、优刻得（UCloud）为代表的厂商不断拓展海外市场，并开始与 AWS、微软等国际巨头展开正面竞争。国内 SaaS 市场较国外差距明显，与国外相比，国内 SaaS 服务成熟度不高，缺乏行业领军企业，市场规模偏小。

3. 大数据

我国政府从 2014 年开始，逐步将大数据提升至国家战略高度。2015～2020 年，大数据市场将保持快速增长，数据分析挖掘等相关工具不断成熟，形成较为成熟的解决方案，大数据概念得到广泛认可，用户主动应用大数据。预计到 2020 年，仅中国就将产生全球 21% 的数据，数据量超过 8ZB，年均增长接近 50%。预计 2020～2030 年，大数据将进入普及期，市场规模继续增长，并且形成较成熟的解决方案，"分析即服务""数据即服务"成为主流，大数据在各个行业得到普遍应用。2015 年我国大数据市场规模为 1692 亿元，占全球市场大数据总规模的 20.30%，仍然具有增长空间。预计 2020 年全球大数据市场规模将超过 10270 亿美元，我国大数据市场规模接近 13625亿元。

4. 物联网

我国物联网产业现仍处于初级发展阶段，主要应用于第一产业、第二产业、第三产业各个领域。"十二五"规划期间，国家高度重视物联网产业发展，出台了一系列政策引导物联网产业加速发展。至2020年，我国物联网发展将实现半智能化功能，相关关键技术、关键行业逐步发展成熟。根据工信部公布的统计数据，我国物联网产业规模从2009年的1700亿元跃升至2015年的7500亿元，年复合增长率接近超过25%，机器到机器应用的终端数量超过1亿。标准体系方面，制定了物联网综合标准化体系指南，梳理标准项目共计900余项，物联网参考构架、智能制造、电子健康指标评估、物联网语义和大数据等多个我国主导的国际物联网发布。产业布局方面，已经形成了环渤海、长三角、泛珠三角及中西部地区四大区域集聚发展的空间格局。

5. 高性能集成电路

中国高性能集成电路产业经历了自主创业（1965～1980年）、引进提高（1981～1989年）、重点建设（1990～1999年）和快速发展（2000年）四个发展阶段，目前已形成了一定的产业规模，以及集成电路设计、芯片制造、封装测试三业及支撑配套业共同发展的较为完善的产业链格局，并在基础研究、技术开发、人才培养等方面都取得了较大成绩。随着国民经济的快速发展、互联网信息产业对传统经济的持续深入改造以及发达国家集成电路产业逐渐向发展中国家进行战略转移，国内集成电路产业整体上呈现蓬勃发展的态势。国内集成电路行业总生产量从2006年的374.21亿块上升到2015年的1087.20亿块；销售额从2011年的1933.7亿元增长到2015年的3609.8亿元，2015年设计业完成1325亿元，晶圆制造完成900.8亿元，封装测试完成1384亿元。占全球销售额的比例从2011年的12.01%提高到2015年的21.08%，增加了9.07个百分点。①

集成电路产品进出口平稳增长。根据海关统计，2015年进口集成电路3139.96亿块，同比增长10%；进口金额2307亿美元，同比增长6%。出口集成电路1827.66亿块，同比增长19.1%；出口金额693.1亿美元，同比增长13.9%。2015年进出口逆差1613.9亿美元。

（三）智能制造产业发展区域分布特征情况

当前，全国智能制造产业发展相对集中，形成了一批具有国际竞争力的

---

① 中国半导体行业协会（CSIA）. 中国集成电路产业十年发展历程及2015年经营现状回顾。

企业。智能制造装备产业方面，国内的智能制造装备主要分布在工业基础发达的东北和长三角地区。以数控机床为核心的智能制造装备产业的研发和生产企业主要分布在北京、辽宁、江苏、山东、浙江、上海、云南和陕西等地区。北京、上海、广东、江苏将是国内工业机器人应用的主要市场。此外，关键基础零部件及通用部件、智能专用装备产业在河南、湖北、广东等地区也都呈现出较快的发展态势。经过二三十年的发展，我国的智能制造装备产业在技术方面取得了长足进步。智能制造装备产业体系初步形成，一批具有知识产权的重大智能制造装备实现突破。另外，我国智能制造装备产业已形成一批具有国际竞争力的龙头企业。如沈阳机床、大连机床、上海新华控制技术集团、浙大中控、重庆川仪、京仪集团、新松机器人、上海 ABB 工程、三一重工、中联重科，等等。①

　　新一代信息技术方面，我国大数据产业集聚区主要位于经济比较发达的地区，北京、上海、广东是发展的核心地区，这些地区拥有知名互联网及技术企业、高端科技人才、国家强有力政策支撑等良好的信息技术产业发展基础，形成了比较完整的产业业态，且产业规模仍在不断扩大。除此之外，以贵州、重庆为中心的大数据产业圈，虽然地处经济比较落后的西南地区，但是贵州、重庆等地依托政府对其大数据产业发展提供的政策引导，积极引进大数据相关企业及核心人才，力图占领大数据产业制高点，带动区域经济新发展。物联网方面已经形成若干个产业集群。其中，环渤海地区是国内物联网产业重要的研发、设计、设备制造及系统集成基地，技术研发实力强劲；长三角地区是国内物联网技术和应用的起源地，产业规模较大并且聚焦产业链高端环节；珠三角地区是国内电子整机的重要生产基地，具有物联网产业规模化发展的巨大潜力；中西部地区依托 RFID、芯片设计、传感传动、自动控制、网络通信与处理、软件及信息服务等领域较好的产业基础，核心区域已形成一定的产业特色。已经建成国内物联网产业园、基地 20 余个，其中国家级 3 个，分别位于无锡、重庆和杭州。从集成电路产业集群看，中国大陆集成电路产业主要集中在长三角、京津环渤海湾、珠三角以及中西部四大地区。

（四）我国智能制造产业发展的政策支撑

　　近年来，我国出台了一系列扶植智能制造发展的政策，极大促进了我国智能制造业的快速发展。2012 年 5 月 8 日，国务院发布《智能制造装备产业"十二五"发展规划》，提出到 2020 年，将我国智能制造装备产业培育成为

① 梁达. 研发投入对创新创业有超常作用［J］. 中国中小企业，2016（2）.

具有国际竞争力的先导产业。建立完善的智能制造装备产业体系，产业销售收入超过 30000 亿元，实现装备的智能化及制造过程的自动化，使产业生产效率、产品技术水平和质量得到显著提高，能源、资源消耗和污染物的排放明显降低。重点发展关键智能基础共性技术、核心智能测控装置与部件、重大智能制造成套装备、重点应用示范领域四个方向；2013 年 9 月 5 日，工业和信息化部发布《信息化和工业化深度融合专项行动计划》，将智能制造生产模式培育行动列入主要行动之一。指出要面向国民经济重点领域智能制造需求，创新智能制造装备产品，提高重大成套设备及生产线系统集成水平。加快工业机器人、增材制造等先进制造技术在生产过程中的应用。培育数字化车间、智能工厂，推广智能制造生产模式；"十三五"规划指出要实施智能制造工程，加快发展智能制造关键技术装备，强化智能制造标准、工业电子设备、核心支撑软件等基础。加强工业互联网设施建设、技术验证和示范推广，推动"中国制造 + 互联网"取得实质性突破。培育推广新型智能制造模式，推动生产方式向柔性、智能、精细化转变。鼓励建立智能制造业联盟。推动制造业由生产型向生产服务型转变，引导制造企业延伸服务链条、促进服务增值。推进制造业集聚区改造提升，建设一批新型工业化产业示范基地，培育若干先进制造业中心；2016 年 3 月 21 日，工信部、发改委以及财政部推出《机器人产业发展规划（2016－2020 年）》指出，到 2020 年，形成较为完善的机器人产业体系。技术创新能力和国际竞争能力明显增强，产品性能和质量达到国际同类水平，关键零部件取得重大突破，基本满足市场需求；《中国制造 2025》以智能制造为主攻方向，加快推动新一代信息技术与制造技术融合发展。着力发展智能装备和智能产品，推进生产过程智能化，培育新型生产方式，全面提升企业研发、生产、管理和服务的智能化水平。将研究制定智能制造发展战略，加快制定智能制造技术标准，建立智能制造业联盟，协同推动智能装备和产品研发、系统集成创新与产业化；2015 年 12 月，工信部和国家标准化管理委员会共同发布《国家智能制造标准体系建设指南》，指出根据当前制造业发展现状，智能制造标准体系将在 5 年内建成并逐步完善，共分两个阶段完成：第一阶段（2016～2017 年）主要解决标准体系融汇贯通和基础标准缺失的问题；第二阶段（2018～2020 年）主要解决标准体系完善及标准在全制造业领域推广应用的问题。2016 年 7 月 27 日，国务院发布《国家信息化发展战略纲要》，指出要以智能制造为突破口，加快信息技术与制造技术、产品、装备融合创新，推广智能工厂和智能制造模式，全面提升企业研发、生产、管理和服务的智能化水平；2016 年 8 月 8 日，国务院发布《"十三五"国家科技创新规划》，将智能制造和机器人作为部署启动的新的重大科技项目之一。即以智能、高效、协同、绿色、安全发展为总目标，构建网络协同制造平台，研发智能机器人、高端成套装备、三维（3D）打印等装备，夯实制造基础保障能力。2016 年 12 月 8 日，《智能制造发展规划（2016－2020 年）》出台，提出了加快智能制造装备发展、加强关键共性技术创新、建设智能制造标准体系、构筑工业互联网基础、加大智能制造试点示范推广力度、推动重点领域智能转型、促进中小企业智能化改造、培育智能制造生态体系、推进区域智能制造协同发展以及打造智能制造人才队伍共十项重点任务，为"十三五"期间我国智能制造的发展指明了方向。

三、福建省智能制造产业发展概况

（一）福建省智能制造产业发展环境

在当前信息智能技术革新的全新背景下，福建省谋划发展智能制造产业面临来自技术动力、市场需求、政策激励以及国家战略落地等多层面的发展新机遇。

1. 信息技术革命蕴含产业发展新动力

随着以先进制造技术和新一代信息技术的重大创新、融合与运用，带来"两化"融合的深度推进和传统工业改造升级的加速，催生了生产方式、制造模式、生产组织等方面的创新和变革，为智能制造产业的发展提供了内生驱动力。

2. 工业转型升级孕育产业发展新空间

从长远来看，第四次工业革命背景下的制造业内核是基于智能制造的生产和运行，未来智能制造装备和产品市场空间广阔。从现实来看，我国加速推进工业转型升级，传统产业技术改造、设备更新、工艺改进将加大对自动化生产线、工业机器人、3D 打印、智能传感器等智能制造装备、产品和服务的需求。

3. 多重利好政策激发产业发展新活力

近年来，国务院和各省市政府先后出台多项政策，引导和推动智能制造相关产业发展。《中国制造 2025》《国务院关于积极推进"互联网＋"行动的指导意见》《国务院关于深化制造业与互联网融合发展的指导意见》，明确要求以推进智能制造为主攻方向。

4. 高质量发展导向引领产业发展新要求

大力发展数字经济促进智慧应用已经成为福建省高质量发展的必然选择

和必由路径,是福建省在新常态下实现争先进位的新要求、新动力。智能制造是新一代信息技术与制造技术融合的集中体现,是智慧产业的核心领域;智能制造产品、技术和服务是支撑智慧应用的基础。

但不可否认,福建省智能制造产业尚处于孕育阶段,存在着标准不统一、体系不健全等新兴产业在起步阶段所面临的共性问题。同时,福建省智能制造产业还存在着一些"短板"。一是缺乏关键技术自主权,高端传感器、射频识别(RFID)芯片、嵌入式中央处理器(CPU)和高端嵌入式系统的核心软硬件大部分依赖进口;二是缺乏龙头企业标杆引领,在技术储备、产品稳定性以及业务模式成熟度等方面仍显不足;三是缺乏专业技术人才队伍,高层次人才不足,本土人才培养条件仍不充分。因此,在中国特色社会主义进入新时代背景下,国内外环境发生了深刻复杂的变化,福建省在智能制造产业领域机遇与挑战并存,必须积极主动作为,直面产业发展问题,才能找到突破产业高质量发展"瓶颈"的福建方案。

(二)福建省智能制造产业发展概况

在美国、德国、中国等大力推动下,目前智能制造在全球蓬勃兴起,呈现竞争加剧、合作加强、比重加大的发展态势。2018年福建省工业增加值14183.20亿元,比上年增长8.9%;规模以上工业增加值增长9.1%,居全国第5位、东部地区第1位。智能制造装备产业实现工业总产值达千亿元,增长速度不断加快。包括机器人制造、数控机床智能制造、测控装置和仪器仪表、智能化专用装备、智能化终端产品在内的企业快速发展壮大。入选国家智能制造专项、国家智能制造试点示范项目数居全国前列。据了解,福建省一批优势明显的智能装备制造企业不断发展壮大。截至2019年4月,福建省现有规模以上智能制造装备生产企业450多家,共争取国家智能制造综合标准化与新模式应用专项项目23个,国家智能制造试点示范项目15个,创建省级智能制造试点示范基地5个,支持建设省级智能制造样板工厂(车间)17个,认定省级智能制造试点示范企业93家,实施"机器换工"4万多台套。

"十三五"以来,福建省主要致力于重点发展智能化专用装备、数控机床、高技术船舶和海工装备等福建省具有较好发展基础的重大技术装备,培育发展先进轨道交通装备、航空装备、传感器和智能化仪器仪表、伺服装置和控制系统、工业机器人、增材制造装备等新兴装备,着力提升高速精密重载传动装置、高压液压元件、高可靠性密封件、大型精密模具、先进制造基础工艺等基础制造水平,促进装备制造业向智能化升级。到"十三五"末,全省制造业数字化、网络化、智能化取得明显进展，两化融合发展指数保持全国前列，福建省装备产业将力争创新能力大幅提升，装备所需关键配套系统与设备、关键零部件与基础件制造能力显著提高，其性能和质量达到国际先进水平，智能技术及核心装置得到普遍推广应用，重大技术装备所需的机械基础件省内配套能力显著提高；基础配套能力显著增强，初步形成产学研用相结合的装备技术创新体系，骨干企业研发经费投入占销售收入的比例超过5%，关键技术取得突破性进展，形成一批具有知识产权的装备产品；力争形成一批具备较强竞争力的竞争主体，一批具有影响力的企业集团和一大批具有竞争优势的"专、精、特、新"专业化生产企业，建成和完善若干创新能力强、特色鲜明、优势突出的机械装备产业聚集区。

第二节　福建省智能制造产业发展方向和重点

坚持产业培育和应用推广两手抓，着力培育壮大智能制造装备及产品，突破发展工业软件及系统集成服务，大力推进制造过程智能化，积极探索智能制造新业态、新模式，加快完善智能制造产业链体系，抢占产业发展制高点。

一、积极培育壮大智能装备制造产业

（一）机器人及关键零部件

面向传统产业改造升级需求，重点发展市场容量大、性价比高的焊接、切割、打磨、喷涂、上下料、组装拆卸、码垛、搬运等工业机器人，消防、矿山、水下、地下管网等复杂应用环境的特种机器人；面向品质生活服务需求，发展医疗健康、康复治疗、旅游休闲、教育娱乐、家庭服务、社区服务等服务机器人和无人机；瞄准高精度伺服驱动器、高性能控制器、机器视觉系统等核心功能部件和系统开展协同攻关，提升自主配套能力；培育发展柔性多关节机器人、真空（洁净）机器人、多轴并联机器人；跟进具有容错技术、自主学习、环境建模、人工智能（AI）、人机协作的新一代机器人研发和改造提升，着力打造国内领先的机器人研发和应用基地，形成国内领先优势。

（二）3D打印装备及关键材料

加强关键技术攻关，健全涵盖研发、孵化、应用和产业化的发展体系，突破3D打印技术的基础性和理论性瓶颈，着力开发生物及医疗个性化增材制造装备、激光选区烧结成形增材制造装备、喷射成形非金属增材制造装备及关键材料与功能部件，构建软件、工艺、材料、装备、应用、标准及产业化的产业链体系。面向工业设计、医疗健康、文化创意、模具制造等领域，开展3D打印技术的试点示范应用，建设一批3D打印创新中心或园区。

（三）高端数控机床及基础制造装备

围绕高速、高精、复合、智能主攻方向，支持发展市场容量大、潜力强的数车、立加、卧加、龙门、磨床等中高档数控机床，大力发展具备网络通信功能的卧式加工中心、高速钻攻加工中心、柔性加工中心等成套数控机床。瞄准高档数控装置、高性能功能部件瓶颈，积极开发高速、高精度、高可靠性功能部件和数字化、网络化、智能化数控系统装置及伺服驱动装置，提升高性能数控机床关键零部件和控制系统的本地化配套水平。

（四）精密智能仪表及传感设备

围绕视频监控、智能仪器仪表、无线射频识别（RFID）、智能传感器等领域，开发流程工业用温度、压力、流量、物位以及成分分析等高端传感器、智能仪器仪表和控制系统，离散工业用磁、光、电以及多参数复合传感器和质量检测系统，巩固和提升技术领先优势和市场竞争优势。加强微机电系统（MEMS）、信息物理系统（CPS）关键共性技术攻关。

（五）智能成套专用装备

顺应传统产业智能化改造需求，重点发展智能物流仓储、智能纺织、智能环境监测、成套智能化生产线等专用装备。以"智能化、自动化、成套化"为主攻方向，提升发展自动导引（AGV）移动机器人和自动托盘（APM）搬运车以及高速智能拣选、智能多层穿梭车、智能仓库堆垛机，培育发展智能立体停车、智能立体仓储装备。面向石化化工、涂料、医药、电子信息等行业环境安全监测需求，开发具有远程调试、维护和故障诊断功能的在线监测装置。面向机械制造、食品饮料、纺织服装、造纸印刷、汽车及零部件等行业，开发全自动化、智能化成套生产线。

（六）智能可穿戴设备

面向娱乐、运动、医疗、养老、安全监测等领域智能电子终端应用新需求，把握虚拟现实（VR）、增强现实（AR）、人工智能（AI）等新一代智能技术发展趋势，促进智能人机交互、短距离实时无线通信、设备低功耗与微型化设计等关键技术突破，积极开发头戴式虚拟现实（VR）显示设备以及智能手环、手表、眼镜、挂件、服饰、鞋袜等可穿戴式智能终端设备。

二、突破发展工业软件及系统集成服务

（一）智能制造系统集成服务

以智能制造试点示范应用为牵引，面向传统行业智能化改造需求，培育一批制造业智能化改造工程整体解决方案提供商及工程服务商，打造国内智能制造解决方案及集成服务领军城市。提升大型乙烯装置、火电机组、煤化工等高性能工业自动化控制系统工程的设计、集成开发和工程实施能力，强化国内行业领先地位。

（二）工业软件及系统平台

重点发展高可靠性、高稳定性的嵌入式实时工业操作系统，智能测控装置及核心智能制造嵌入式组态软件，面向特定应用领域的数据库、中间件、应用软件、系统集成软件，开发数字模型、仿真设计、测试验证等软件工具，打造工控软件特色产业基地；围绕智能制造需求，积极开发生产制造执行系统（MES）、产品生命周期管理系统（PLM）、商业智能软件（BI）、供应链管理（SCM）、客户关系管理（CRM）、开放式智能制造软件平台等智能制造关键业务管理软件与系统。结合工业大数据、云制造应用需求，开展工业实时数据智能处理系统、数据挖掘分析系统、基于大数据的智能制造开放软件等工业云服务平台。面向工业信息安全需求，开展工业防火墙、工控漏洞挖掘系统、工控异常流量分析系统、工控网闸系统等，提供在线监测预警、工业信息安全常态化检查评估、信息安全测评标准建设等行业信息安全服务，建设工业互联网安全监测平台。开展面向重点行业的信息物理系统（CPS）关键技术、设备、网络、应用环境的兼容适配、互联互通、互操作测试验证平台建设，打造全国领先的工业信息安全软件产业基地。

三、大力推进智能制造集成应用

（一）制造过程智能化应用

一是设计智能化。针对制造业企业缩短产品设计研发周期、推行开放式研发设计的需求，积极推广基于互联网的开放式协同设计制造模式，建立企业间智能设计网络平台，推进异地设计资源的网络共享、协同，探索基于互联网平台的众包设计；推广基于三维模型的产品设计与虚拟仿真、快速成型等智能化设计软件，建立产品数据管理系统（PDM），推动研发设计与生产

制造协同，建立及时响应、持续改进、全流程创新的研发设计体系。

二是生产智能化。针对制造业重点领域提质增效的需要，面向流程型和离散型制造工艺，集成应用精密智能仪表及传感设备、射频识别（RFID）、工业机器人、数控装备、成套智能化生产线等智能设备以及可编程逻辑控制器（PLC）、数据采集与监视控制系统（SCADA）、分布式控制系统（DCS）和现场总线控制系统（FCS）等控制系统，推行制造执行系统，全面提升企业生产的实时在线优化、生产管理精细化和智能决策科学化水平，实现设计、工艺、制造、管理、监测、物流等环节的集成优化。

三是管理智能化。面向生产运营管理和资源管理，针对企业从生产驱动的传统工业模式向消费需求驱动的新型生产组织模式转变需求，推广应用基于消费者需求驱动的客户关系管理系统、供应链管理系统、企业资源计划系统（ERP）等企业管理系统的集成应用；推广供应链基于互联网的管理系统协同、数据共享，促进企业间开展协同制造，实现智能管控；推进监控器、传感器、智能仪器仪表等智能终端设备的应用，开展智慧能源监控系统、智能电机系统、智能照明系统、智能锅炉系统建设，构建智慧能源监测平台；推进应急环境监测、污染源烟气、工业有机污染物和重金属污染在线监测设备的应用，大力推进绿色制造。

四是服务智能化。面向生产制造向服务型制造转变的趋势，推进工业互联网、物联网、云计算、大数据等新一代信息技术在销售、物流、服务等环节的应用，集成应用产品全生命周期管理系统（PLM）、商业智能软件（BI）等，提升服务集成化、高效化、智能化水平。

（二）智能制造新模式应用

顺应"互联网＋制造业"发展趋势，积极探索大规模个性化定制、网络协同制造、远程运维服务、云制造等新业态、新模式，推动制造业从生产制造向服务型制造转变。

一是网络协同制造新模式。深化众包设计、云设计、协同设计等新型模式在企业的应用，重点在轻工纺织、机械装备、电子信息、汽车及零部件等领域开展基于互联网的企业间研发设计、客户关系管理、供应链管理和营销服务等系统的横向集成，促进信息数据资源交互共享，实现产品开发的深度协同和市场需求的快速响应。

二是大规模个性化定制新模式。面向服装家纺、家用电器、家具用品、智能终端产品等消费品行业，依托电子商务平台，开展基于消费者需求动态感知的研发设计、柔性制造、高效物流配送和售后服务，推动企业与电商平台建设个性化定制服务平台，推广用户驱动生产（C2B）商业模式。

三是远程运维服务新模式。在机械装备、家用电器、家具用品、电子信息等行业领域，尤其是在电梯、锅炉等特种设备领域，推进标准化信息采集与控制系统、自动化诊断系统、基于专家系统的故障预测模型和故障索引知识库建设，推广应用装备（产品）运行状态监测、工作预警、故障诊断与自修复服务等在线服务功能，探索远程运维服务新模式；在食品、药品、婴童用品、家用电器等重点消费品行业，运用嵌入式智能终端、射频识别（RFID）等智能终端设备，建设产品全生命周期的质量管理和全供应链追溯系统，推进在线监测、云制造平台等智能服务，实现智慧溯源。

四是工业云制造新模式。支持制造业企业、互联网平台企业、信息技术服务企业跨界联合，建设和推广应用资源共享的工业云服务平台，推动研发设计、生产制造、营销服务等资源的开放共享，探索"云设计""云制造""云服务"，打造面向特定行业和细分市场的工业云生态系统，建设面向全产业链的大数据资源整合和分析平台，形成一批工业大数据行业平台。

四、大力推动传统产业智能化改造

（一）促进多主体协同发展，构建产业开放创新公共平台

一是合理规划企业数字化智能化的未来发展方向。分析总结每个行业、每个地区甚至每个企业的特征，结合实际制定政策，推动全省企业数字化智能化应用的总体发展，整合跨地区、跨组织优势资源，形成综合多个领域、网络资源的协同创新平台，集中优势资源共同研发关键核心技术，推动建立区域创新中心和创新孵化器。二是加强创新网络和服务平台建设。帮助企业创建网络化的协同创新平台，有效整合企业内部和外部资源。开放的创新平台包括政府、金融机构、中介组织，以及非营利性组织等为辅助要素的多方主体。加快打造公共信息和准公共信息平台，为企业的信息获取提供服务；对于企业信息或行业信息，指导龙头企业或行业协会打造专业平台，为信息的共享提供保障。三是鼓励信息化供应企业快速成长，通过培育软件服务和大数据服务引领制造业服务化转型。福建省软件和服务产业特色明显，系统软件、文字处理软件、中间件、信息安全软件、ERP软件、嵌入式软件等领域涌现出一批具有自主知识产权的技术和产品，福建省大数据交易中心是华东地区首个大数据资源交易平台。建议在此基础上，着重构建大数据服务体系，打造国家级大数据产业园平台和国家级软件园平台，服务和推动福建省

传统产业智慧化提升。

（二）引导传统企业加强信息技术与企业的深度融合，促进转型升级

互联网环境下，企业的供应链呈现网络特征，信息技术对传统产业的产品设计、生产流程、产品销售等全过程存在渗透和支持作用。要引导不同行业、不同规模以及不同类型的企业根据自身情况有针对性地制定信息化建设计划，鼓励企业通过互联网整合产业链上下游资源，在研发、生产、销售、服务等各个环节促进信息技术与产业的深度融合。企业可利用互联网，基于互联网平台利用云计算技术进行大数据分析，迅速、准确了解客户需求；以客户需求为导向改革经营策略，在柔性制造基础上，应用信息技术控制生产模块的精细化与重组性，创新制造工艺，实现大规模、个性化定制生产；另外，企业智能化还广泛应用在产品生命周期管理、供应链管理、客户关系管理等各方面。

（三）加强信息化人才储备和培育，消除人才"瓶颈"

鼓励企业加强信息化人才的引进，同时从公司内部选取具有基础、素质较高的年轻骨干进行数字化智能化应用业务知识培训，提高企业员工的相关知识水平，做好信息人才的储备培育。开展互联网思维培训，加强制造企业高层管理者推进互联网应用的意识；建立企业 CIO 协会并开展相关职业培训；培养新兴电子商务人才特别是跨境电子商务人才；鼓励高校建设知识共享平台，设置网络公开课程，与制造企业联合建设实训基地，提高电子商务人才的实践能力；鼓励相关培训机构与制造企业联合开展职工互联网技能培训；鼓励搭建微课、微信公众号、微博和自媒体等学习应用平台，开创员工学习培训新模式，提高员工的创新意识和创新能力。[①]

第三节　福建省智能制造产业高质量发展的路径和策略

要抢抓"中国制造2025""互联网+"行动计划和信息技术革命的重大机遇，以高质量发展为统领，以推进新一代信息技术与制造业深度融合为主线，坚持产业培育和应用推广两手抓，着力完善智能制造产业链和创新链，加快培育发展智能制造产业，全力推动制造业提质增效，争创"中国制造2025"先行省份，致力于将福建省打造成为国内领先的"智造强省"为全方

---

① 杭州市发展和改革委员会、杭州市经济和信息化委员会. 杭州市智能制造产业发展"十三五"规划［N］. 2016－10－10.

位推动高质量发展超越奠定更加坚实的产业基础。

一、完善创新链条，优化创新体系

（一）建设一批制造业创新中心

聚焦智能制造重大创新需求，充分发挥骨干企业、高校院所和行业组织的积极性，建设一批面向智能制造关键共性需求的制造业创新中心。到2020年，全省智能制造领域布局1~2家国家级制造业创新中心，同时打造多家省级制造业创新中心。

（二）培育一批企业创新载体

支持企业争创省级重点企业研究院，开展前沿技术和关键技术攻关。支持企业创建省级以上企业技术中心（工程技术中心、研发中心）、重点实验室、重点企业设计院等高水平创新载体，优化企业技术创新体系，提升创新能力。到2020年，全省智能制造领域力争新增50家省级以上企业技术中心。支持龙头企业围绕产业链组建智能制造产业技术创新联盟，开展协同创新。

（三）搭建一批智能制造创新公共平台

推进省政府与中国机械科学研究总院等国家级机构的合作，筹建省级工业研究院。围绕智能制造关键技术研发和产业化，支持企业与科研机构的战略合作，推动智能制造公共技术服务平台建设。

二、加强技术攻关突破技术"瓶颈"

（一）组织实施智能制造技术攻关

对接国家、省市重大科技专项，围绕智能制造产业链编制产业技术路线图，围绕产业创新链开展关键技术攻关。福建省要积极组织实施各类智能制造关键技术攻关项目。机器人及关键基础件攻关，攻克机器人结构、驱动、感知、控制一体化协同设计，研发伺服电机及驱动器、智能控制器、精密减速器、高速精密传动装置、重载精密轴承、高性能液压/气动/密封件等基础件和通用部件。智能制造装备关键技术攻关，研发自动化、数字化、成套化、智能化的智能制造装备技术，推进信息物理系统（CPS）、工业互联网、工控软件的研发以及集成应用技术。智能传感技术攻关，研发新型传感器、微机电传感器、自检校自诊断自补偿传感器，以及工业自动化环境下的温度、压力、流量等传感器，研发高灵敏度、高环境适应性、高可靠性的智能仪器仪表。3D打印及关键材料攻关，重点攻克与3D打印相关的金属基粉末材料、陶瓷粉末材料、热塑性高分子材料等高性能材料的制备核心技术。智能可穿戴设备技术攻关，攻克智能人机交互、短距离实时无线通信、设备低功耗与微型化设计等关键技术；开展虚拟现实（VR）、增强现实（AR）、人工智能（AI）等前沿技术研究。嵌入式工业芯片与软件开发，研发面向工艺过程控制和特殊控制的模块芯片，针对不同行业的应用特性，开展工艺设备、智能仪表、装备数控系统等的柔性集成和应用。

（二）参与制（修）订智能制造技术标准

以《国家智能制造标准体系建设指南》（2018年版）为指导，支持企业、行业协会、高校、科研机构等各方力量，推进智能制造标准体系建设。鼓励有条件的企业主持或参与国际、国内标准制（修）订。全省要积极参与、主持制（修）订智能制造领域国际标准、国家标准和行业标准。基础共性标准，发挥高校、科研机构、大型企业在开展基础研究方面的优势，加强对基础、安全、管理、检测评价、可靠性等基础共性标准的研究。关键技术标准，围绕装备（产品）、软件、系统集成服务三大领域，推进机器人及关键基础件、智能传感器、3D打印装备与材料、嵌入式工业芯片、智能工厂、工业软件与大数据、工业互联网等关键技术标准的研究。重点行业标准，围绕制造业重点领域，兼顾传统产业转型升级需求，制定分行业的智能制造标准。

（三）开发智能制造重大标志性产品

依托新产品（新技术）和首台（套）产品开发认定推广机制，开发一批高端智能成套装备、单机装备以及智能化终端产品，力争每年有一批智能成套设备列入省级首台（套）产品目录。

三、实施试点示范项目促进制造业提质增效

（一）深入开展智能制造试点示范应用行动

对接工信部、福建省智能制造试点示范专项，组织行业龙头企业申报省级、国家级示范项目。围绕智能装备（产品）、集成应用、新业态新模式，开展省级智能制造试点应用，打造一批"数字化车间""智能工厂"样板，形成一批可复制、可推广的典型案例和经验。开展企业智能化改造专项服务行动，组建智能装备制造、系统集成服务和科研院所等专家团队，围绕传统产业转型升级，开展智能化改造供需对接活动。

（二）深入推进"机器换人"

组织实施"机器换人"示范试点和行业"机器换人"综合试点，积极支

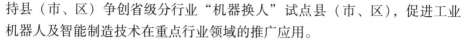

持县（市、区）争创省级分行业"机器换人"试点县（市、区），促进工业机器人及智能制造技术在重点行业领域的推广应用。

（三）推进智能制造应用基础平台建设

鼓励基础电信企业建设面向制造业企业智能制造应用的宽带网络基础设施，形成低时延、高可靠、广覆盖的工业互联网平台。支持第三方工业大数据平台建设，推动大数据在工业行业管理和经济运行中的跨领域、跨平台应用。支持行业云制造服务平台建设，引导产业链上下游企业共享技术、设备和服务，发展共享经济。

四、培育优势企业完善产业体系

以重点大型企业为抓手，重点扶持一批掌握自主核心技术、较强产业链带动作用的智能制造装备和智能制造集成服务骨干企业，培育一批智能制造新业态新模式，引领全市智能制造产业加快发展。支持特色产业基地、特色小镇组织开展专项招商，引进一批智能制造"高精尖"项目。智能装备制造服务商，面向智能制造装备制造企业，开展远程运营维护、全生命周期管理、整体解决方案提供等制造服务。智能制造解决方案及集成服务商，为企业自动化、智能化改造和重点领域集成应用提供智能制造集成服务。智能制造新模式服务商，面向"互联网＋"制造业领域，开展智能制造新模式新业态探索。

五、打造发展平台、健全人才队伍、强化智力支撑

支持创建以智能制造装备为特色的国家级高端装备特色产业基地，形成一批具有示范引领作用的机器人、高端物流装备、智能成套装备、传感器等特色产业基地。深化工业云、大数据等技术的集成应用，加强与各类创业创新基地、众创空间合作，建立"双创"新生态。面向智能制造产业发展紧缺急需人才，引进一批带重大项目、带关键技术的海外高层次创新创业人才。支持企业建立首席信息官（CIO）、首席技术官（CTO）、首席数据官（CDO）制度，培养一批符合智能制造产业发展需求的机械加工、电气运行与控制、自动化生产线等技能人才。[1]

---

① 杭州市发展和改革委员会、杭州市经济和信息化委员会．杭州市智能制造产业发展"十三五"规划［N］．2016－10－10。

第三章

福建省增材制造产业
高质量发展研究

第一节　增材制造产业发展的背景

一、增材制造的概念内涵

增材制造（additive manufacturing，AM）又称3D打印，是一种基于离散—堆积原理成形实体零件的新型制造技术。与传统制造方式不同，增材制造可基于三维设计数据，在单个设备上加工出满足要求的产品。其特征是适用性强，可解决许多过去难以制造的复杂结构零件的成形问题。

增材制造综合应用了现代材料技术、信息网络技术，对提高制造业水平有重要的意义，被称为第三次工业革命的标志性技术之一。增材制造正在推动智能制造、产品开发和生命科学领域的新一轮创新，因此在全球范围内得到广泛关注和重视。美国材料与试验协会认为，增材制造是"基于三维模型数据，采用与传统减材制造技术完全相反的逐层叠加材料模式，加工出和数字模型完全一致的实体产品的技术"。

根据国际标准化组织ISO/TC261增材制造技术委员会于2015年新发布的国际标准ISO/ASTM 52900：2015，将增材制造工艺分为粘结剂喷射、定向能量沉积、材料挤出、材料喷射、粉末床熔融、薄材叠层、立体光固化七类（如表3-1所示）。

我国政府对现代制造业很重视，并提出了"加快建设制造强国，加快发展先进制造业"的长远发展目标。增材制造是现代制造业的重点技术，目前关于这种技术的研究在不断增加，政府部门也制定了相应的促进发展政策。如国家发改委，工信部下发的《国家增材制造产业发展推进计划》中，明确了增材制造的概念"基于数字模型而对原材料逐层堆积制造出实体物品的现代加工技术,其中应用到数字制造技术网络和计算机技术,是未来制造业发展的重点方向",在不断发展的基础上,中国增材制造技术水平已经居于世界领先水平。

表3-1 ISO/TC261增材制造七大成型工艺

序号	工艺	解释
1	粘结剂喷射	选择性喷射沉积液态粘结剂粘结粉末材料的增材制造工艺
2	定向能量沉积	利用聚焦热能熔化材料即熔即沉积的增材制造工艺,典型的如同轴送粉工艺等
3	材料挤出	将材料通过喷嘴或孔口挤出的增材制造工艺,典型的如熔融沉积成型(FDM)等
4	材料喷射	将材料以微滴的形式选择性喷射沉积的增材制造工艺
5	粉末床熔融	通过热能选择性地熔化/烧结粉末床区域的增材制造工艺,典型的如激光选区烧结(SLS)、激光选区熔化(SLM)以及电子束选区熔化(EBSM)等
6	薄材叠层	将薄层材料逐层粘结以形成实物的增材制造工艺
7	立体光固化	通过光致聚合作用选择性地固化液态光敏聚合物的增材制造工艺

二、增材制造产业发展的意义

(一)增材制造可促进《中国制造2025》目标实现

根据我国《国家增材制造产业发展推进计划》,在未来现代制造业发展领域,重点发展钛合金相关的增材制造专用粉末,以及以激光选区熔化、激光熔融沉积相关的增材制造专用设备,为传统制造产业的更新换代与优化提供支持;在《中国制造2025》中也对增材制造的发展目标进行明确规定,综合应用数字信息技术,推进制造过程智能化,提高制造设备智能化和信息化水平;《工业强基工程实施指南》中也提出我国将重点发展增材制造产业。可见,增材制造产业对实现《中国制造2025》目标有重要的意义,已获得国家政策扶持。

(二)增材制造是推动产业转型升级的现实需求

增材制造在提高产品创新性方面有重要的意义,传统制造业目前面临的污染严重、创新力不足的问题,通过利用增材制造可以得到很大程度缓解。另外,增材制造技术在武器装配、航空航天、生物医疗和科教领域也有不同程度的应用，其对全链条产业发展支持作用不容小觑，同时增材技术的应用也有利于建立起战略新兴产业集群，为未来经济的持续高速发展提供支持。比如航空维修产业在未来的发展中，运用增材制造能够快速维护新件，老旧件恢复快、材料相容性好，维修高效快速。在装备制造方面，可以根据要求进行特异性材料的少批量、零星制造；在武器装备领域，已实现研发周期减少到 3 年，实现快速制造、验证、研发的目标。

（三）增材制造是实现创新驱动发展的重要支撑

在特异性、复杂结构产品生产领域，增材制造技术有明显的优势，其在生产过程中可基于实际的要求确定出合适的设计方案从而满足产品功能和经济性要求，也可有效避免传统制造技术缺陷，显著地提高了现代产品设计和制造水平。

（四）增材制造是构建全新制造模式的可靠平台

增材制造技术是基于集散制造改进而形成的，在加工中需要运用网络平台进行创客设计，从而满足客户的个性化要求，进而实现资源的集成规划目的，这对提高社会资源利用水平有重要的意义。同时，产品从设计到制造、消费的各环节都产生了革命性的变化，也引领了未来的生活生产模式变革。

第二节　增材制造产业的发展态势

一、代表性的增材制造技术

当前，在机电一体化和 CAD 建模技术带动下，增材制造技术也开始进入高速发展阶段，相关技术在消费电子、汽车、医疗牙科、科研用途以及建筑方面应用较多。按照所用材料和加工技术划分，目前，已经进入实际应用阶段的增材制造技术已经有十几种，其中 SLM、LENS、SLA、FDM 是最具代表性的增材制造技术。增材制造代表性技术发展历程如图 3－1 所示。

（一）选择性激光熔化技术（SLM）

SLM 技术诞生于 20 世纪 80 年代，被认为是最具发展潜力的激光快速成形制造技术之一。这种技术在应用过程中，主要是通过激光束直接熔化金属粉末而得到满足要求的金属零件，在加工一些结构复杂、尺寸精度高的产品方面有很高的适用性。

SLM 技术在加工过程中，扫描系统能够根据成形件的三维 CAD 模型的分

1986年，查克·赫尔（Charles Hull）获得SLA技术发明专利，并成立3D Systems公司。1987年发布第一台商业化设备。

1989年，美国德雷塞尔大学（Drexl University）的戴克（C.Deckard）获得SLS技术的发明专利。

1993年，美国麻省理工学院的伊曼努尔·萨克斯（Emanual Sachs）发明的3DP技术获得发明专利。

2000年前后，3D生物打印概念由美国克莱姆林大学（Clemson University）、德雷塞尔大学（Drexel University）等机构的教授提出。

1989年，斯科特·克伦普（Scott Crump）发明FDM技术，并成立Stratasys公司。

1991年，美国海莉丝（Helisys）公司的迈克尔·费金（Michael Feygin）获得LOM技术发明专利。

1995年，德国的费劳恩霍夫应用研究促进协会（Fraunhofer）提出SLM技术构想，2003年英国NCP集团公司推出第一台SLM设备。

图3-1 增材制造代表性技术发展历程

层切片提供的信息，控制激光束对待成形区中的粉末进行扫描。一层扫描结束后，降低金属基板的高度，送粉系统将适量的粉末送入，铺粉辊铺展适当厚度的粉末到相应成形层之上，不断地重复此操作，一直到获得满足要求的零件为止。这种技术在应用中可直接将CAD模型转换为终端金属产品，之后只需要对成品进行适当的表面处理，即可实现加工的目的。由于这种方法主要是通过高功率密度的激光器发射出很小光斑的激光对材料进行加工，因此，加工出的产品精度可达到0.1毫米水平，且产品的相对致密度近乎100%，表现出很高的综合性能。在实践中，SLM技术在成型期间，激光功率、扫描速度、铺粉厚度相关的参数都会不同程度地影响到产品质量，在设置的参数不合理的情况下可能导致球化效应、翘曲等技术缺陷。

（二）激光熔覆制造技术（LENS）

LENS技术诞生于20世纪70年代，主要用于将粉末与基体表面融化而实现材料表面强化，在产品的表面改性处理方面具有明显的优势。在LENS技术发展过程中，AVCO公司和METCO公司进行了大量的研究改进，为其进入实际应用打下了良好的基础。LENS技术在应用中涉及的关键技术包括：精密高质量同轴送粉熔覆系统；激光熔覆的工艺优化与稳定性；激光熔覆过程的检测与闭环控制。在实际的产品加工过程中，LENS技术主要是通过高能激光光束的热量在金属基体上形成熔池，通过送粉装置和喷嘴输送来的金属粉末被快速熔化，金属粉末凝固后，形成一层很薄而致密性高的冶金结合层，从而实现产品表面强化的目的。

与喷涂、电镀等传统表面强化技术相比，LENS技术的优势表现为表面层晶粒细小、涂层与基体界面结合强度高、局部表层不会明显地影响到基体。不过在实际应用中，也会出现一定数量类似于焊冶过程中的冶金缺陷问题，如气孔、偏析和变形等，应该对此给予适当的注意。

（三）熔融沉积成形技术（FDM）

FDM 技术也被称作为熔融沉积，在加工过程中主要是对丝状的热熔性材料加热熔化，然后利用口径微细的喷嘴喷出。在加工时，要控制热熔性材料的温度一直保持稍高于固化温度，而刚成型部分的温度略微低于此温度参数，这样就可以有效确保在加工过程中，材料挤喷出后，和前一层保持黏接。一个层面沉积完成后，工作台与挤出头的距离按照预定的增量增加一个层的厚度，再继续熔喷沉积，最终就可以获得满足要求的实体造型。目前，桌面 3D 设计中主要运用了 FDM 技术，市场运用正迅速增长，表现出广阔的发展前景。已实现了设计、制造、使用个人化，使得每个人都可以进行数字化创作。

（四）光固化立体造形技术（SLA）

SLA 技术选择液态光敏树脂为原料，通过适当波长的紫外激光照射而产生聚合反应，在加工过程中沿着各分层截面轮廓扫描液态树脂，扫描区域的树脂薄层会出现聚合反应而得到固化截面，而其余区域的树脂形态则不会受到影响。

目前关于光固化成形技术的研究在不断深入，其中加工精度和成形材料的性能一直是研究的重点。一些学者具体分析了影响这种成型精度的因素，发现主要包括材料固化、成形参数等，并基于所得结果对光固化技术进行改进，主流的技术改进包括二次曝光法、扫描线固化工艺、直接切片法和优化改进加工工艺参数等。根据实验结果发现，这样改进处理后，零件的变形都有一定幅度的降低，加工精度提高，而残余应力则明显降低。

二、增材制造产业发展的国际经验

目前，欧美国家也加大了对增材制造技术的关注力度，很多企业和研究所纷纷开始进行这方面的研发。2012 年美国政府提出了振兴美国制造的计划，且投入巨大资金改革美国制造体系。增材制造是振兴美国制造计划的重要支持技术之一，在未来，美国计划要进一步改善增材制造材料、装备及标准，提高产品加工精度以及创新水平，为实现低成本小批量数字化制造目标提供支持。2012 年美国 14 所高校、40 余家企业、11 家非营利机构和专业协会联合设立了增材制作创新研究中心，目前已经进入良好运营阶段。

英国政府自 2011 年开始在增材制造领域进行大量投资，谢菲尔德大学、曼彻斯特大学等都根据各自的研究情况设立增材制造研究中心，对这种技术进行了全面的研究。此外，英国政府还组织相关社会研究力量来设置增材制造研究中心，主要有波音公司、拉夫堡大学、伯明翰大学、EOS 公司。

2014 年，欧盟为促进整个增材制造产业的发展，进行了长远总体规划，在各国协商的基础上制定了"增材制造标准化支持行动"。同时还发布了《增材制造标准化路线图》，其中对增材制造各环节的标准进行了明确规定，确定出各环节的优先顺序，对这种技术发展方向也做了合理规划，这对未来增材制造产业的发展打下了良好的基础。

其他一些发达国家也制定了不同的扶持政策，来促进增材制造技术长远持续发展。德国设置了专业的研究机构，主要研究和推动增材制造技术在航空航天领域中结构轻量化方面的应用；法国增材制造协会则在深入调查研究的基础上，明确此行业的发展现状，并且制定了增材制造技术标准，为提高法国增材制造水平提供支持；西班牙启动增材制造专项，用于对增材制造共性技术、材料、设备等进行研究；澳大利亚政府部门则设置了专业的委员会，用于发展"微型发动机增材制造技术"，该项目主要针对航空领域的发动机复杂零部件进行增材制造，目前已经进入高速发展阶段；日本政府也制定了增材制造技术的长期发展规划，通过优惠政策和大量资金来推动增材技术的产业化研发和应用，这对促进该技术的进一步发展和应用有重要的意义。

三、增材制造技术在我国的发展现状

我国政府很早开始关注增材技术的发展，在工信部、科学技术部（以下简称"科技部"）的大力支持下，我国的增材制造工艺技术、设备以及产品性能在不断提高，目前已经基本上接近国际先进水平，相应的应用领域也在不断扩大。学术上，史玉升、李涤尘、王华明、颜永年 4 位研究者在该领域发表的《科学引文索引》（Science Citation Index，SCI）收录论文数量已进入世界前 10 名。实践中，技术水平明显提高，相关的核心器件和设备在不断出现。

（一）增材制造专用材料种类不断增多

我国已经开发出近百种增材制造专用材料，但高性能材料严重依赖进口，仅有部分指标超越国外同类产品（如表 3 - 2 所示）。

（二）增材制造技术运用于飞机制造

在航空领域，飞机设备的性能和大型整体钛合金关键结构件成形制造技术存在密切的关系，这也是此领域的重点技术之一。西北工业大学对此技术进行深入研究，建立了系列激光熔覆成形与修复装备，在进行复杂难拆卸零件

表 3-2 我国增材制造专用材料突破情况

公司名称	主要特点
中航迈特粉冶科技（北京）有限公司	利用自主研发设计的大容量、低成本电极感应气雾化装置，制备出符合增材制造用材料标准的高品质球形钛合金粉末，粉末球形度达到 90%，氧含量控制在 0.07% ~ 0.13%，解决了传统雾化方法粉末细粉收得率低、氧含量高等问题，技术水平国内领先
苏州英纳特纳米科技有限公司	研发制造了具有自主知识产权的制粉设备，运用射频等离子体技术制备的球形金属粉末，广泛应用于航空航天、冶金制造、生物医疗及增材制造的原料
上海材料研究所	已开发适用于 SLS、SLM、EBM 和 LENS 等工艺的金属粉末耗材，包括钛合金、镍基高温合金、不锈钢、模具钢等，所研制的粉末具有成分纯净度高、氧含量低、球形度高、流动性好、粒度范围可控等优良性能，满足包括生物医学和航空航天在内的许多行业需求
广州纳联材料科技有限公司	研发了增材制造金属材料、微米粉体材料、纳米粉体材料及高精密金属制品，所涉及的行业包括航空航天、医疗、汽车等
西安赛隆金属材料有限责任公司	研发了高品质球形钛及钛合金粉末、电子束选区熔化成形成套设备，实现了稀有金属复杂零部件的近净成形，为航空、航天、舰船、兵器、汽车、生物医用等领域提供产品和技术支撑
陕西宇光飞利金属材料有限公司	研发了钛及钛合金、镍基高温合金、金属间化合物、不锈钢及合金钢、难熔金属及稀土合金等金属粉末，在航空、航天、船舶、核能及人体生物医学领域已广泛应用
湖南华曙高科技有限责任公司	在高温高压高精度的高分子及其复合材料研制取得方面一系列突破，已成功开发 FS3200PA、FS3400GF、FS3250MF、FS4300PA、FS3401GF 等多系列尼龙粉末材料、碳纤维复合材料、玻璃微珠复合材料等专用材料，打破众多国际知名企业在专用材料领域的长期垄断地位。并与巴斯夫共同研制具有更高强度及热稳定性的 PA6 材料，实现高性能高分子材料在汽车工程等工业领域直接产品制造中的突破性应用

加工和修复方面表现出明显的优势地位。在这种技术支持下，C919 飞机大型钛合金零件的性能水平明显的提高。民用飞机也开始广泛地应用到大型整体金属结构。飞机零件在加工过程中，相关的要求很高，传统成形方法难以进行有效的加工。通过激光立体成形技术进行加工，能有效地处理复杂薄壁钛合金结构件难以加工的难题。西北工业大学通过激光成形技术进行加工生产出的一种 2.83 米的机翼缘条零件，最大变形量 <1 毫米，可很好地满足钛合金复杂薄壁结构件的精密成形方面的要求，这种技术在提高制造效率和精度方面有重要的意义，同时产品的生产成本也大幅度的降低。

北京航空航天大学也深入研究了金属直接制造技术，在钛合金、超高强度钢等整体构件加工方面取得重要进展，解决了变形与开裂等囊他，同时北京航空航天大学还取得内部质量控制及其无损检验关键技术，飞机构件综合力学性能也达到很高的水平。北京航空航天大学已研制生产出了我国飞机装备中迄今尺寸最大、结构最复杂的钛合金及超高强度钢等高性能关键整体构件，相关技术在 C919 等客机的研制领域已经开始应用。

（三）增材制造技术运用于复合模型制造

西安交通大学在新技术方面也进行了大量的研发，相关的技术主要有 LED 紫外快速成型机技术、铸型制造技术、复合材料制造技术等，目前大部分都已经进入实际应用阶段。在陶瓷零件制造方面，目前主要研究基于硅溶胶的水基陶瓷浆料光固化技术，其在制备光子晶体方面的优势很明显。

西安交通大学能够进行风洞模型制造技术的研究，和成都飞机设计研究所合作进行了测压模型、测力模型、气弹模型等方面的研究，同时还设计了树脂—金属复合模型的结构方案，通过有限元方法计算校核对这种模型的强度进行模拟仿真研究，并分析了其固有频率。在风洞试验基础上对这种模型的气动特性进行研究，根据模型和实际测试结果的对比发现，模型的整体性能良好，在低速风洞试验下其性能达到很高水平，可基本上满足此领域的应用要求。复合材料构件对提高航空制造水平有重要的意义，西安交通大学研发的低能电子束原位固化纤维铺放制造设备对制造这类构件提供了可靠支持，西安交通大学过这种技术研发出一种无需热压罐的大型复合材料构件，和传统的加工技术相比，可使制造过程能耗降低 70%，原材料节约 15%，制造成本也明显降低，制造过程的可控性显著提高，这对提高复合材料构件绿色制造水平打下良好的基础。

四、增材制造产业在我国的发展现状

（一）增材制造技术投入量产

20 世纪 80 年代西安交通大学研发出光固化快速成型机，在此基础上于 2000 年、2007 年成立了教育部快速成型制造工程研究中心和快速制造国家工程研究中心，推动快速成型技术的发展。目前我国已经形成可支撑产品快速开发的制造系统，与此相关的重点技术设备也不断出现，如激光快速成型设备、三维反求设备技术已经基本上成熟，出口到俄罗斯等国家，在国际快速成型设备制造方面具有重要的影响力。

（二）产业增速潜力巨大

当前，增材制造产业保持高速发展，根据目前的发展形势预测，到 2020

年，增材制造产业的规模会超过 200 亿元；行业应用领域也明显的扩大，产品涵盖航空、航天、船舶、核工业、铸造相关的领域，同时，在日化、医疗、文化相关的领域也开始广泛地应用。相关产业生态体系基本完善，与此相关的增材制造产业链也开始形成，对应的标准、检测、认证体系也基本形成。

（三）增材制造战略联盟逐渐形成

我国于 2016 年成立"中国增材制造产业联盟"。联盟以开放、创新、合作、共赢为宗旨，接受工业和信息化部业务指导，联盟首批成员单位 128 家，包括 97 家企业、11 家高等院校。12 家科研院所、5 家协会以及 3 个园区等。北京、上海、福建、山东、陕西、浙江、广东、四川、台湾也分别成立了增材制造（3D 打印）战略联盟。其中台湾地区吸收荷兰 TNO 技术，着重发展金属粉末增材制造技术。

五、福建省增材制造产业的发展现状及趋势

（一）福建省增材制造技术的发展现状

福建省在增材制造技术领域很早就制定了发展规划，于 2013 年下发《福建省关于促进 3D 打印产业发展规划》，次年则设置了 3D 打印产业联盟，集合了此方面的很多企业进行大力研究和创新。福建省以突破增材制造专用材料、推进增材制造产业化平台建设为建设方向，提出加大扶持力度、开展示范应用、鼓励技术创新、引导集聚发展等保障措施。

目前，福建省增材制造产业形成了以中国科学院海西研究院为科研核心的增材制造产业集群。中国科学院海西研究院的三维物体快速成型关键技术被《3D 打印世界》列为 2016 年全球值得关注的前 12 大 3D 打印新技术之一。

（二）福建省增材制造技术的发展趋势

1. 突破增材制造原材料"瓶颈"

目前应当着力突破增材制造专用金属、非金属和医疗专用材料研制、生产和大规模应用亟须解决的关键技术与装备，提高设备的技术水平。另外，还应该结合福建优势，重点研究的相关技术设备，提升打印材料性能水平，解决新型等离子旋转雾化制粉技术及装备（N-PREP）、真空气体雾化制粉技术及装备（VIGA）和新型溶剂沉淀法等技术难题，对增材制造工艺的原料进行改进和优化，逐步实现替代进口材料的目标；研发出高性能的增材制造设备和与此相关的材料，如复合材料、混合材料、梯度材料等，可满足各种不

同类型材料的 3D 打印方面的要求，设置对应的标准体系，为专用原料的行业规范制定提供支持，满足产业化发展要求；开发新型绿色环保材料，争取大幅度降低能耗，控制污染。

2. 打造增材制造国际知名品牌

在产业发展方面，重点针对航空航天、武器装备、生物医疗相关的需求进行针对性的研发，在不断地经验总结和反馈的基础上，建立起涵盖 SLS、SLM、LCD、SLA 等制造体系，大力研发高性能的国产自主可控装备，有效地提高成型速度、表面精度等，建立起新的产业模式，为提高行业的制造水平与竞争力提供支持，取得国际工业级增材制造的领先地位。

3. 建立增材制造基础数据库

加速增材制造产业链的生产和应用规模，加大技术研发和融合的力度，应当着力突破增材制造相关工程技术，揭示成形工艺条件与构件尺寸精度、性能指标的关联规律，解决构件成形过程中的精度控制、缺陷控制、性能控制等难题，为提升整体性能打下良好的基础；实现国产化增材制造关键部件的发展目标。

4. 完善增材制造标准化建设

探索增材制造产业标准化建设，厘清材料、设计、工艺、装备等方面主要技术指标内容和分类，通过正向激励机制扶持技术领先的企业，引导市场逐步形成从技术创新到标准研制，再到产业升级协同发展的正向循环。

5. 推进增材制造产业规模

提高增材制造全产业链的应用水平，扩大技术的应用领域，在汽车制造、航空航天、燃气轮机、科教领域明确市场需求，进行有针对性的研究，有效地满足燃气轮机、无人机、武器装备、科教领域增材技术的应用要求，争取2020 年底前实现的行业规模超过 1 亿元，整体产业规模超过百亿元的目标。

6. 搭建增材制造创新服务平台

各方协作搭建"互联网 +"增材制造创新服务平台，整合产业链资源，以各种类型高效灵活的合作模式，为全国的重点工业企业提供增材制造技术解决方案，切实提高增材技术的应用比例。设立国际联合研发中心，提高产业规模化发展水平，为形成中国增材制造产业提供支持，占领市场领先地位。

7. 重塑融合式制造新模式

在未来的发展中，适当的融合传统制造和增材制造，扩大增材制造的应用范围，建立融合发展新模式。这种融合对提高增材制造技术的推广效率有重要的意义，对传统企业实施柔性生产也起到重要的支撑作用，可以很好的满足传统生产线个性化与高效率生产方面的要求，这也是未来增材制造技术的主要发展方向。同时还应当运用增材制造技术构建全新高效的智能制造生产线，提高生产过程的实时管理水平。通过技术"创新＋"商业模式创新，更好地满足现代制造业发展要求，促进增材制造产业长远发展。

第三节　增材制造产业发展的政策路径与对策建议

一、促进福建增材制造产业发展的政策路径

（一）突破增材制造产业的原材料"瓶颈"

在增材制造领域，原材料性能有重要的决定作用，因而很有必要对企业研究专用材料进行扶持和鼓励，组织各方力量共同进行增材制造专用材料特性研究。与此同时，具体分析航空航天、汽车、生物医疗方面的需求，重点开发专用材料；具体分析金属材料，优化粉末大小、形状等品质特性，开发满足增材制造发展需要的加工工艺与技术。提高现有材料耐高温、高强度性能水平，有效的降低能耗的浪费，实现钛合金、高强钢塑料等专用材料的高端发展目标，实现自主生产。

（二）增强装备及关键零配件的创制能力

增材制造产业的关键零部件研发和生产依然由几个发达国家主导，虽然福建以中科院海西研究院为核心的科研机构、科技型企业组成的产业集群在增材制造研发中获得多项技术专利，其中一些技术已经居于国际领先地位，不过目前相应的关键零配件和发达国家还存在明显差距。因此在未来的发展中很有必要加大增材制造专用材料、工艺技术的研究，提高相关研究机构在此领域的话语权，同时为发展先进增材制造装备提供支持，更好地满足增材制造装备的效率、精度等各方面的要求。此外，还应该加大力度进行非金属材料增材制造装备研究，提高此类设备的自动和智能化控制水平。在未来的发展中，重点研制与增材制造装备配套的嵌入式软件系统及核心器件，实现设备的配套协调发展目标，提升装备软、硬件协同水平，优化组合此领域的相关资源，为增材制造的产业发展打下良好的基础，同时有效地扩大我国在此领域的产业份额，推动增材制造的长期可持续发展。

（三）加快提升增材技术水平制造工艺

在未来的发展中，应该基于福建省增材制造创新中心为平台，设置协同

创新机制，有效地融合各方面的资源，加大技术攻关力度，从而为重点典型增材制造工艺技术的应用铺平道路。针对增材制造相关的应用要求，开发出一些高性能工艺软件及控制软件，设置专用的建模、设计方面等工具，为计算机技术应用于增材制造提供支持；加大三维图像扫描、计算机辅助设计研究力度，重点研究金属构件成形开裂预防、性能缺陷处理方面的问题，同时做好温度场控制、变形控制等各方面的工作，满足未来产业化发展要求。同时，支持鼓励福建的科研机构和企业参与可控自组装（self assembly）（4D 打印）系统及其功能化的基础研究，为可控自组装的产业化提供理支撑和技术支持。

（四）鼓励增材制造产业实施标准化建设

2011 年，国际标准化组织（International Organization for Standaraization，ISO）成立专门的增材制造技术委员会 ISO/TC261，从 2014 年我国成为 ISO/TC261 的参与成员国至今，增材制造标准化工作与国际对接，逐渐步入正轨。我国发布了四项相关国家标准，立项了一项国际标准，另外还有 10 项已立项的国家标准正在研制中，为增材制造产业设立了基本规范。

当前，福建省增材制造产业正处于发展阶段，应该积极适应工艺、装备、材料等各方面的要求，同时适应此方面的国家标准。参与此领域的国家标准制定工作，推动制定 3D 打印材料、装备、产品、检验检测及认定等标准，推动 3D 打印制造产业化。鼓励企业及科研院所参与国家标准制定中。此外还应该根据目前的产业化发展形势，开展质量技术评价和第三方检测认证工作，提升行业的话语权。在深入调查基础上，消除用户对增材制造产品在性能、质量方面相关的疑虑，大力开展质量技术评价与认证工作，从而有效的消除客户疑虑，为产品的各项指标满足需求提供支持，进而扩大市场占有率。

（五）完善产业链，创新商业模式

1. 组织实施增材制造应用示范工程

依托国家级项目，通过搭建产需对接平台，积极参与解决航空航天领域增材制造技术的应用问题，在满足相关要求基础上，适当地在国防军工等其他领域应用这种技术。建立起一些针对性的增材制造服务中心和展示中心，通过各种产品展示和模具开发方式，提高这种技术的应用水平，为扩大适用范围提供支持。建立专业的创意设计、个性化定制增材制造产业服务平台，对进行文化创意等领域的企业提供支持，提供专业性的服务，更好的满足顾客需求，提高专业化服务水平，实现增材制造技术与各行业相互融合，达到效能最大化。

2. 支持建设公共服务平台

在详细的市场调查基础上，综合应用各方面资源，搭建公共服务平台，提供综合性服务，满足用户的创新设计、产品优化、模具开发等各方面的应用要求。通过政策扶持，有效地提高对增材制造专用材料、装备等的支持水平，促进产业化发展，为提升产业规模起到良好的促进作用。

3. 推动"3D 打印 + 医疗""3D 打印 + 互联网"的深入发展

对一些取得迅速进展有一定行业影响力的示范企业进行重点支持和引导。

（六）促进台湾地区技术在福建转移转化

充分发挥福建省对台优势，鼓励台商加大增材制造设备研发制造，并提供 3D 打印代工服务，推动台湾地区增材制造技术在福建的转移，促进海峡两岸增材制造技术和产业交流。

二、福建省增材制造产业发展的重点领域

（一）增材制造专用材料研发

具体分析福建省内医疗、汽车行业的发展需求，重点进行相关材料制备的投入，加大对光敏树脂等增材制造专用材料的观察力度，进行技术协作攻关，为突破材料深加工技术的"瓶颈"打下良好的基础。在详细的调查了解基础上明确未来"4D"打印发展趋势，做好相应的规划和筹备工作，积极地进行高温难熔材料、高强度材料的研发。增材制造分类及应用如表 3 - 3 所示。

表 3 - 3　　　　　　　　　　增材制造分类及应用

类别	材料名称	应用领域
金属增材制造专用材料	细粒径球形钛合金粉末、高强钢、高温合金等	航空航天等领域高性能、难加工零部件与模具的制造
非金属增材制造专用材料	光敏树脂、高性能陶瓷、高温高强度工程塑料、喷墨打印材料	航空航天、汽车发动机等铸造用模具开发及功能零部件制造；工业产品原型制造及创新创意产品生产
医用增材制造专用材料	钴铬合金、医用钛合金、聚乳酸等	研发生物医疗个性化假体增材制造关键技术，解决骨科修复无菌性松动、细菌感染等关键性难题，推进抗耐药性菌、可降解、梯度模量等个性化内植物医疗器械临床试验，推动个性化医疗器械产业化

（二）增材制造技术水平提升

强化产学研用合作创新机制，加大此领域的合作力度，大力提升应用前景广阔增材制造工艺技术水平。设置专业性强的增材制造材料数据库、重点开发此方面的软件，为产品的设计建模、逆向、仿真提供支持，解决高效成型、高致密性、高精度、组织性能调控等关键工艺技术。增材制造专工艺技术及其应用如表3－4所示。

表3－4　　　　　　　　　增材制造专工艺技术及其应用

类别	工艺技术名称	应用领域
金属材料增材制造工艺技术	激光选区溶化（SLM）	复杂小型金属精密零件、个性化口腔修复、外科修复、医用植入物等
非金属材料增材制造工艺技术	光固化成形（SLA）	工业产品设计开发、创新创意产品生产、精密铸造用蜡模等
	激光选区烧结（SLS）	航空航天用工程塑料零部件、汽车家电等领域铸造用砂芯、医用手术导板与骨科植入物等
	三维立体打印（3DP）	工业产品设计开发、铸造用砂芯、医疗模型、创意产品、建筑等

（三）增材制造与"互联网＋"等技术融合

以"互联网＋"技术实现3D打印设备联网打印及远程终端监控；研发新一代高效选区熔化成型制造装备、连续/脉冲双模增材制造装备以及高精密多轴涂覆系统、高功率双激光头增材制造系统等，解决增材制造速度慢、精度低、难以满足难熔材料等问题，不断提升增材制造装备的效率、精度、可靠性和工艺稳定性，增材制造典型装备如表3－5所示。

表3－5　　　　　　　　　　增材制造典型装备

类别	名称
金属材料增材制造装备	激光高效选区溶化、钛合金等金属粉末规模化制备等增材制造装备
非金属材料增材制造装备	光固化成形、激光选区烧结成形、3DP、光敏树脂制备技术
增材制造装备核心软硬件	融合"互联网＋"技术，实现3D打印设备联网打印及远程终端监控；高光束质量激光器及光束整形系统、大功率激光扫描振镜、动态聚焦镜等精密光学器件、阵列式高精度喷嘴喷头、三维精密扫描和测量、精密监测反馈、高精度数据处理算法、精密控制、多轴工业机器人、高精度模型重建、多传感器融合技术、高精度定位及位置检测、轨迹智能规划等

（四）增材制造公共服务平台构建

在未来的增材制造行业发展中，还应该适当的发挥福建省增材制造创新中心的协同作用，形成科研、高校和龙头企业的协同发展机制。针对增材制造材料研制与技术需求制定出新型的协作模式，提高优势资源的整合水平，促进我省增材制造方面的基础研究、应用研究的技术成果转换；开发高精度成型工艺核心部件，建立起专业性强的合作与支持平台，为建立起开放式数控系统提供支持，更好地满足增材制造及后处理设备发展要求；建设3D建模研发平台，设置与此相关的工程仿真、产品开发方面的平台，更好地满足增材制造行业的长远发展和应用要求，有效地促进增材制造建模系统产业化水平；建立起与此相关的应用示范基地，提高产品和技术在汽车、电子、模具相关领域的应用水平，为福建省的产业转型升级提供支持。

三、促进福建增材制造产业发展的对策建议

（一）加强统筹协调

制定长远发展目标，全面深化政产学研用协同创新协同规划，制定出科学合理的增材制造发展路线，对产业发展进行详细的调查研究，设置和增材制造密切相关的专家库，通过产学研用共同参与的行业组织，积极的进行协同调查，发布增材制造年度报告，为增材制造技术的科研成果产业转化提供可靠的基础。

（二）加大财税支持力度

对增材制造技术的研发加大税收和政策支持力度，设置一些专门针对增材制造发展的政策以及相配套的制度，确保税收支持政策对增材制造产业的发展起到促进作用。将增材制造装备纳入重大保险政策范围，进行可靠的政策和金融保障。

（三）拓宽投融资渠道

在产业化发展方面，采取政策引导和市场化运作合作模式，积极有效的吸引投资。在确保风险可控条件下，积极地引导银行提供信贷政策，促进融资担保机构对增材制造企业的支持水平，从资金方面支持增材制造的发展。积极的鼓励此领域符合要求的企业境内外上市、提供专业的融资工具和融资培训以满足此类企业的融资要求，确保企业不会因为资金不足而受到明显影响。

（四）加强人才培养和产业生态链建设

综合福州大学等福建省内相关高校和科研机构资源，参考省外经验，设

计增材制造人才校企合作培养体制，针对高校青年教师开展专业的增材制造培训，在相关高校设置此方面的专业课程，积极鼓励企业建立起相关的增材制造人才培训基地。积极的吸引增材制造领域的高端领军人才，设置与此相关的人才激励机制，通过股权、期权等方法对此类人才进行激励，从而为产业化发展提供支持。

组织新工科院校开展此领域的普及工程，针对一些专业学生配置增材制造方面的教学软件和培训课程，对学生进行引导，提升他们对增材制造的爱好，根据情况在满足要求的基础上设置与此相关的增材制造专业，培养具备机械制造、信息技术、数字化设计等方面专业知识的"制造＋信息技术"与"设计＋制造技术"的复合型人才，以适应对专业人才的需求。建立健全增材制造人才库，针对高校青年教师进行此领域的知识培训，兴建增材制造专业实验室为人才培养创建合适的环境，鼓励院校与企业联合办学或建立增材制造人才培训基地。建立起完善的人才激励机制，通过股权、期权等方式对青年研究者进行激励。

（五）扩大国际交流合作

在未来的发展中，需要依托"一带一路"倡议，促进院校、科研单位的国际交流，参与到国际此领域的标准制定工作中，提高行业话语权。鼓励企业开展此领域的合作，为提升国内增材制造研发能力起到推动作用。

坚持"引进来"和"走出去"并重，多层次开展国际交流合作。一方面，鼓励企业通过海外收购、并购相关的模式而整合此领域的优秀人才，引导企业设立海外研究中心，加大国际化人才的培养力度，吸引增材制造行业的高端人才。另一方面，积极吸引国外优秀企业、研究机构，设立联合科研中心，适当的提高国内外企业的合作交流水平，为实现共赢目标提供支持。

（六）强化行业安全监管

随着增材制造技术的发展，现有的公共安全管理模式也受到明显的影响，与此相关的知识产权、刑事犯罪领域的问题也开始明显地表现出来，引发各方关注。为解决这些问题，有必要研究建立购买增材制造装备实名登记制度。对制造管制器具等违法行为进行严厉的打击，促进行业的规范有序发展，同时对增材制造医疗器械的临床验证、产品注册制度进行规范，制定针对性的政策，满足长期规范发展要求。

第四章

福建省装备制造业创新驱动
高质量发展研究

　　装备制造业是为我国制造产业提供技术装备的基础性产业，是整个制造业的基础和核心。纵观世界发达国家，基本都是装备制造业强国，都十分重视装备制造业的发展。加快发展装备制造业，能够调整市场经济结构，扩展市场份额，促进福建省经济又好又快发展，转变产业结构，形成以创新驱动为主要动力的内生经济发展道路。随着新一轮科技革命和产业变革潮流的到来，在经济新常态背景下，深入研究福建省装备制造业创新驱动高质量发展具有紧迫和深远的意义。

第一节　福建省装备制造业发展现状与趋势

一、福建省装备制造业发展现状

（一）有关概念界定

1. 装备制造业

　　装备制造业位居制造业的重要位置，肩负着一个国家和地区工业发展的命脉，为国民经济和国防建设发展奠定坚实基础，通常是工业化国家和地区的主导产业。进入 21 世纪，欧洲、美国、日本等发达国家，都将本国的装备制造业放在国民经济发展的重要位置，这不仅是因为装备制造业占这些国家工业总产值的比重、资本累积、就业贡献等指标较高，还体现在装备制造业为这些国家培育了新产业，为这些国家的新产品、新技术、新工艺的创新、设计和开发提供了重要的产业基础。根据国家战略部署，到 21 世纪中叶我国国民经济体系中，装备制造业特别是作为国之重器的高端装备制造业，必须具备强大的国际竞争力，成为整个国民经济持续发展的有力支撑。

国家发展和改革委员会产业发展司（2002 年）曾经指出，装备制造业是为国民经济和国家安全提供技术装备的企业总称，覆盖了机械、电子、武器弹药制造业中生产投资类产品的全部企业；装备制造业所提供的产品，基本包括系统、主机、零部件、元器件和技术服务等领域范畴。基于此，我们认为装备制造业是以机械工业为基础，融合电子、材料、冶金等相关产业为一体，覆盖金属制品、机械电子制造业中资本品制造及相关零部件制造的全部企业。

2. 突破性创新

对创新驱动的关注，可以追溯到 20 世纪 30 年代国际著名的经济学家熊彼特，他曾经指出，"新技术与新技能的出现致使社会产生了巨大变革，这些变革重新主导着现有的市场"①，这一定义界定了突破性创新的根本特征。在内涵界定方面，国内外学者对突破性创新的认识主要集中于两个视角：一是技术层面的突破，包括大幅度降低成本、提高产品的技术性能等途径使采用传统技术的公司因无法盈利而退出市场，或者产生一个新产业，摧毁旧的产业（如电子管被晶体管所取代）；二是商业模式层面，凸显了突破性创新拓展消费者需求约束空间。基于以上认识，我们认为，从技术上来说，突破性创新是指在产品、运作流程以及已有技术方面存在重大改变与提升；从商业模式上来说，突破性创新是指在价值主张、供应链以及目标顾客方面实现重大改变的创新。

（二）福建省装备制造业发展现状

当前，福建省规模较大的装备制造业每年实现工业总产值约 5500 亿元，并随着经济的发展逐年增加。其中，环保设备产业实现工业总产值约 75 亿元；化工机械产业实现工业产值约 90 亿元；工程机械产业实现工业产值约 150 亿元②。从指标看，近年来福建装备制造业发展呈现以下几个特点：

1. 部分装备制造产品取得突破性进展

例如，汽车产业中的新龙马汽车发动机、东南汽车 V5 菱致和蓝瑟 CNG 双燃料车型、中铁乾达盾构机、北车（泉州）轨道客车等产品取得明显突破，填补了省内空白；海源设备公司试制成功拥有自主知识产权的"直接在线长纤维增强热塑性复合材料制品成套生产线"；福建省船舶工业集团制造

---

① 约瑟夫·熊彼特：《经济发展理论》，商务印书馆 1997 年版，第 35 页。

② 福建工业与信息化厅内部数据。

的双体半潜式居住平台取得突破性进展，填补了国内空白。龙净环保和南平太阳电缆两家公司进入中国机械工业百强企业行列，龙净环保制造的河南新密电厂——百万千瓦机组配套的电袋复合除尘器，是目前世界上最大的电袋复合除尘器。

2. 一批优势特色产品和骨干企业逐步得以培育发展

目前，福建省工程机械、电气设备、环保产品和飞机检修等行业都得到快速发展，在激烈的市场竞争中占据了自己独特的竞争优势。其中很多特色优势产品由于契合了我国消费市场需要，以强大的发展势头在市场竞争中占据有力位置，这些产品包括轮式装载机、振动式压路机、中压开关柜、真空断路器、中小型电机、关节轴承、特种漆包线、大吨位陶瓷压砖机、轮胎定型硫化机、电除尘器等；龙工、ABB 开关、太古飞机、龙溪轴承、龙净环保等一批重点骨干企业的实力快速提升，经济效益十分突出。

3. 产业集群效应显著

目前，一批具有福建特色的装备制造集群伴随着社会主义市场经济的发展不断发展壮大。如福州汽车及零部件、厦门汽车及零部件、厦门工程机械、龙岩运输及专用设备制造、福安电机电器等产业集群发展迅速。以厦门 ABB 开关、太古飞机维修、南平电线电缆为龙头的先进制造基地加快形成；南安装备制造基地、永安埔岭汽车工业园、福清洪宽机械工业园，以及湄洲湾、厦门湾、闽江口和三都澳船舶修造基地等一批产业园区和产业集中区加快升级。宁德市形成较高聚集度和市场竞争力的电机电器制造和船舶修造两大产业集群。其中电机电器制造集群规模超 500 亿元，电机电器整机及配套企业 1000 多家，70% 的产品销往欧洲、美洲、非洲、东南亚、中东等 120 多个国家和地区，如安波电机畅销英、德、法等 30 多个国家和地区，成为美国的滨特尔（Pentair）、德国的威乐（Wilo）、意大利的阿特拉斯（Atlas）、芬兰的科尼（Konecrane）等世界电机 500 强企业稳定的合作伙伴[1]。同时，宁德市还拥有全省数量最多的船舶修造、外轮修理、出口成品油轮建造、海洋工程船建造产业集群，是国内四大民间船舶修造基地之一。

4. 自主创新能力快速提升

《福建省机械装备产业技术梳理报告》显示，福建省数控机床、自动化生产线、三坐标测量机等设备的研发速度相当快，在国际上已经占有一席之地。目前福建省静压传动叉车和港口机械制造技术跃居世界先进水平，大型

① 笪贤流. 福建装备制造业发展情况调查与思考[J]. 厦门特区党校学报，2015（1）.

沥青混凝土拌合技术接近国际先进水平，压路机和垃圾压实机、有机废气和废水膜处理技术已达国内领先水平，紫外C消毒技术达到国际先进水平，市政污水消毒产品占有全国50%以上的市场份额，龙净环保已成为全国环保设备的排头兵，300兆瓦和600兆瓦石灰石膏湿法脱硫装置等环保装备制造技术分别达到国内领先和国际先进水平。

5. 产业研发平台加快构建

福建省以企业为主体的技术创新服务平台、企业自主研发检测平台加快构建和完善。路达（厦门）工业有限公司技术中心被认定为国家企业技术中心，远东电机（宁德）有限公司技术中心、福建晋工机械有限公司技术中心等7家技术研发中心，被认定为省级企业技术中心。至2018年底，福建省装备制造研发中心增至72家，占全省企业技术中心比重达19.4%，其中国家级企业研发中心5家。福建省超高效电机制造、福建省茶叶加工机械制造等26家工程机械制造研发中心被确定为省级（企业）工程技术研发中心，全行业省级（企业）工程技术研发中心增至60多家①。龙溪轴承股份公司的"关节轴承产品技术创新平台建设"项目，获福建省科技进步一等奖。福建海源机械公司建立起"3D打印制造实验室"，致力于复合材料、陶瓷、硅酸盐等新材料的3D打印制造加快推进。

6. 装备制造体系加快形成

当前，福建省已初步形成海峡西岸具有区域比较优势和特色的装备制造业体系，厦门工程机械、龙岩运输及专用设备制造、福安电机电器等产业集群持续做大做强。以厦门ABB开关、太古飞机维修、南平电线电缆等为龙头的区域先进制造基地初步形成。南安装备制造基地、晋江装备制造基地、福清洪宽机械工业园，以及闽江口、三都澳、湄洲湾和厦漳湾四大船舶修造基地等一批产业园区和产业集中区快速发展壮大，区域竞争力明显提升。

二、福建省装备制造业发展趋势

（一）复合创新驱动发展

装备制造业是制造业中创新要素最聚集、成果应用最迅速、技术竞争最激烈的先进制造业。因此，突破性创新成为装备制造业发展的第一动力，基

---

① 福建省工业和信息化厅发布关于2018年度福建省企业技术中心考核评价结果的通知。

础研究向应用领域的快速转化决定了区域装备制造业的发展高度。当前，新一轮科技革命和产业变革加速推进，新一代信息技术、新材料技术、新能源技术、智能制造技术、数字制造技术、增材制造技术、云计算和大数据技术等群体性技术突破蓄势待发。未来装备制造市场，将由多种技术创新共同驱动，包括智能制造和数字制造系统、工业机器人、人工智能、增材制造、高性能材料、半导体和混合电子、生物制造、基因诊断、精准医疗等高性能先进制造系统将融合驱动；信息网络、生物科技、量子计算机与量子通信、干细胞与再生医学、合成生物和"人造叶绿体"、纳米科技和量子点技术、清洁能源等正孕育一批具有重大产业变革前景的突破性创新科技及其应用，复合推动装备制造业实现突破性创新和高质量发展。

（二）制造模式突破性创新

装备制造模式是先进制造技术的代表和载体，是充分发挥技术作用提高生产效率的先进制造组织方式，精益生产、敏捷制造、绿色制造是先进制造的重要标志。在新一代技术革命的推动下，关键核心技术的突破性创新引发了装备制造模式颠覆性革新，形成包括数字化设计、自动化设计、信息化管理和虚拟实验室在内的新型研发手段与载体，并与现代管理技术的高度融合，孕育了一系列新兴制造模式，如信息化与制造业深度融合孕育了自动化制造模式、数字化制造模式、虚拟化制造模式等，环保技术与制造业深度融合孕育了清洁生产模式等，人工智能与制造业深度融合孕育了无人工厂模式，云计算与制造业深度融合孕育了共享制造模式等。新兴制造模式的发展是先进制造业适应顾客需求的多样化与全球范围内竞争加剧的内在要求，它的本质是需求侧变化和供给侧调整两端相互衔接、相互促进的动态演化过程，它是集技术创新、流程创新、组织结构创新、管理模式创新等多维复合创新的结果。

（三）日益深度嵌入全球生产网络

全球生产网络的形成是经济全球化和区域经济一体化不断深化所产生的结果，在追求效率和成本的目标下，企业生产活动空间范畴跨越一国国界，研发、设计、制造、分销各个环节在企业全球战略指导下实现跨企业、跨区域、跨国界配置，生产要素组织和产品附加值完成过程不再受到单个企业、个别区域和国家资源总量的制约，而是突破了单个企业、区域、国家的边界延伸到全球范围。在市场规律的作用下，先进装备制造业的发展依赖于相关科技领域最新的技术突破以及最高效率的生产制造过程，只有积极嵌入全球生产网络，才能从内外部环境中获取技术进步，形成不断升级、不断更新的良性循环发展局面。

（四）智能制造趋势日益明显

智能制造是新一轮科技革命发展的重点方向，也是国际制造业竞争的制高点。随着以先进制造技术和新一代信息技术的重大创新、融合与运用，带来"两化"融合的深度推进和传统工业改造升级的加速，催生了生产方式、制造模式、生产组织等方面的创新和变革，为智能制造产业的发展提供了内生动力。从长期来看，第四次工业革命背景下的制造业内核是基于智能制造的生产和运行，未来智能制造装备和产品市场空间广阔。从现实来看，我国加速推进工业转型升级，传统产业技术改造、设备更新、工艺改进将加大对自动化生产线、工业机器人、3D 打印、智能传感器等智能制造装备、产品和服务的需求，数字化车间、智能工厂等"智能化"加速推进。据初步统计，我国智能制造试点示范项目智能化改造前后对比，生产效率平均提升 30% 以上，运营成本平均降低 20% 左右。智能制造是新一代信息技术与制造技术深度融合的集中体现，是智慧产业的核心领域；智能制造产品、技术和服务是支撑装备制造业高质量发展的基础。

（五）集群化发展进程加速

集群化发展是工业化过程中的普遍规律，也是先进装备制造业完善产业空间布局、促进高端生产要素集聚的关键。从发达国家装备制造业发展经验看，美国、德国、日本等都把制造业集群化发展作为制造业提升的重要手段，如美国通过设立装备制造业集群发展基金，制订区域创新集群计划、产业集群测绘计划等战略来推动装备制造业集群发展；德国将集群战略作为顶层设计重要的一环加以推进，对领先的制造业集群提供资金资助和智力支撑。从发展趋势看，在原有产业集群的基础上发展先进装备制造集群，是先进装备制造业发展的空间布局结构特征，成为各地先进制造集群竞争优势的重大来源。

（六）制造业服务化发展态势不断强化

制造业服务化和服务业制造化自 20 世纪 80 年代开始，在大数据、互联网、人工智能等新一代信息技术以及服务外包、制造外包的产业技术模式的推动下，先进装备制造业和生产性服务业的加速融合，形成制造业服务化、服务业制造化的双重融合发展趋势，经济全球化与工业革命使制造业和服务业融合成为世界性的发展潮流。先进装备制造业和生产性服务业的融合发展，是装备制造业资源配置优化、推动产业转型升级、创新竞争模式。生产性服务业作为服务业中知识技术的集聚化产业，可以促进装备制造业生产体系的专业化和效率提升。

第二节 福建省装备制造业创新发展动因与障碍分析

一、福建省装备制造业突破性创新发展动因分析

（一）产业技术的新变化

20 世纪 90 年代初，大型技术密集型企业为了获得持续竞争优势，就必须在自己主营业务领域不断开发关键组件，快速进入与技术相关的产品市场，持续改善企业产品结构和产业国际竞争力。在新一轮科技革命和产业变革背景下，产业技术创新发生了系列变化，这些变化与逐渐增加的非垂直一体化、外包、模块化与专有技术市场等变化而产生。

在经济全球化条件下，产业的国际竞争日趋激烈，企业赖以生存的外部经济环境发生了深刻变化，企业生产经营的外部环境动荡多变，不确定性大幅增加，尤其是技术变革加快且发展趋势未知。在产业生命周期的初始阶段，创业技术新颖但不很成熟，产品客户长期仅限于小利基市场的试用小客户。

随着产业技术逐渐成熟，该技术逐步成为产业主导技术，相关企业将进入快速发展的新阶段。在该项技术逐渐到达市场顶峰时，多数企业在稳定扩大市场，往往会同时寻求其他增长机遇。由于产业技术间断或技术不连续性特性的存在，由于企业的不断探索和另辟蹊径，市场上可能出现另一种或几种相互竞争的、更具潜力的新兴技术。这种新技术与旧技术相比往往拥有巨大的竞争优势。

（二）技术范式的新要求

每一种技术在一定程度上都被其技术范式所支配，产业技术范式规定着产业技术所要解决的一般任务、使用材料、应用物件、化学定理以及追求的技术尺度和经济尺度等。产业技术本质上的不同，本质上是由产业技术范式的不同造成的，而产业技术的间断性或不连续性，也是由产业技术范式的转变引发的。产业技术间断是一种典型的创造性颠覆引起的，每一次产业技术间断都使产业赖以发展的旧范式衰退、替代或者灭亡，使产业链核心主导企业的设备、技术知识、技能等大部分技术变得过时、落后，从而削弱原有主导企业的竞争优势，进而改变原有市场竞争结构。同时，由于认知和行动障碍，在技术间断发生时，原有主导企业还极容易陷入产业技术创新陷阱，即企业越是利用自己原有的技术资源和技术专长推进产业技术创新，原有企业

越有可能在产业旧技术范式上越陷越深，而距离产业新技术却越来越远，主导企业也就越来越受到旧技术范式的锁定和遏制。长此以往，原有主导企业将不得不被新进主导企业所替代，甚至被市场彻底淘汰出局。

（三）产业技术的变化洗牌

以不连续性为特征的技术动荡变化导致产业重新洗牌的现象，在商业史上屡见不鲜。如在计算机产业领域，IBM 公司曾经长期主导大型计算机市场，但由于对微型计算机的忽略，导致 IBM 公司在计算机领域的竞争力日渐式微。事实上，在计算机产业领域，没有任何一家以大型计算机为主业的制造商在微型计算机领域取得同样的市场竞争力。众所周知，数字设备公司（Digital Equipment Corporation）创建了微型计算机市场，随后其他一些厂商如通用数据公司（Data Ceneral）、王安电脑公司、惠普公司和利多富公司等也陆续加入其中。这些企业随后又纷纷无一例外地错过了台式个人电脑市场，将开拓个人电脑市场的大好机会留给了苹果电脑公司、康懋达（Commodore）公司、天淳（Tanch）公司以及 IBM 公司的独立个人电脑部门。特别是，苹果公司还独创了用户友好型计算机标准。但在便携式计算机市场，苹果公司和 IBM 公司则落后于领先企业约 5 年。而那些建立了工程工作站的后进入企业，像阿波罗（Apollo）、太阳微系统公司和硅谷图形公司等，很快成为该领域的新兴企业。面对动荡的营商环境，福建装备制造企业应该通过产业技术的突破性创新，推动产业技术范式的更新换代，力争在下一轮产业洗牌中赢得市场竞争优势和产业主导地位。

二、福建省装备制造业突破性创新障碍分析

近几年，福建省装备制造业无论是在研发（R&D）资金、R&D 人员的数量还是科技成果产出等方面都取得了长足的进步。但同发达国家和地区相比，福建省装备制造业的创新能力尤其是突破性创新能力还存在着较大差距，其中的原因主要在于装备制造业突破性创新本身具有非连续和突变性的特点，市场规模难以预测，外界组织环境受到局限等诸多障碍。

（一）技术障碍

装备制造业在突破性创新推进的初期，产业技术本身具有不稳定和不完善的特点，各种性能指标也很不清晰，技术标准尚未形成建立，不能完全满足主流市场的要求，这时企业推进突破性创新难以确定最佳时机，从而给装备制造企业实施突破性创新带来巨大风险。在这种情况下，成熟企业通常选

择在现有技术的基础上进行渐进创新。由于主流企业选择渐进性技术创新，其市场优势随着时间的推移而逐渐弱化，并最终面临被市场淘汰的危险。

（二）市场障碍

如前文所述，市场中的主流装备制造企业即使面临激烈的市场竞争，多数也是选择相对保守的改进或改良式创新，其营销过程仍然属于传统的营销范畴，包括产品的市场细分和营销渠道选择两种。当产业主流企业普遍选择渐进式创新时，企业营销部门往往通过产品市场细分挖掘产品特性和市场营销渠道选择两者之间的关系，以便找出更为合理可行的创新路径和营销策略。通常情况下，传统的市场营销渠道在很大程度上会限制企业创新的灵活性。由于企业选择突破性创新的目的是满足装备制造市场中潜在客户的需求（这种潜在客户需求期初往往与主流客户需求是不同的），从而使得突破性创新难以被多数企业和客户所接受和推崇。

（三）组织障碍

众所周知，在市场经济条件下，不同的企业组织结构具有不同的创新驱动效能。也就是说，不同的创新特点，对企业组织结构的要求是不同的。对于渐进式创新而言，企业创新路径通常具有"路径依赖"特征，因而需要相对严密的企业组织结构与之相适应，企业组织特性相对缺乏弹性，企业组织刚性特征较为明显。而突破性创新，企业创新路径通常具有"另辟蹊径"特征，对组织结构形式的要求是更加富有弹性，工作流程更加宽松、自由、自主，富有十足的积极性、主动性和创造性，这是最大限度地激发企业研发创新和市场开拓的组织前提和微观制度保障。当前，福建省装备制造企业多数沿袭着传统的企业组织结构模式，组织缺乏弹性、活力和创造性是其一大特点，这一特点严重束缚了企业研发部门突破性创新能力形成和发展，从而导致突破性创新面临巨大的组织障碍。

（四）资源障碍

市场经济条件下，市场竞争的压力就是企业城镇化的动力，多数企业都把市场占有率和销售额放在首位，企业发展的焦点往往是如何扩大产品在现有市场的占有率以及如何最大限度地满足现有消费者的需求；多数企业对产品本身的技术创新往往重视不够，从而造成企业在技术创新投入方面缺乏资金保障，对企业员工灌输的创新意识不够、重视程度不足，导致福建省装备制造企业多数没有能力对现有产品进行突破性创新，争创企业发展新空间。由于创新投入不够，不能在创新资源的配置上对潜在的突破性创新项目给予适当的支持和倾斜；创新资源分配程序的扭曲进一步固化资金的错误流向，从而使得装备制造市场中那些具有潜在创新能力的企业得不到创新资源的支持，这是福建省装备制造企业实施突破性创新的资金障碍。

第三节　福建省装备制造业创新发展方向与对策建议

一、福建省装备制造业创新发展机遇分析

现阶段，全球装备制造技术已经比较成熟，想通过渐进性创新来进行技术追赶难度越来越大。当产业技术轨迹发生跃迁时，处于萌芽期的突破性技术面对的基本还是一个利基市场，因此现阶段后发装备制造企业所需的最小技能经验和固定投资还是比较低的，这就为在全球竞争中竞争能力相对较弱的中国装备制造业提供了良好契机。

特别是，突破性技术创新的成功实施，将使得领先企业以往的知识累积和技术优势不再成为竞争新优势，从而为后发装备制造业实现跨越发展提供可能。

（一）新一轮科技革命和产业变革机遇

进入 21 世纪以来，全球新一轮科技革命和产业变革正在孕育兴起，特别是以制造业数字化、网络化、智能化为核心的新一代信息技术、生物技术、新材料技术、新能源技术等新技术广泛渗透，带动了以绿色、智能、清洁为特征的新一轮工业革命。与发达国家相比，我们在掌握新一轮产业核心技术方面的机会是相等的，这就为我们发挥先发优势实现装备制造业创新发展提供了可能。我们应抓紧通过增强自主创新能力，掌握新工业革命的核心技术，力争在较短的时间内追赶发达国家和地区的先进装备制造水平，努力实现福建省装备制造业的跨越发展。

（二）消费结构升级和发展动力跃迁机遇

我国正处于全面建成小康社会的关键节点，国内经济快速发展推动国民收入快速增加，社会对高科技、高附加值、高质量、高安全性产品和消费需求不断增加，从而为供给侧结构性改革奠定了坚实的需求基础，对高端装备制造业发展提出了紧迫要求。在着力提升有效供给背景下，福建省应紧紧抓住消费结构升级和发展动力跃迁的有利契机，加速推进装备制造业产品更新换代，加快实现高水平装备制造供需平衡的新跃升。

（三）宏观政策和产业发展战略赋予的机遇

当前，我国经济进入新常态，在中央顶层设计指引下，福建省装备制造

业正向形态更高级、分工更复杂、结构更合理、供给更有效的高质量发展新阶段迈进。特别是，在中央提出实施《中国制造2025》、"互联网＋"等发展战略后，我国进入全面构筑创新驱动、智能转型、绿色发展新时期，大力发展智能制造、3D打印、新能源制造装备、海洋高新制造装备等一批高端装备制造业，成为福建省装备制造业突破性创新发展的方向和重点领域。未来时期，我们应着力在创新体系和能力上取得突破性进展，加快推进重点装备制造业的跨越式高质量发展。

（四）中央政策支持和福建省自身优势带来机遇

近年来，中央连续出台支持福建省加快发展的重大政策举措，支持福建省跨越赶超，建设福建省自贸区、福建省21世纪海上丝绸之路核心区、平潭综合实验区、福州新区等，使福建省成为现阶段国内产业发展最具活力的省份之一。同时，经过多年发展，福建省在信息高端装备、特色机械装备等领域的优势不断累积，为福建省下一阶段推动装备制造业突破性创新发展打下了坚实基础。

二、福建省装备制造业创新发展方向选择

（一）高端数控机床

发展集机床整机和功能部件生产、精密铸件生产加工、整机及功能部件展示销售于一体的数控机床产业。建立为数控机床和基础制造服务的市场营销与售后服务网络。发展智能化数控装备，提高制造过程的数字化、柔性化及系统集成水平。重点建设高速数控车床、柔性制造系统、智能制造系统等数控技术集成产品，大力发展中高档数控机床急需的功能部件和机床附件。着力发展中高档数控系统、高分辨率绝对式编码器、智能型机床电器及数显装置等。加强对共性智能技术、算法、软件架构、软件系统、嵌入式系统、大型复杂装备系统仿真软件的研发，为实现制造装备和制造过程的智能化提供技术支撑。

（二）智能成套专用装备

顺应传统产业智能化改造需求，重点发展智能物流仓储、智能纺织、智能环境监测、成套智能化生产线等专用装备。以"智能化、自动化、成套化"为主攻方向，提升发展自动导引（AGV）移动机器人和自动托盘（APM）搬运车以及高速智能拣选、智能多层穿梭车、智能仓库堆垛机，培育发展智能立体停车、智能立体仓储装备。面向石化化工、涂料、医药、电

子信息等行业环境安全监测需求，开发具有远程调试、维护和故障诊断功能的在线监测装备。面向机械制造、食品饮料、纺织服装、造纸印刷、汽车及零部件等行业，开发全自动化、智能化成套生产线。

（三）工业机器人与智能车间

面向传统产业改造升级需求，重点发展市场容量大、性价比高的焊接、切割、打磨、喷涂、上下料、组装拆卸、码垛、搬运等工业机器人，消防、矿山、水下、地下管网等复杂应用环境的特种机器人。面向品质生活服务需求，发展医疗健康、康复治疗、旅游休闲、教育娱乐、家庭服务、社区服务等服务机器人和"无人机"。瞄准高精度伺服驱动器、高性能控制器、机器视觉系统等核心功能部件和系统开展协同攻关，提升自主配套能力。培育发展柔性多关节机器人、真空（洁净）机器人、多轴并联机器人。跟进具有容错技术、自主学习、环境建模、人工智能（AI）、人机协作的新一代机器人研发和改造提升，着力打造国内领先的机器人研发和应用基地，形成国内领先优势。在智能车间创建方面，重点开展传感器、数控机床、工业机器人系统集成、设计、制造、试验检测等核心技术研究，攻克部分关键零部件，提高装备的智能化、自动化、国产化水平。鼓励信息化技术深度融入装备制造流程，大幅提升装备制造业两化融合水平，加快推广智能车间示范应用，建成一批具有竞争优势的"专、精、特、新"专业化智能生产车间。

（四）高端信息制造

攻克关键核心技术，引进先进设备和制造工艺，推进重大应用示范，加快创新成果产业化，做大做强高端电子信息和平板显示制造，打造高端信息产业基地。推进信息技术创新、新兴应用拓展和网络建设联动发展，推动电子信息制造实现由大到强的转变。在上游核心材料方面，着力发展与a-SiT-FT-LCD，LTPS（或IGZO）TFT-LCD/OLED面板配套的玻璃基板、偏光片和靶材产业；与显示屏配套的触摸屏产业以及与触摸屏配套的盖板玻璃和基板产业；扩大与背光模组配套的光学膜片如反射膜、扩散膜、增亮膜、导光板等产业发展规模。在集成电路制造方面，着力开发高性能集成电路产品，壮大芯片制造业规模，增强先进和特色工艺能力，支持计算机及网络、通信、数字对讲机 SOC 等芯片设计，发展系统级封装（system in package，SIP）、芯片级封装（chip scale package，CSP）等新型封装测试工艺与技术，推进芯片设计的知识产权布局及产业化。重点支持电子整机与装备产品专用芯片的设计和应用，加快推进 12 英寸集成电路规模生产，形成 28 纳米工艺技术加工能力，完善集成电路制造、封装测试链条。大力发展集成电路芯片制造，形成高端芯片和特色功率芯片规模制造和封装、测试能力。加快发展 3D 封装、MEMS 封装、SIP（system in a package）系统级封装形式和技术，提升封装测试能力。

（五）高性能面板制造

面向福建新型显示产业链中短板、缺失和薄弱的关键环节，大力发展高世代面板、高 PPI 面板和 OLED 面板产业，壮大新型显示产业链核心环节，扩大高性能面板制造业生产能力，稳定扩大整机与显示模组产业规模，着力构建福建面板制造业市场竞争优势。大力发展面板制造业上游核心材料和配件产业，重点发展与 a-Si TFT-LCD，LTPS（或 IGZO）TFT-LCD/OLED 面板配套的玻璃基板、偏光片和靶材产业；与显示屏配套的触摸屏产业以及与触摸屏配套的盖板玻璃和基板产业；扩大与背光模组配套的光学膜片如反射膜、扩散膜、增亮膜、导光板等产业规模。稳定扩大整机与显示模组产业规模，进一步吸引中上游产业核心体系向福建、厦门新型显示产业带集聚，努力构建上下游配套产业链相对完备的高性能面板制造基地。

（六）新能源智能汽车

汽车未来四大发展趋势是电动化、智能化、网络化和轻型化。新能源智能汽车正是集汽车动力电池与人工智能、自动控制等技术于一体的高新技术综合体。发展新能源智能汽车，既有利于节能减排和环境保护，又有利于提高汽车的安全性、舒适性，提供优良的人车交互界面，已成为汽车工业增长的新方向，具有极大的市场空间。从电动化切入到智能化，发展新能源智能汽车，是当今世界汽车产业发展的新趋势，同时又与青口汽车产业形成错位发展、差异化竞争态势。当前建于福建宁德的时代新能源是中国第一、世界第二的汽车动力能源供应商，福建省可以通过引进我国新能源智能汽车龙头企业，大力整合中国铝业、福耀玻璃、时代新能源的优势资源，充分利用其在全国和世界汽车行业知名度，实现新能源智能汽车跨越发展。

（七）增材装备制造

增材制造是通过三维 CAD 设计数据，采用材料逐层累加的方法制造实体零件的技术，是一种"自下而上"材料累加的制造方法。增材制造常在模具制造、工业设计等领域被用于制造模型，后逐渐用于一些产品的直接制造。在下一阶段，福建省增材装备制造业要以工业设计、个性化医疗器械、教育文化、汽车零部件加工、精密铸造、航空零部件等领域为重点，推动政产学研用深度融合，构建公共服务平台，突破一批制约增材制造装备产业发展的关键技术，着力解决产业发展中的关键问题；研发一批具有自主知识产权的成形材料、装备及核心器件，重点突破增材制造材料研发、过程控制、数字化建模、后处理等环节的共性关键技术，以高品质金属和光敏树脂等增材专用材料制备技术为重点，加快高温难熔材料、高强度材料、光电等功能材料以及相应的关键基础工艺和装备的自主研发创新。要围绕增材制造材料研制与技术服务，推动实现网络技术与先进材料技术、数字制造技术的紧密结合，打造增材制造产业化基地，实现福建省增材制造业的跨越赶超。

（八）节能环保装备

加大节能环保关键共性技术攻关力度，支持企业牵头承担国家节能环保科技计划项目，在高效除尘器装置及相关核心组件、工业烟气脱硫脱硝设备、粉尘抑制技术与设备等方面加快突破技术瓶颈，力争占领相关领域制高点，重点发展大气、水污染防治装备，积极发展环保工程总包业务，确立龙净环保在国家新型环保工程总包和环保装备生产的龙头地位，形成一批拥有自主知识产权和核心竞争力的节能环保装备和产品。同时围绕产业发展方向，开发工业生产设备、建筑业、医疗设备、办公设备、家用电器等产业需求的特种电机、专用电机、微型电机、数字化电机、智能电机。加快建立高新技术、高附加值机电一体化产品工程化研发基地，在产品设计和制造关键技术上实现突破与创新。加大节能环保关键共性技术创新，在高效除尘器装置及相关核心组件、工业烟气脱硫脱硝设备、粉尘抑制技术与设备等方面加快突破技术瓶颈，重点发展大气、水污染防治装备，积极发展环保工程总包业务，确立龙净环保在国家新型环保工程总包和环保装备生产的龙头地位，形成一批拥有自主知识产权和核心竞争力的节能环保装备和产品。

（九）产业机械制造

积极发展纺织机械制造、制鞋设备制造，大力发展塑料加工专用设备制造、食品机械设备制造，扶持发展医护辅助器具装备制造等。提升发展细针距、大筒径、高转速大圆机等织造设备；积极发展智能化验布机、服装机械、无纺布成套设备等关键零部件以及其他专用件等。继续开发自动化鞋底注塑成型设备，发展鞋帮设备和成型设备，重点突破制鞋成套设备的集成能力。在翡柯机械的基础上，做大做强泡沫成型机械成套设备。重点发展系列特色医护设备，扩大系列产品生产规模，在医院和家庭、敬老院、颐养院等地推广使用。

（十）海工装备制造

努力提高福建省特色海工辅助船产品档次，做出精品，做出品牌，进一步往高技术含量的深海工程辅助船方向发展。加强与国内外高等院校、专业设计研发机构合作开展新型海工船舶研发，拓宽产品范围，积极开发勘探船、铺管船、起重船等各类海工船舶，提升海工装备制造创新能力。以福建省船舶集团、泉州船厂等企业为依托，重点吸引大型央企和外企介入马尾船政（连江）船舶与海洋工程装备园区、泉州船厂修造船等项目建设，通过适应性技术改造和突破性技术创新的有机结合，加快实现企业产品结构调整和产业转型升级，构建我国东部重要的海工装备制造基地。

（十一）海水淡化与综合利用装备

以创建海水淡化与利用装备产业链为主线，形成海水利用技术、装备产业化体系，推动形成以海水综合利用技术为核心的产业集群，建设海水综合利用装备制造产业科研成果转化基地。在海水淡化方面，突破大规模海水淡化工程技术，重点发展反渗透海水淡化膜和膜组器等元件、高压泵、能量回收器等关键技术装备的制造生产，建立示范工程；发展海水淡化专用分离设备（分离、过滤、净化、蒸馏等）制造和海水淡化自动控制系统装置制造。在海水利用方面，突破海水循环冷却和大生活用海水等成套技术，重点发展海水循环冷却塔及配套热交换器等技术装备制造及产业化集成，形成海水直接利用成套技术与装备设计制造能力；发展海水处理专用设备制造（海水直接利用所用的离心机、固液分离机等）和海水直接利用专用泵及管道设备制造。

（十二）核电装备与核电服务

以福清核电、福鼎核电和漳州核电为重点服务对象，面向全国核电企业，发挥后发优势，重点引进"三维"项目，以增强自主创新能力为核心，以创建核电装备产业链为目标，引领提升园区核电装备制造竞争力，推动形成核电辅助装备制造产业集群，并逐步过渡到核电核心装备的制造。培育装备技术研发、工程设计、维修检测、教育培训、核技术应用等核电关联产业，形成核电技术及产业服务体系，建成国内重要的核电设备制造基地和核电服务基地。近期重点发展核电相关配套设备制造项目，研发生产核电管段及锻件、电站附属设备等关键核心产品，主要发展核岛循环冷却核心装置制造、核电数字化智能化I&C系统制造、核电HVAC设备（通风空调系统）制造、核电主设备关键原材的铸锻件制造；核级阀门制造、核级泵制造、核电非标设备制造、核电仪控系统制造、核电传感器制造以及核电厂变压器制造、电源设备制造等。中远期发展核岛和常规岛装备制造。

专栏：核电装备

中国核能行业协会2016年7月发布数据显示，中国当前在运核电机组数达34台，仅次于美国、法国、俄罗斯，位列全球第四。此外，中国在建核电机组20台，稳居世界首位，占全球在建核电机组数的40%。到2020年，中国核电机组数量将达到90余台，从装机容量上讲，将超过法国，成为仅次于美国的世界第二的核电大国。

从产业链角度看，核电建设具体主要分为：一是核燃料、原材料生产；二是核电核心设备（核岛设备、常规岛设备）制造及核电辅助设备制造；三是核电站建设及运营维护。在核电投资中，设备投资占50%，而核岛设备、常规岛设备和辅助设备分别占设备投资的40%、30%和30%。随着核电设备国产化率的不断提升，核电设备制造企业将从中受益。核电技术主要包括：核燃料加工设备制造技术、核电站设备及零部件制造技术。从产业链的角度来看，核电建设具体主要分为：一是核燃料、原材料生产；二是核电核心设备（核岛设备、常规岛设备）制造及核电辅助设备制造；三是核电站建设及运营维护。在核电投资中，设备投资占50%，而核岛设备、常规岛设备和辅助设备分别占设备投资的40%、30%和30%。随着核电设备国产化率的不断提升，核电设备制造企业将从中受益。核电技术主要包括：核燃料加工设备制造技术、核电站设备及零部件制造技术。

资料来源：作者根据《从原料到运行　核电上下游全产业链概念股大全》2012年10月25日腾讯财经综合整理而成。

三、促进福建省装备制造业创新发展的对策建议

（一）加强规划引导

鼓励机械装备企业创建研发、检测机构，对被确定为福建省级重点研发示范企业的给予一定资金补助。严格按照有关产业投资强度、容积率、产值能耗等准入标准和空间布局指引的要求，引导产业集聚，落实节能减排，强化土地集约利用，提高土地利用效率和产出水平。实施产业发展分类指导政策，促进鼓励类产业发展壮大和规模集聚，鼓励和支持先进生产能力，对布局合理、解决关键工艺和技术的项目，予以优先扶持；引导限制类产业升级改造和有序退出，限制技术水平不高项目的产能扩大；坚决控制禁止（淘汰）类产业发展，严格限制和淘汰落后产能。

（二）深化重点领域改革

已部署的改革举措要巩固提升、落实到位，特别是行政审批制度改革、省级政府权力清单制定、工商登记制度改革等，切实使改革举措有效转化为发展动力。扎实做好国务院下放行政审批事项的衔接工作，取消非行政许可审批事项，加快推进并联审批。健全网上办事大厅服务功能，全面推行"三证合一"、实施"直接登记制"。完善福建全省公共信用信息系统，建立守信激励和失信惩戒机制。理顺和强化市场监管机构职责，加强事中事后监管。

（三）完善创新激励机制

激励机制和奖励措施是最为有效的管理手段之一。好的激励机制可使企业员工团结一致，为实现企业的既定目标而努力，因此进一步完善装备制造企业内部激励机制至关重要。一般来说，突破性创新项目需要借助整个团队的共同努力才能完成，不适当的奖励措施会使得创新团队无法正常发挥功效。要着重在装备制造企业内部建立成果分享机制，将创新项目所创造的价值与对创新团队的奖励直接挂钩。同时在技术工作中，创建一条和管理工作平行的职业上升的阶梯，让优秀的技术人员不仅能够成为企业首席工程师，还可以在不成为公司高级管理人员的情况下具有公司高级管理人员相同的待遇和地位。

（四）建立健全创新体系

装备制造业突破性创新过程通常涉及很多方面，其中最重要的是在开展实施突破性创新之前，企业要对突破的方向做出准确把握，并进行适应性调整。因此，在装备制造企业着手进行突破性创新的前期阶段，强化技术发展和创新规划，选择合适有效的技术战略进行突破性技术创新和管理，是一项十分重要的战略抉择。结合福建省装备制造业发展实际和全球装备制造业发展新趋势，有必要加快制定和实施若干关键装备制造领域突破性创新战略规划，明确产业创新发展路线，明确技术突破路径，进一步完善从立项到研发，到项目完成再到成果产业化等一系列创新活动，使装备制造企业创新活动的各个阶段能够顺利衔接和转换，保证装备制造业企业突破性取得实效。

（五）创新装备制造资金保障

进一步加大对装备制造企业技术创新和设备改造的投资，福建省政府设立高端装备产业发展专项资金，地市以1:1提供配套资金。各级政府每年有重点、有计划地引进高新技术和装备，逐步淘汰高耗能落后的工艺和设备，不断提高企业装备技术水平。加快建立以企业为主体、高等院校和科研院所为技术支撑的研发制造体系，鼓励条件成熟的企业积极建设面向行业的研发基地或国家级、省级技术中心与研发中心，积极开发具有自主知识产权的产品，塑造企业的品牌形象。对企业与高等院校、科研院所共建技术中心、共同研发项目在同等条件下优先予以支持。健全和完善科技孵化器，通过政府购买服务、绩效奖励等方式，为创业者和创新企业提供公共技术服务。鼓励国有和民营孵化器资金投入，建立孵化基金投资风险补偿机制。引导孵化器与投资公司、银行、担保公司成立风险投资基金，推动各方有机结合，构建"孵化器＋天使投资＋创业企业"孵化模式，实现政府资金与孵化资金、风险资金在不同开发阶段的各司其职、互为补充。

（六）构建产学研合作创新联盟

立足产业技术创新需求，以企业为主体，与高等学校、科研院所按产业特点组建长期合作的技术创新战略联盟。由企业提出技术创新方向和项目，开展联合攻关。政府应优先支持企业承担各级科技计划项目。大而全的企业正在走向衰亡，要想给客户提供更好的产品和服务，企业不仅要靠自己，还要靠供应商、联盟、客户一起，在整个价值链中各司其职，共同创造价值。加快构建以市场需求为导向，统筹协调、多方联动的产学研用战略联盟创新体系。联盟立足产业共性技术和关键技术开展联合开发，建立健全利益共享机制，促进研发成果的产业化。实行以创新项目为载体，以产学研联合方式开展技术创新服务，创建装备制造业细分行业技术研发基地。

（七）鼓励申报国家重点创新专项

重点支持系统成套技术、自动化控制技术以及关键共性制造技术、基础性技术和原创性技术的研究开发；制定、落实财税优惠政策，充分发挥增值税转型政策的作用，对装备制造企业提高技术创新投入的比重给予税收优惠，落实企业技术开发费加计扣除等激励政策，提高对装备制造业技术改造项目财政资金的资助比例；落实福建省人民政府《关于进一步推动工业稳增长促转型十一条措施的通知》，鼓励企业订购和使用国产特别是闽产首台（套）重大技术装备，经认定符合条件的产品，按照销售价格60%（国内首台套）和30%（省内首台套）给予生产企业和用户补助，最高补助500万元；积极鼓励企业参与国家、省重大建设项目的投标工作，尽可能提供各项有利条件。

（八）强化知识产权保护

知识产权制度是随着人类社会向商品经济和工业化发展的过程中产生和发展起来的，到现在世界上绝大多数国家都实行了专利制度，以保护发明人或设计人的合法权益，目的是鼓励发明创造、促进工业发展和推动科学技术进步。国际经验表明，如果没有完善的知识产权管理机制，突破性创新者会由于创新成果的外溢效应而收益受损，甚至出现由于模仿者的成本—收益严重不相匹配，最终扼杀突破性创新行为。因此，我们必须抓紧明确界定装备制造业创新成果的产权，建立创新成本—收益匹配机制，并对之实行严格的管理和保护，让模仿者无法低成本甚至免费使用创新成果，建立保护创新者的利益知识产权保护和管理制度。加大《知识产权法》和《专利法》等法律法规的执行力度。强化对重大发明专利、商标等知识产权的保护和管理，鼓励装备制造企业积极申请专利。建立装备制造业专利信息查询和服务平台，提供完善的知识产权信息服务。建立高效的知识产权转移和交易体系，规范知识产权资产的评估制度，完善知识产权投融资机制建设。同时，政府还应加强装备制造业行业预警分析，提高装备制造企业尤其是高端装备企业应对知识产权风险的能力，将由知识产权引起的风险降到最低。

（九）培育创新人才队伍

在知识经济时代，人力资本是企业创新发展的最根本动力和决定因素。对于以高技术为支撑的装备制造业，人力资源的投入更是产业发展中最宝贵、最重要的资源。要切实培养一批装备制造业领军人才，大力发展包括高职、职高在内的职业技术教育，鼓励装备制造企业、中介机构、有关院校和其他社会力量联合办学，开展定向和岗位培训及适用技术培训，培养一批现代制造业的数控和程控设备操作工、精密仪器操作工、设备维修工等中高级技工人才。推行科技研发项目招标制、首席专家负责制、专业技术职务岗位竞聘制、首席技师制和特聘技师制，将科技成果产业化、授权和实施发明专利等条件，作为科技人员评职晋级的重要量化指标。探索高层次人才、高技能人才协议工资制和项目工资制等多种分配形式，探索推进技术入股、管理人员持股、高技能人才岗位津贴、股票期权激励等新型分配方式，建立完善的人才培养、引进和激励的人力资源合理应用机制，形成人才加速集聚、有序流动的局面。制订人才引进计划，构建装备制造业人才引进"绿色通道"，加大力度吸引海内外优秀人才来福建创新创业，鼓励采取团队引进、核心人才带动引进等多种方式，面向全世界重点引进装备制造业发展急需的高层次、高技能、创新型人才。

第五章

福建省船舶制造业
高质量发展研究

船舶工业是为水上交通、海洋开发和国防建设等行业提供技术装备的现代综合性产业，也是劳动、资金、技术密集型产业，对机电、钢铁、化工、航运、海洋资源勘采等上、下游产业的发展具有较强带动作用，对促进劳动力就业、发展出口贸易和保障海防安全意义重大。我国劳动力资源丰富，工业和科研体系健全，产业发展基础稳固，拥有适宜造船的漫长海岸线，发展船舶工业具有较强的比较优势。同时，对外贸易的迅速增长，也为船舶工业提供了较好的发展机遇，我国船舶工业有望成为最具国际竞争力的产业之一。从近 10 年中国船舶制造业占世界造船市场份额的变化可以看出，中国船舶制造业在全球市场上所占的比重正在明显上升，中国已经成为全球重要的造船中心之一，而国际制造业的产业转移趋势是中国船舶制造业发展面临的最大机遇。从三大指标上来看，中国已经成为名副其实的世界第一造船大国。2018 年，我国造船三大指标以载重吨计国际市场份额均超过 40%，继续保持世界领先；以修正总吨计造船完工量、新接订单量、手持订单量分别占国际市场份额的 36.3%、35.4% 和 35.8%，其中新接订单量居第二位，完工量和手持订单量均位居第一。从竞争力角度来看，日本、韩国在质量、效率等方面仍处于领先地位，中国赶超尚需时日。在"十四五"期间中国造船业将对韩、日的领先地位形成有力的挑战。但设计能力落后、配套产业发展滞后将是制约行业发展的主要"瓶颈"。在短期内，国际及国内水运市场的繁荣为行业增长提供了有力的保障，而油价的持续高位运行以及钢铁等原材料价格的上涨则构成了行业运营的主要压力。国际产业转移的趋势已经把造船业的巨大机遇展现在中国企业的面前，但在激烈的市场竞争环境，如何规避各种风险，如何把握机遇，是与企业发展命运攸关的问题。

船舶制造业是福建省的传统产业，创办于 1866 年的福州船政局，又名马尾船政局，造船一度占全国总量的 70%，是中国近代船舶工业的发端。习近平在闽工作期间，曾 6 次调研福建船政文化，对福建船舶工业发展关怀备至，更是多次深入福建船舶集团和马尾造船厂，对福建船政企业改革发展做出一系列指示。近年来，福建省船舶工业相对集中，据不完全统计，马尾造船股份有限公司、厦门船舶重工股份有限公司、东南造船有限公司与福宁船舶重工有限公司等福建船舶工业集团有限公司及其直属与控股企业成为福建船舶制造业最主要的力量。尽管全球船舶市场竞争激烈，接单难、交船难、融资难、盈利难、转型难时时困扰着造船行业，但福建造船人以调结构、转方式、促升级为重点，积极破解发展难题，坚持特色经营谋求发展。福建船舶产品出口美国、法国、德国、英国、意大利、加拿大、荷兰、希腊、西班牙、澳大利亚、新加坡、马来西亚等 80 多个国家与地区，在国际船舶市场拥有很高的知名度和影响力。2017 年，福建省规模以上船舶工业企业实现工业产值158.3 亿元。

第一节　福建省船舶制造业的发展历史及重要意义

一、福建省船舶制造业发展简史

福建自古就有"闽在海中"的说法。闽越人"习于水斗、善于用舟""以舟为车，以楫为马"是他们的生活常态，而建造能抗风破浪、适于远航的舟船以通行南北，自是不在话下。三国时期，福建成为吴国的造船基地。建衡元年（公元 269 年），吴国在建安郡（今福州）所属侯官县附近置"典船校尉"，主管囚徒在此造船。都尉营设在福州开元寺东直巷，号船坞，这是福建官办造船厂之始。至唐代，福州和泉州成为南方主要造船基地，造船技术有了明显的进步。《旧唐书》记载当时来往于福建与广东沿海至今的商船，最大的载重可达千石，即 50 吨至 60 吨。宋代，福建与广州成为海船建造中心。宋元佑二年（公元 1087 年）在泉州设市舶司，从南宋开始，远离战火的泉州逐渐超过明州和广州，成为中国最大的港口。宋人谢履《泉南歌》云："州南有海浩无穷，每岁造舟通异域"。元代，泉州以"刺桐港"之称闻名于世，被誉为中世纪"东方第一大港"，也是全国的造船中心。当时，泉州所造的海船不仅数量多，而且技术进步，被专称为"泉舶"而为中外商客所乐用。意大利游历家马可波罗曾称，海舶之往来于波斯湾与中国海间者，华船为最大，多泉州所造[①]。

福船船系形成于宋元时期，但福船作为一种船名的专称，最早记载于明代嘉靖至隆庆年的《筹海图编》，系列专论沿海防务的兵书中。明朝倭患从朱元璋创立明王朝的洪武初年就时有发生，到嘉靖年间为患最烈。在长达数十年的剿倭战争中，戚继光充分利用不同类型福船的战斗性能，屡败倭寇船队，为我国海防建设立下了汗马功劳。戚继光在《练兵纪要》中评价说："福船高大如城，非人力可驱，全仗风势。倭舟自来矮小，如我之小苍船。故福船乘风下压，如车碾螳螂，斗船力，而不斗人力，是以每每取胜。"从那时起，这种在福州洪塘建造的战船就被称作"福船"了[②]。

1866年清朝在福州马尾港创建的福州船政局是福建省近代船舶工业的发端，曾经为近代中国的飞机、舰船制造、海军建设和科技人才培养做出过杰出的贡献，在中国近代工业史上留下了令人瞩目的光辉篇章。19世纪60~90年代中国掀起了洋务运动。创办了一批近代军事工业。左宗棠开办的福州船政局成为当时著名的军事工业之一。左宗棠的建造船厂，酝酿较早。1866年，镇压了太平军余部以后，着手筹建船厂。1866年，马尾造船公司的前身——福州船政局，诞生于国难深重、民族危亡之际，承载着民族国防工业、机械制造业起步阶段突破人才、技术难题的重任，开创了我国近代工业制造与科技教育相结合的先河。初期福州船政局首要目的是为加强海防，基础的载体是建造舰船。在晚清工业基础和近代工业几乎空白的条件下，福州船政局凭着勤劳智慧、艰苦创业、励精图治的精神，迅速掌握了近代的造船本领，在1889年自主建造了中国第一艘钢质军舰"平远号"，实现了从造木壳船到造钢壳船的技术进步，是中国造船人自强、勇于创新的集中体现。

改革开放给福建船舶工业重振雄风、再创辉煌带来了难得的机遇。经过20多年的改革发展，福建船舶工业实现了从量变到质变的历史性飞跃。1982年成立的福建省船舶工业集团有限公司，以船舶及海洋工程装备修造、木材加工及木竹制造、新能源装备制造及现代服务三大产业板块为主，配套设计研发、销售贸易、林业金融、融资租赁、技工培训、钢结构制作、地产物业等多功能制造业实体，注册资本8亿元，年造船能力300万载重吨，木材加工能力100万立方米，产业工人超过两万人。集团主要企业包含福建船政重工股份有限公司、马尾造船股份有限公司、厦门船舶重工股份有限公司、东南造船有限公司、船政海外发展有限公司、福船海洋工程技术研究院、福宁

---

①② 福建省交通运输厅：舟楫传奇里的福船。

船舶重工有限公司、福建省船舶技校，福建省林业投资公司、福人集团有限公司，福建福船投资有限公司、福船一帆新能源有限公司、中铁福船海洋工程有限公司、福建海上风电运维服务有限公司等。船舶主要包含227M深海采矿船、84M双体半潜多用途移动平台、高端客滚船、350英尺自升式平台、海上风电一体化作业移动平台、2100 – 8500CARS汽车运输船、敷缆船、70 – 89M电力推进平台供应船、33 – 105M系列海洋工程多用途工作船、远洋渔船、军工船舶以及各系列集装箱船、散货船、油船等，出口到英国、西班牙、德国、荷兰、瑞典、丹麦、挪威、希腊、美国、澳大利亚、新加坡、马来西亚等20多个国家或地区。到2017年，福建船企共建造并交付国内外新船519艘、修理各类船舶2536艘，以及开展非船类的多种经营，实现工业产值158.3144亿元①。

二、福建省发展船舶制造业的重要意义

各国海洋战略除对海上资源的积极开发以外，更多的是通过海洋运输来"集成"世界资源形成合理配置，船舶不仅是这一资源配置过程的载体，船舶制造也是制造业中集成能力最强的产业。早在2006年，国务院批准《船舶工业中长期发展规划（2006 – 2015年）》，明确了船舶工业发展方向和重点任务。2009年，国务院印发《船舶工业调整和振兴规划》，提出了船舶工业应对国际金融危机，保增长、扩内需、调结构的"一揽子"政策措施，我国船舶工业在极其不利的市场形势下，保持了平稳较快发展。2017年工信部发布的《船舶工业深化结构调整加快转型升级行动计划（2016 – 2020年）》，为船舶企业转型、升级提供了指引。发展船舶工业不仅有利于拉动福建经济增长、提升就业水平，为水上交通、海上资源开发、国防现代化提供助力，也能有效促进福建外贸事业的发展、深化两岸经济文化交流。

（一）船舶制造对福建经济增长具有巨大带动作用

船舶工业是综合性极强的产业，可以通过与上下游产业的广泛联系，对国民经济产生巨大的带动作用，其核心技术包括大型结构件的加工装配技术和多科学多门类的复杂系统的综合集成技术。这两种技术具有高度的产业扩展性，除了制造各种船舶及船用设备外，还可以向其他非船舶制造领域扩展，满足国民经济其他诸方面的需要。英国、日本、新加坡和韩国等在各自工业

---

　① 福建船舶工业集团网站。

化的过程中都选择了船舶工业作为支柱产业,其中最重要的原因就是船舶工业能够带动国民经济诸多相关产业的发展。船舶工业在国民经济中的关联度达到80%以上。而船舶工业对多个领域带来的间接影响范围更加广泛,其中受影响最大的部门包括金属冶炼及压延工业、机械工业、商业、化学工业、电气机械及器材制造业、交通运输设备制造业、货运邮电业、建筑材料及非金属制品业、电力及蒸汽热水生产供应业、金属制品业等。船舶工业对提升全社会产业升级和缓解就压压力都有着十分重要的意义。在工业先进国家和新型产业国家产业结构升级中的重要作用在英国、美国、日本及韩国都被验证,他们在从轻工业为主向重工业为主的产业升级过程中,都曾经把船舶工业作为优先发展和重点扶持的主导产业。同时,造船工业的劳动密集型特征还能大大缓解福建省就业压力。

(二) 船舶制造为水上交通、海上资源开发、国防现代化提供助力

船舶工业担负着为水上交通运输业、水产渔业和海洋开发等行业提供装备的使命,为我国港口运输、海洋开发和捕捞提供了大量的装备。随着福建省《关于进一步加快建设海洋强省的意见》出台,福建海洋强省的战略目标也为船舶制造业发展提供了机遇。同时,造船工业始终都是各国国防建设的重要组成部分。中华人民共和国成立70多年来,我国船舶工业为海军建设提供了全套现代化装备,大大推动了我国海军现代化军备的现代化建设水平,福建船舶制造业的发展也能为保卫祖国海疆和维护我国海洋领土安全做出重要贡献。

(三) 船舶制造促进福建外贸事业发展

船舶工业历来都扮演着重要角色,因为船舶为大型工业产品,具有很高的产品价值与极强的出口创汇能力。一般而言,船舶工业的创汇能力表现为两个方面:一是创汇额大;二是人均创汇率高。福建贸易出口情况良好,其中一部分源于船舶工业的贡献。我国社会主义市场经济条件下,外贸出口是国民经济运行的必要条件,有着发挥市场经济优势、促进国民经济增长、提高人民生活水平的重要作用。除此之外,船舶出口增长也有益于优化福建外贸出口结构,改善福建整体工业结构,提高福建经济的运行质量。

(四) 船舶制造有利于深化海峡两岸经济文化交流

深化两岸经贸交流首先要做的是加强人员往来,而海峡两岸的"三通"直航离不开船舶制造业的支持。据福建省交通运输厅统计,自2001~2018年底,"小三通"客运航线已累计运营19.79万航次、运送旅客1993.1万人次;闽台客滚航线自2009年开通以来,累计运营4856航次,运送旅客105.6万人次。福建沿海与台湾地区海上直航已成为两岸人员往来的重要通道。2018年闽台海上客运航线共运送旅客 215.2 万人次，同比增长 10%。其中"小三通"海上客运班轮共运送旅客 197.2 万人次，同比增长 8.6%；闽台客滚运输共运送旅客 18 万人次，同比增长 27.4%。因此，发展船舶制造业对深化两岸经济文化交流也会起到重要作用①。

第二节　福建省船舶制造业高质量发展现状

船舶制造属于复杂程度高、综合性强的大型装备制造产业。船舶作为流动的国土相当于一个微缩的、完整的海上城镇，在船上不但要实现各种专业化的作业功能，还要保证船员的各项生活需求。因此，船舶工业除了总装制造外，还有庞大的配套体系，涉及大量复杂的设备和系统，如动力系统、机电系统、电子通信系统、专业化设备及系统等。近年来，世界经济出现诸多不确定因素，产业转型升级困难，船舶工业面临严重挑战，船市在低位徘徊，新船订单量下滑，成本上涨。福建省船舶制造业发展总体稳中向好，但也面临船市下行压力的严峻形势。

一、船舶制造业总体发展趋于稳定

根据福建省船舶工业协会数据统计，从造船三大指标来看，2018 年，福建船舶制造业造船完工量 392 艘（766831 载重吨），艘数同比下降 24%，吨位同比增长 38%。福建省船舶工业集团有限公司完工 48 艘/404182 载重吨，同比分别增长 50% 及 101%；三都澳船舶集中区造船完工 103 艘/73601 载重吨，艘数同比下降 25%，吨位同比增长 4%；闽江口船舶集中区完工 18 艘/51064 载重吨，艘数同比下降 79%，吨位同比增长 68%；龙海地区完工 118 艘/69500 载重吨，同比分别下降 9% 及 16%；漳州地区造船完工 101 艘/117975 载重吨，同比分别下降 24% 及 29%。承接订单和手持订单出现下滑，2018 年，福建新承接订单 398 艘/210931 载重吨，合同金额 74.6 亿元，同比分别下降 4%、78% 及 29%。手持订单 543 艘/270342 载重吨，合同金额 260.6 亿元，同比分别下降 5%、76% 及 11%。新承接订单和手持订单同比

① 福建省交通运输厅网站。

均比 2017 年有不同程度的下降①。

二、工业产值和产品收入小幅下降

2018 年，福建省全年规模以上船舶企业完成工业总产值 140.3 亿元，同比负增 10%。龙海地区完成工业总产值 20.1 亿元，同比增长 5%；漳州地区完成工业总产值 6 亿元，同比增长 3%；三都澳船舶集中区完成工业总产值 44.5 亿元，同比负增 5%；福建省船舶工业集团有限公司完成工业总产值 36.5 亿元，同比负增 16%；闽江口船舶集中区完成工业总产值 9.4 亿元，同比负增 21%。全年产品销售收入 109.3 亿元，同比负增 3%。漳州地区产品销售收入 4 亿元，同比增长 41% 外，其余地区均出现不同程度的负增。三都澳船舶集中区、龙海地区、福建省船舶工业集团、闽江口船舶集中区、部队企业分别负增 7%、5%、13%、21% 及 41%。2018 年，福建船舶制造业共修船 2841 艘/35.2 亿元，同比分别增长 12% 及 10%。其中福建省船舶工业集团有限公司修船 48 艘/3284 万元，同比分别增长 20% 及 67%；龙海地区修船 887 艘/4.8 亿元，同比分别增长 93% 及 62%；漳州地区修船 809 艘/1.8 亿元，同比艘数减少 213 艘，产值同比增长 1%；闽江口船舶集中区修船 575 艘/7.3 亿元，艘数同比持平，产值增长 12%；三都澳船舶集中区修船 516 艘/21 亿元，同比分别增长 18% 及 3%；部队企业修船 6 艘/149 万元；同比分别负增 14% 及 91%②。

三、船舶出口稳定增长

据厦门海关统计，2018 年福建省出口各类船舶 62.1 亿元，比 2017 年增长 1.2 倍，出口值创 2015 年以来新高。2018 年以来福建省船舶出口值总体呈波动上升趋势，除 4 月、6 月、10 月出口值同比下降外，其余月份均增长明显。12 月当月出口 11.5 亿元，同比增长 30.9 倍，环比增长 2.3 倍（如图 5 - 1 所示）。

从出口方式看，福建省船舶以加工贸易方式出口为主。2018 年福建省以加工贸易方式出口船舶 58.6 亿元，增长 1.2 倍，占同期福建省船舶出口总值

①② 《福建省船舶工业行业协会 2018 年度总结报告》。

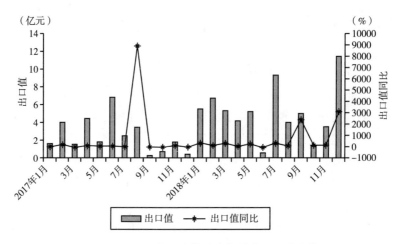

图 5 - 1　2017 年以来福建省船舶出口月度走势

资料来源：厦门海关。

（下同）的 94.4%；一般贸易出口 3.5 亿元，增长 79.6%。东盟、我国香港地区、安哥拉、马绍尔群岛为主要出口市场。2018 年福建省对东盟出口船舶 17.8 亿元，下降 11.5%；对我国香港地区出口 11.6 亿元，增长 12.1 倍；对非洲出口 5.9 亿元，2017 年同期无出口；对马绍尔群岛出口 5.8 亿元，增长 2.7 倍。对上述四者出口合计占同期福建省船舶出口总值的 66.1%，出口市场日益多元化。国有企业出口船舶 52.4 亿元，增长 1.6 倍，占同期福建省船舶出口总值的 84.5%，同期，民营企业出口 8.6 亿元，增长 25.8%，国有企业出口成为主力军①。

四、船舶企业转型步伐加快

近年来，福建省船舶工业企业根据自身的条件，选择适合自己特色的经营模式，企业高质量发展步伐加快。一是龙头企业作用凸显。成立于 1982 年的福建省船舶工业集团，系福建省为统领全省骨干船舶工业企业而成立。近年来，福船集团积极开展技术改造和科技创新，解决了大量影响船舶建造质量和进度的"瓶颈"问题，取得了众多成果。马尾造船股份有限公司发挥企业知名度与品牌的信誉度，与德国 B-Rickmers 的 ASSC 公司签订新的 2 + 2 艘 1162TEU 集装箱船合同，又同新加坡 OCEAN TANKERS 公司签订 6 + 4 艘

① 《2018 年福建省船舶调研报告》。

11000DWT 油化船，使企业在出口船方面写下浓墨重彩的一笔。厦门船舶重工开发的 8500 卡汽车运输船代表着当今大型汽车运输船设计和建造的国际水平；厦门船舶重工股份有限公司着手研发 2800 客位邮轮型客滚船，为下一步开发 7.5 万吨豪华邮轮创造技术条件。东南造船与新加坡公司建立合作开发设计团队，工厂自主生产并建造的海工辅助船达 10 多种船型；同时，东南造船有限公司凭借着建造出口船 300 余艘的国际良好信誉与技术团队，与客户签订出口印度尼西亚 106 米客滚船，由 1 艘开始发展至 13 艘，成为福建出口的批量船，而且除了 106 米客滚船外，还有新的 50 米、75 米、120 米等规格的客滚船合作项目。福宁船舶重工有限公司为印度尼西亚船东建造的 106 米客滚船已完工交付。2018 年，以福建省船舶工业集团、厦门象屿集团有限公司为代表的国有企业出口船舶 52.4 亿元，增长 1.6 倍，占同期福建船舶出口总值的 84.5%，拉动福建省船舶出口增长 112 个百分点。二是企业差异化发展成效显著。福建立新船舶工程有限公司 20 多年以来，将建造近海与远洋渔船作为企业的主打产品，产量从最初的年造仅有几艘渔船逐年攀升，2017 年的产量将近百艘，成为福建省建造渔船大户。福建恒生船舶重工有限公司以渔船为重点，2017 年渔船建造量高达 45 艘，其中同一规格的渔船就一次性地建造了 25 艘，刷新了同一种船型由同一家船东下单在同一家企业批量化建造的新纪录。福安万达船业有限公司则以修、造船并举，有修则修、有造则造，业务持续不断。另外，在福鼎、福安、罗源、连江、福州、泉州、漳州、龙海、漳浦等地的船舶企业也依据企业的自身特点与专长，为福建省船舶制造业高质量发展做出了贡献①。

五、民营企业不断做大做强

福建民营船舶企业众多，分布在福州、宁德、漳州、泉州、厦门及其辖属市、县，虽然民营船舶企业规模参差不齐，但各显神通，共同努力做大福建省船舶产业。2018 年，尽管整体船舶市场还处在十分疲软的大背景下，却创工业总产值 99.5210 亿元，完成新船建造 340 艘，实现销售收入 71.5121 亿元，承修中外各类船舶 2787 艘并创产值 34.8661 亿元，全年实现利润 1.2157 亿元。在福建民营船舶企业中，企业家不断地探索求生存、谋发展的路径，努力发挥自身在地域、场地、资源、团队、信誉、品牌等方面的优势，

---

① 《2017 年福建省船舶市场调研报告》。

既造船、又修船，还搞起了多种经营，2019 年上半年取得较好业绩。其中，福建盛荣船舶设备制造有限公司更新观念，转换经营方式，由单纯生产型转向生产与经贸相结合型，企业产品实现工厂与经营销售部门两个渠道联通，既扩大了企业产量，又增添了客户量。2019 年上半年，该公司仅出口美国冰淇淋机一项就达到了 50 台套，比上年同期增加了 20 台套，而且还有斯里兰卡的超低温制冷产品业务等。福建华海晟世重工有限公司在经营策略上做出调整，走好特色路，做精专业事，在福安建立了远洋渔船修造基地与互联网、搜船网等，迅速扩大了企业的业务量，2019 年上半年其产值产量比上年同期增长了 30%。另外，福安地区民营船舶企业经过调整，虽然由过去高峰期的43 家，降为 2019 年的 23 家，但产值产量不减反升，2019 年上半年创工业总产值 26.0382 亿元，实现工业商品产值 24.7375 亿元。漳州龙海地区，广大民营船舶企业经营者，凭借着"爱拼才会赢"的闽南人特性，依靠自力更生，不断拼搏，用好手中的自有资金，努力面向内部挖潜力，上半年创工业总产值 14.5810 亿元，其中，完成造船 93 艘，修理各类船舶 519 艘，计产值2.6438 亿元。

六、创新驱动，船舶及其关联产业的高质量发展

马尾造船加强高技术产品研制，并开拓钢构、深海养殖装备市场。参与工信部高技术船舶科研项目的深海采矿船型研发和联调联试项目有序推进，参与中国科学院万米载人潜水器支持保障船研发设计并承担改装任务，拓展高附加值远洋金枪鱼围网船并获得订单，军民融合工作深入开展并取得实质成果，拓展深远海养殖装备，建造半潜式深海渔场，取得钢结构工程专业承包资质二级并承接桥梁钢构项目。厦门船舶重工股份有限公司涉足邮轮领域，与北欧团队联合研发承建的邮轮型豪华客滚船正式进坞，该项目在安全返港、结构设计、噪声和振动控制、LNG 冷能利用、内装修、娱乐设备等方面均达到邮轮建造标准，标志着福建省开启建造邮轮型船舶之旅；贯彻"绿色"发展理念，加强绿色环保型船舶研发建造，LNG 燃料推进 7500 车汽车运输船已经出坞调试。由福建省福船海洋工程技术研究院研发、福宁船舶重工有限公司承建的中国首制智能环保型鲍鱼养殖平台"福鲍 001"已正式下水，近期将在连江东洛岛海域投入运营。该平台具备 72 个钢制养殖框，可容纳 15120 屉鲍鱼，养殖 38 吨以上鲍鱼。设有水质检测和视频监控系统，可通过传感器对多项数据进行检测和传输，并通过无线图像传输系统实现远程视频监控。

全新智能环保鲍鱼养殖装备将成为中国鲍鱼养殖市场新的亮点①。

第三节　福建省船舶制造业高质量发展的问题

　　虽然近年来福建省船舶制造业发展取得了较大成绩，但也要充分意识到福建省船舶制造业高质量发展存在的困难和问题，一方面全球经济低迷，船舶市场需求进一步萎缩，而海工装备也因国际油价持续下跌出现颓势，福建省承接新船订单较为困难。另一方面福建省船舶制造产能过剩，尤其是中低端产能，且造船成本不断升高，企业融资难度加大且劳动力水平短缺，缺乏大型船舶制造业龙头企业，因而高端船舶及高端海工装备仍处于起步发展阶段，福建省船舶制造业高质量发展仍面临多重"瓶颈"。

一、承接新船订单困难

　　受国际金融危机影响，航运市场供求关系发生重大变化，2008 年以来世界新船成交记录降幅较大。部分船东因银根紧缩而出现融资压力、被迫推迟接船、取消订单或毁约弃船。因此，近期在建船舶交船难的矛盾将更加突出，风险加大，船舶企业经营面临较大困难。2015 年以来，我国造船企业承接新船订单量急剧下滑，订单量骤减使得造船企业营业收入大幅回落，盈利能力下降，面临入不敷出、经营困难的局面；而且随着造船业呈现买方市场态势，船东先期预付款比例越来越少，平均只有 5%，最低仅有 1%，这使得造船企业资金链更加紧张。而一旦资金上出问题，造船企业随时都有倒下的可能。由于造船企业破产数量陡增，船舶制造行业正在经历寒冬期。目前中国造船行业面临的最主要问题就是增长过快导致的产能过剩。日本在 20 世纪 90 年代成为世界第一大造船国，产能占世界的 1/3 左右，其成为世界头号造船强国用了大概 20 年左右的时间。而中国造船业在近几年快速崛起，其高峰时期光造船厂就超过几千家，然而，随着全球航运业的萧条，高增长带来的产能过剩问题日益突出。同时，技术含量低也成为被淘汰的原因之一。我国过去虽然是世界第一大造船国，但是生产主要以干散货船为主，这是航运使用的最基本货船，技术含量低，很容易受到航运业变化影响。因此，福建省船舶

---

① 《福船集团传承发展百年船政文化全面推进创新转型》，中国新闻网，2019 年 6 月 24 日。

企业也普遍面临订单不足的危险情况。

二、综合成本升高，新建船舶企业面临严峻考验

2018 年，国际新船市场需求仍旧低迷，新船价格处于低位。我国船用钢板价格上半年快速攀升至 4900 元/吨，同比增长超过 30%，随后维持在高位波动，年末保持在 4800 元/吨的水平，给我国造船企业带来很大的成本压力。除此之外，劳动力成本、财务费用、物流成本的刚性上涨也蚕食着船企利润，船舶行业盈利能力大幅下降。《2018 年船舶工业经济运行分析》显示，2018 年我国船舶工业企业实现利润总额 91.4 亿元，同比下降 35.5%。前几年，福建省船舶市场持续兴旺，涌现出一批新建造船企业。随着船舶市场供求关系变化，新建造船企业接单更为困难，船价下跌；同时新企业基础设施尚未完善，管理模式尚未形成，缺乏造船经验又缺少老客户，企业经营、管理、资金等问题将更为突出。

三、银根缩紧，融资难度加大

从 2008 年开始，随着全球性金融危机加剧，主要从事船舶信贷融资的金融机构增强了对船舶信贷融资的风险意识，部分金融机构将造船业列入高风险行业，更加严格审查船舶企业融资项目。造船企业融资难度明显增大，从金融机构获取付款保函出现困难。2018 年，国际航运和造船市场处于低位震荡，市场竞争仍然激烈。除中国进出口银行外，一些金融机构对我国骨干船舶企业信贷支持力度持续减弱，特别是对部分经营情况良好的民营企业，不予开立船舶预付款保函或者延长开立周期，给船厂经营接单带来困难，增加企业成本。当前，福建新船价格普遍较低，船舶企业流动资金缺口较大，企业为保证造船生产的连续性对融资的依赖愈发强烈，但部分金融机构对船舶企业融资采取"一刀切"做法，差异化信贷政策落实不明显。

四、船舶企业劳动力、高素质人才短缺严重

2008 年之前，福建省船舶专业技能人才的需求旺盛，很多学校开设船舶类专业，但是，近几年船舶行业不景气后，不少学校停办了船舶类专业。目前福建省现有的几家招收船舶专业的学校，每年的招生数也在逐步下降。根据福建省船舶企业的调研情况，目前，船舶工业劳动力问题主要体现在三方

面：工人流失严重、工人年龄明显偏高以及用工成本高。同时，造船企业的外包工队伍十分庞大，与船企内部专业技术工人之比甚至可达 5∶1，其技术水平、职业素质牵制了产品质量和生产效率。本身流失率就比较高，加上这些工人大多来自中西部省份，其返回本地就业的数量呈增长态势，部分船舶企业用工仍然以第一代农民工为主，"80 后"已经大量离职，"90 后"很少愿意到船舶企业工作，导致船舶企业工人的平均年龄在 40 岁以上；骨干船舶企业多位于沿海发达地区，社会平均工资较高，船舶企业及包工队为留住现有工人只能不断提高工资待遇。实际上，"招工难、招工贵"已经成为中国制造企业普遍面临的问题。

五、缺乏大型龙头船舶企业

据船舶企业相关公开数据显示，截至 2018 年 12 月 28 日，2018 年中国船舶制造行业上市公司总市值排名前五的企业有：中国重工、ST 船舶、中船防务、中船科技、亚星锚链。值得关注的是，2018 年中国船舶制造行业上市公司总市值排行榜主要统计了 8 家沪深上市企业的市值排名，市值超过百亿元的仅 3 家。其中，2018 年中国船舶制造行业上市公司总市值居第一的是来自北京市的中国重工，市值达 972.39 亿元；ST 船舶市值居第二，市值为180.95 亿元；中船防务市值居第三，市值为 135.13 亿元（如表 5 - 1 所示）。在八大船舶企业中，福建省没有一所船舶企业上榜，大型龙头船舶企业明显缺乏。

表 5 - 1　　　　　　2018 年中国大型船舶企业市值排名

排名	企业名称	市值（亿元）	所在省（市）
1	中国重工	972.39	北京市
2	*ST 船舶	180.95	上海市
3	中船防务	135.13	广东省
4	中船科技	51.32	上海市
5	亚星锚链	33.77	江苏省
6	瑞特股份	27.2	江苏省
7	天海防务	24.86	上海市
8	江龙船艇	22.31	广东省

资料来源：作者根据相关资料搜集整理。

第四节　福建省船舶制造业高质量发展的方向

改革开放以来，福建省船舶制造业持续快速发展。然而，与世界先进水平相比，福建省船舶制造业仍然大而不强，在自主创新能力、资源利用效率、信息化程度、质量效益等方面差距明显，转型升级和跨越发展的任务紧迫而艰巨。随着物联网、大数据和云计算技术的发展，"互联网＋工业"给制造业高质量发展带来了前所未有的机遇。同样地，福建省船舶制造业发展也将会发生创新性的革命，未来船舶生态体系将加速重构，大数据将广泛应用于船舶行业中，船舶产品调整、升级等步伐也将加快，智慧船舶制造将会成为未来福建省船舶制造业高质量发展的主要方向。

一、船舶生态体系加速重构

能给船舶业带来革命性变化的技术已经趋向成熟，这就是信息化时代互联网下的物联网、大数据和云计算技术。其所引发的不仅仅是生产力的指数级提升，更是生产关系的颠覆，正重新构建、擘画人类生产方式变革和生活方式调整发展新蓝图。未来福建省航运、造船、配套及相关技术、生产等资源的优化配置和发展方式的转变，催生的智能化技术装备、协同化创新体系、柔性化生产方式、集约化资源利用、精准化管理模式不断重塑新时期船舶业竞争新优势，对传统行业生态体系新格局进行颠覆，加之通过生态系统的有效性和用户黏性，逐步建立包含供应商、销售商、客户、竞争对手和科研机构以及政府单位等协助发展船舶业联合体，越来越多地表现为产业生态系统的竞争，传统行业的互联网化已成为未来船舶业的一张"生死牌"。

二、船舶行业大数据应用加速

数据，已经渗透到当今每一个行业和业务领域，成为重要的生产因素，一个大规模生产、分享和应用数据的时代正在开启，对数据的挖掘已成为企业竞争力的重要来源，而云计算则是开启大数据应用新领域的"金钥匙"。作为"综合工业之冠"的船舶业，是劳动、资金、技术密集型产业，涵盖航运、造船、船舶配套以及相关服务等产业链，并涉及机电、钢铁、化工、航运、海洋资源勘采等上下游产业，庞大的人群和应用市场，复杂性高，充满变化，使得船舶业当之无愧成为最复杂的大数据行业。但船舶业却是个数据应用贫乏的行业，未来的福建省船舶企业必须学会如何处理及如何使用数据。解决由大规模数据引发的问题，探索以大数据为基础的解决方案，将成为船舶业转型升级、效率提高的重要手段，大数据将成为未来船舶企业的战略核心力量。

三、智慧航运成为未来趋势

信息化技术的应用、船舶技术的创新将引发航运管理变革和服务进步。基于互联网、大数据、云服务等技术手段，整合船舶的设计、生产、制造、使用、维护、售后、物流各个环节，在运营公司、设计建造商及设备商等之间建立起更全面的生产关系。将智能系统在船舶设计建造阶段就纳入后期航运运营考虑，引入大数据挖掘技术，提高航运服务的标准化和信息化程度，提供更稳定、更易维护、更具弹性的在线订舱服务。运营过程中清晰规划运输船舶航程和航站，推进航运思维、理念及商业模式的"智慧"化。过去船舶行业更多侧重于船舶基本功能的实现，未来的船舶行业在互联网技术下，会更加关注设备的智能化、系统的智能化甚至整体船舶运营的智能化，智能船舶将会应运而生。智能船舶的发展要充分利用现有条件，从环境、能源、材料、空间、电子、机械、导航（产品库、求购、供应）、物联网、大数据、云计算等多个领域建立实体和虚拟设施，实现操纵系统、航行系统、设备技术、节能技术甚至生产系统等的智能化，逐步形成能自感知、自评估、自预测、自组织、自重构于一体的船舶，实现信息与实体智能耦合全过程。2015年中国政府发布的《中国制造2025》明确将智能船舶作为重点发展的领域。可见未来智能船舶将会是福建省船舶制造业高质量发展的关键。

四、产品调整步伐加快

国家先后颁布了《中国制造2025》《关于推进国家产能和装备制造合作的指导意见》等规划意见。工信部等六部委联合印发了《船舶工业深化结构调整加快转型升级行动计划》，进一步促进福建省船舶行业化解过剩产能，优化产品结构，加快转型升级步伐。福建省应根据供给侧结构性改革的思路，紧盯国内外市场需求，重点发展技术含量高、市场潜力大、满足国际造船新标准的绿色环保船舶、专用特种船舶，提高船用设备配套能力，尽快形成福建省特色品牌产品。以省重点企业研究院建设为切入点，分领域突破关键船舶产品及关键技术。实施以行业龙头骨干企业为主体、工业设计与集成制造基地以及机联网为支撑、产学研密切合作、总装与配套深度结合的产业协同创新和制造体系，推进船舶产业两化深度融合。

第五节 福建省船舶制造业高质量发展的对策建议

2017年，《船舶工业深化结构调整加快转型升级行动计划（2016－2020年)》和《海洋工程装备制造业持续健康发展行动计划（2017－2020年)》正式发布。2018年，《外商投资准入特别管理措施（负面清单）（2018年版)》发布，文件取消了船舶（含分段）设计、制造与修理须由中方控股的要求。我国已全面放开船舶配套和海工装备领域，此举标志着我国船舶工业实现了全面对外开放。船舶工业实现全面对外开放，符合我国产业发展的现实需要，对我国船舶工业高质量发展具有积极影响。福建省船舶工业应紧密围绕产业政策，抓住市场回暖的有利时机，进一步提升骨干船舶企业的竞争力，加大对船舶企业的金融支持力度和人才培养力度，加强产业整体布局，化解船舶企业产能过剩问题。鼓励企业兼并重组，推进船舶企业"走出去"，推动福建省船舶企业高质量发展。

一、要进一步提升骨干船舶企业的竞争力

面对当前船舶市场持续低迷，原材料价格和劳动力成本快速上涨，以及苦、脏、累、险作业招工难等问题，船舶行业转型升级任务更为迫切。福建省骨干船舶企业要深入贯彻落实《推进船舶总装建造智能化转型行动计划(2019－2021年)》和《智能船舶发展行动计划（2019－2021年)》文件精神，推动船舶总装建造智能化发展，通过信息化和工业化的深度融合，推进降本增效工作持续开展，不断提升船舶建造质量、效率和效益。同时，面对激烈的市场竞争环境，要紧跟国际造船新规范、新标准的要求，密切联系船东，打造品牌船型，继续保持在主力船型上的领先优势。坚持创新驱动，顺应市场结构性变化，加大研发投入，在细分船型市场不断取得新的突破。必须转变发展思路，向高端产品进军，提高造船业产品设计和建造能力。特别

要注意降低企业运行成本，尤其是智能制造、智能机器人的引入，降低造船行业的人工成本等。另外，随着"互联网＋"的普及，造船企业与钢厂等原料商也需加强合作，其造船原料的采购可以按照不同的节点采取间断式采购的模式，以减少资金的占用。同时，更要注重产业结构的优化和调整，完成从"制造型企业"向"制造服务业企业"的转变，建立和完善全球售后服务网络和市场营销网络体系，加强售后服务打造品牌，不断提升福建大型船舶市场占有率等。根据国家六部委联合发布的《关于促进旅游装备制造业发展的实施意见》的产业导向及《中国制造2025》《福建省国民经济和社会发展第十三个五年规划纲要》《关于促进邮轮经济发展的实施方案》等国家、省市级政策，建造新型高端节能环保船舶产品。

二、要加大对船舶企业的金融支持力度

当前，福建省船舶工业正处于结构调整转型升级的关键时期，行业产业集中度逐年提升，新船订单向骨干企业集中的特点越发明显，一批产品质量高、管理能力强、经营效益好的优质船舶企业正在走出低谷。要鼓励金融机构加大对船舶企业的信贷支持力度，对基本面良好、带动就业明显、信用记录良好但暂时出现经营困难的企业，允许将到期的贷款适当展期，帮助其渡过难关；鼓励金融支持船舶产业并购重组，促进产业结构调整；建立省级产业转型升级项目贷款风险补偿制度。支持建立船舶行业信用担保机构，充分发挥担保公司的融资担保功能和省级再担保公司的信用增级、分担风险功能，引导金融机构加强与担保公司互信合作，促进金融机构加大信贷支持力度。对为船舶企业提供融资担保的担保机构，给予风险补偿。根据造船合同或设备购买合同，综合运用多种融资方式，满足船舶企业合理资金需求；运用外汇避险产品，引导帮助船舶企业防范汇率风险。发展船舶专业评估机构，有效降低船舶评估费用；推动船舶企业通过引进战略投资者做大做强；优先支持重点企业在境内外上市融资、再融资，或通过发行企业债券、专项债券、短期融资券、中期票据等筹集发展资金。

三、加强产业整体布局，化解产能过剩

重点推进经国家核准、对福建省船舶产业发展有重大影响的泉州船厂造船项目建设，鼓励重点骨干船舶企业与上下游产业（钢铁、航运）组成战略

联盟，相互支持，利益共享，共同发展；积极引入战略投资者，推进与国内外大企业的合作，支持造船企业开展联合重组，提高产业集中度和资源利用率；鼓励中小企业围绕骨干重点企业发展中间产品和专业化配套。密切与台湾地区船舶业企业、协会的联系和技术经贸交流合作，促进闽台产业深度对接与融合，提升游艇等特色船舶制造的产业合作关联度。发挥福建省船舶产业比较优势，加强高技术船舶研发和技术储备工作，建立联合设计中心，加强与国内外专业设计研究部门的合作，提高设计中心研发能力，开展社会化服务。推广船舶新技术、新工艺，加速推行现代造船技术，促进重点企业全面建立现代造船模式，改进造船工艺，提高船舶建造质量，缩短建造周期，提高规模效益。依托造船重点骨干企业，鼓励和引导中小造船企业组建分段制造和铁舾装件专业化生产企业，形成中间产品配套厂与总装厂协调发展的格局。通过市场需求引导，调整企业产能结构，形成多个海洋工程辅助船、大型汽车运输船、豪华游艇、中型液化天然气运输船等自主设计品牌产品。发挥福建省船舶产业比较优势，以滚装船、海洋工程多用途工作船两类船型和中小型油船、散货船、集装箱船三大主力船型为主，根据船舶市场需求，按照国际新规范、新公约和新标准，加大节能、安全、环保型船舶技术开发，支持数字化智能设计系统等重点技术研究和应用。

四、加大转型力度，推进船舶企业"走出去"

加快产品的升级换代，把"老大粗"造船转变为"高精细"的高端装备制造。转向建造中小型 LNG 运输船、深海型移动平台、远洋渔船、LNG 驱动汽车滚装船、豪华客滚船、豪华邮轮等高附加值、高技术含量的船型。积极培育新的经济增长点，制定全国邮轮旅游发展总体规划，加快培育和发展邮轮、游艇旅游市场。加大对重点产品研发、重点企业技术中心建设支持力度，对国家及福建省重点项目给予一定的配套资金支持，对填补省内空白并获船级社认证的船舶配套产品给予奖励补贴。支持福建省内外有实力的大企业集团或跨国公司，通过收购、参股等形式实施战略重组，形成主业突出、竞争力强的总装化造船大企业，成立战略合作联盟，建立完善全球化营销网络。积极拓展"走出去"新空间。紧紧贴近国际一线前沿市场，加强与新老船东联系，推广船政海外平台融资租赁等方式，创新经营接单商业模式。研究与"一带一路"沿线国家开展国际产能和装备制造合作，在修造船和人造板加工方面，继续加强与非洲和东南亚国家联系和业务拓展工作。

五、加强行业研发力量整合和人才培养

利用福建省船舶企业现有研发基础，联合福建省内设计院所和专业院校，积极依托国家级船舶设计单位，整合产业研发力量，大力推进研发设计水平提升，逐步从生产设计、技术设计与工艺设计发展到整船研发与设计。随着国家制造业的转型升级，船舶制造业也将有跨越式的发展。通过技术进步、提高人的素质来提高生产效率、降低生产成本、提升产品的质量。职业院校作为技能人才培养的摇篮，就要根据企业需要，调整课程设置和课程标准，开设紧扣行业发展的新专业，为船舶行业发展培养适用的人才。如增加信息技术、自动控制、机器人焊接等课程，打破传统的教学内容，加强信息化与工业化的融合，并且要跨专业、多专业的融合，为船舶设计、科研与生产提供各类专业人才。同时，要密切结合船舶行业发展趋势，有预见性地开设新专业，采用"订单式"教育方式，避免专业人才紧缺或者过剩。对于继续强化技术人才，船舶类专业院校可以从教师队伍中推荐优秀人才，下到企业中工作，教授专业理论知识。至于企业可以向院校输送有经验的工程师进校，向教师传授生产实践经验，相互交流。不断扩大福建省船舶技工学校规模，提升职业技术学校教学水平，提升产业工人的技能和素质，大力引进船舶专业高级技术人才和管理人才。加强厦门大学、集美大学、福建海洋技术职业学院等现有高校的船舶制造相关专业基础能力建设，探索现代学徒制人才培养模式，开展校企联合招生，招生即招工、入校即入厂、校企联合培养，培养适应企业需要的高素质技能型人才，提高人才培养的能力与水平，为福建省船舶产业振兴提供人才支撑。选派优秀技术人员到韩国、日本、新加坡等造船发达国家学习，形成一定规模的技术精英作为企业发展的核心班底，最终建立起自己的高素质国际化研发团队，进行主流船型的优化研发，形成自主研发核心竞争力。

六、鼓励造船企业破产、兼并重组，优化福建船舶资源配置

认真落实国家有关并购重组的优惠政策，鼓励行业龙头企业和优势企业对产业链上下游关联企业实施并购重组。加快推动僵尸企业破产、重整、转产等市场化出清，支持船企通过扩股、重组、转让、租赁等多种形式引进市内外战略投资者和业务合作方，鼓励行业龙头企业间强强联合，鼓励行业龙

头对困难企业、资源闲置企业、落后企业的兼并重组。对涉及船舶工业转型升级的重大兼并重组项目，给予"一事一议"综合扶持政策。走原始创新、集成创新和引进消化吸收再创新相结合的道路，增强自主创新能力，提升福建船舶设计与开发能力。支持福建船企并购国外船舶研发机构，加大对造船和船用设备技术研发，支持兼并重组企业技术改造和产品结构调整。推动福建省船舶工业集团公司与其他船舶企业的合作与重组，积极推进以骨干造船企业为龙头的跨地区、跨行业、跨所有制的兼并重组，优化资源配置，提高产业集中度，促进优势企业通过兼并重组等方式扩大高端产品制造能力，鼓励上下游企业组成战略联盟，进行产业链整合。

七、充分发挥船舶行业协会作用

福建省船舶行业协会要充分发挥带头引领作用，利用好相关资源，带动传统船舶行业转型升级，在福建船舶制造业高质量发展过程中发出行业的有力声音；要在做好细分后努力提升品质，提高在全国，乃至全球市场的竞争力；要与其他船舶行业协会互通有无，常交流、常创新，共商行业发展大计；要不断秉承创业创新精神，设立传统行业创新班，培养新的有活力的年轻船舶企业家，激励优秀人才不断创新。同时，政府和船舶行业协会要相互配合，加强知识产权保护，全力以赴支持船舶企业上市，持续精准发力，强化精准服务，促进企业发展；要讲真话、干实事，实实在在为企业办事。要加强产业重大问题和共性问题研究，加强行业经济运行情况监测，及时通报国际航运及船舶市场信息，提出预警；认真宣传贯彻、协助落实国家和福建省出台的各项政策措施；及时了解企业困难问题，向有关部门反映谋求解决；帮助企业做好咨询，协助企业制定技术改造、技术创新措施和项目，开展行业技术提升、诊断辅导工作，促进行业自律，共同推进福建省船舶产业平稳健康较快发展。

第六章

福建省新能源汽车产业发展研究

新能源汽车是我国重点发展的七大战略性产业之一，正引发新一轮科技革命和产业变革。发展新能源汽车是福建省构建现代化产业体系，打造汽车强省的产业发展重点，也是我国从汽车大国迈向汽车强国的必由之路。

第一节　中国新能源汽车特点、现状及发展趋势分析

一、新能源汽车的主要类型

新能源汽车主要指依靠非常规车用燃料发力，将车辆动力控制与驱动两项技术高度结合，继而形成的新式结构的汽车。新能源汽车的重点在于"新"，燃料新、设计原理新、组合技术新、结构新，其整体相当于一个"新组合"。新能源汽车有以下四种类型：

（一）纯电动汽车（BEV）

纯电动汽车依靠单一蓄电池发力，蓄电池是这种汽车的储能动力源。汽车启动时，在电池的作用下，电动机能及时获取电能而高速运转，汽车便可以正常行驶。其优点在于对应的建造技术比较简单，且设计理念成熟，只要有充足的电力就能发动。缺点：电动汽车配套使用的电池价格昂贵，对消费者来说是一笔巨大的开销，再加上电池可储存的能量十分有限，单次使用时间较短；关于使用成本的问题，电池寿命、不同地方油电价格差距会产生不同使用结果，有些电动汽车的使用成本高于汽车，而有些则是汽车使用成本的1/2。

（二）混合动力汽车（HEV）

混合动力汽车的驱动比较特殊，包括两个或两个以上能同时运转的单个驱动。车辆的单个或多个驱动系统共同决定了车辆的行驶功率，当然还要依

据车辆的实际行驶状态而定。由于组成部件、构建形式以及控制体系不同，所以混合动力汽车的形式较多。

优点：（1）内燃机的最大功率由平均功率确定，再加上发动机较小，所以其正常工作耗油量偏低，不会对空气造成太大污染，相对环保。因为内燃机能长时间处于工作状态，电池不间断充电，所以其行程与普通汽车一般无二。

（2）电池的存在可实时回收下坡时的动能。

（3）在市区行驶时可只由电池发力，不会产生任何污染。

（4）内燃机与电池并存的形式不会遭遇纯电动汽车经常遇到的难题，例如空调耗能过大缩短电池使用时间等。

（5）可以在普通加油站加油，不必另外建造特殊加油站。

（6）内燃机的辅助能够减少电池损耗，延长电池寿命，帮助电池时刻保持良好的工作状态，无形中降低更换电池的成本。

（7）多个动力源同时工作在一定程度上提升车辆整体使用效能，增强其动力。

缺点：内置系统复杂；长距离行驶同样耗油。

（三）增程式电动汽车（EREV）

增程式电动车其实就是利用内燃机消耗燃油给动力电池充电，充满电然后再由电池驱动电机带动汽车行驶，周而复始。优点：增加车辆续航里程、车身结构相对比较简单。缺点：存在不必要的能源消耗、车身重量较重。代表车型有别克 VELITE5、宝马 I3 增程式电动车。

（四）燃料电池电动汽车（FCEV）

燃料电池电动汽车是将氢气和氧气经催化作用，在燃料电池中产生电能为主要动力源的汽车。燃料电池电动汽车的驱动原理与纯电动汽车相同，两者的不同之处在于动力电池的工作原理。通常情况下，经电化学反应可将化学能转化为电能，氢气被选做电化学反应的还原剂，氧气被选做氧化剂，所以初期研发的燃料电池电动汽车几乎都是利用氢燃料发力，液化氢、金属氢化物等都是储存氢气的好方法。

燃料电池汽车具备以下几个优点：行驶过程中零排放，或几乎零排放；降低了温室气体的排放量及产生的污染；减少机油对水资源产生的污染；燃油电池的转化效率在 60% 左右，达到高标准；运行状态稳定，没有其他杂音。其缺点有：燃料电池昂贵，更换费用较高；氢气等使用成本较高。

二、新能源汽车与传统燃油车比较

作为国民经济的中坚力量，汽车产业在社会发展中扮演着不可或缺的角色，大力推动了国民经济的整体发展。最近几年，中国汽车产销量的增长速度比较平稳，2017 年国内汽车产量以及销量都在 3100 万辆以上。现阶段柴油、汽油是汽车的主要燃料，在汽车产量以及销量均保持高增速的前提下，能源消耗问题愈发严峻。我国交通运输、仓储和邮政业石油消费总量已从 2010 年的 15079.30 万吨增长至 2017 年的 20547 万吨，占全国石油消耗总量的比重从 2010 年的 34.19%增长至 2017 年的 36.6%，而我国又是一个石油对外依存度相对较高的国家，2017 年我国国内石油消费量估计为 5.56 亿吨，石油净进口量 3.56 亿吨，2017 年我国石油对外依存度突破 64%。大量汽油、柴油消耗造成的机动车尾气污染已成为我国大气污染问题的重要原因之一。2017 年，全国机动车排放污染物为 4381.5 万吨，比 2014 年削减 0.4%；其中氮氧化物（NO_x）584.9 万吨，碳氢化合物（HC）430.2 万吨，一氧化碳（CO）3461.1 万吨，颗粒物（PM）56.0 万吨；汽车是机动车污染物排放总量的主要贡献者，其排放的 NOx 和 PM 超过 90%，HC 和 CO 超过 80%。

与传统燃油汽车相比，新能源汽车使用的能源更环保，尾气排放量更少，这些都能有效缓解污染给环境带来的压力。为了保证能源结构的稳定，保护自然环境，必须及早大力发展新能源汽车，提高节能环保的效率。

表 6-1 对新能源汽车与传统燃油车两者之间的特点进行了对比。

表 6-1　　　　新能源汽车与传统燃油车特点比较

汽车类型	能量/燃料来源	能源安全情况	尾气排放情况
传统燃油汽车	石油	2017 年我国石油对外依存度超过 64%。我国已探明的石油储量仅占世界石油储量的 2%~3%	燃油汽车在运行过程中直接排放氮氧化物（NO_x）、颗粒物（PM）、碳氢化合物（HC）、一氧化碳（CO）、二氧化硫（SO_2）等有害气体，造成大范围分散污染
新能源汽车	电力	目前我国电力来源主要是火力发电，主要消耗煤。目前我国煤炭资源储量居世界第三，煤炭供需总体平衡	纯电动汽车在本质上是一种零排放汽车，一般无直接排放污染物，间接污染物主要产生于非可再生能源的发电过程，其间接污染物可以采取集中治理的方法加以控制。插电式（或增程式）混合动力电动汽车在纯电动行驶模式下同样具有零排放的效果，同时由于减少了燃油消耗，二氧化碳排放可降低 30%以上。另外，随着火电比重减少，可再生能源发电和核能发电比重的增加，电力生产对大气造成的废气污染将逐渐减少。电动汽车比同类燃油车辆噪声也低 5 分贝以上，大规模推广电动汽车将大幅度降低城市噪声

资料来源：作者根据公开资料整理。

三、我国新能源汽车产业发展现状

（一）我国新能源汽车技术路线

西方发达国家十分重视新能源汽车发展，其总体目标是降低对石油的依赖性，转变传统的交通燃料能源，大力发展对环境无污染的绿色能源，充分发挥替代能源的资源优势，同时完善交通能源结构。从 2017 年开始，欧洲多个国家陆续制定了禁止销售燃油车的计划表，预计从 2025 年开始停止销售燃油汽车，此后销售的汽车只能是零排放汽车，并利用 25 年的时间完成该计划，这说明未来某一天传统燃油车可能彻底从欧洲市场消失。

在西方国家相关政策的约束与影响下，传统燃油车厂商开始另谋出路。宝马车系要在 2020 年完成纯电动功能的设计；大众汽车集团将在 2025 年之前面向全球推出 30 款纯电动驱动汽车；本田汽车集团要在 2030 年之前将 66% 的车型转换为电动车。

新能源汽车为中国汽车产业的转型提供新思路。如今全球新能源汽车知识产权没有固定掌握在某一国家手中，国际标准有待商榷，技术路线的选择不止一个，竞争格局尚未形成。这些不确定因素均为初涉这方面领域的国家争取更多的时间。发展新能源汽车有利于中国汽车产业的转型，有利于我国抢占国际市场，这不仅是国际变化趋势带来的挑战，同时也是中国向汽车强国发展的机遇。中国发展汽车产业历程已经几十年了，得到不少教训，交了不少学费，从而积累了不少的成功经验。燃油汽车高端技术门槛较高，许多技术已经被先进国家牢牢控制住，中国一直在跟从，始终无法超越。而纯电动汽车技术门槛对大家都是差不多的，燃油汽车发达的国家与中国相比，也没有先发优势。但是中国动力电池产业有规模优势，比如中国动力电池产业链比较完整，而如今欧洲却没有一家能够批量生产动力电池的工厂。因此，中国发展新能源汽车的技术路线与其他汽车强国必须存在明显差异：与美系车企主要发展纯电动汽车、增程式混合动力汽车，德系车企主要发展纯电动汽车、插电式混动汽车，日韩系车企主要发展纯电动汽车、电池汽车以及混合动力汽车不同，中国形成了以纯电动汽车、插电混动汽车为主，燃料电池汽车为辅的新能源汽车发展路线。一是以纯电动汽车为主要突破口，在公交车辆上发力，深圳公交全部实现纯电动化，武汉（BRT）18 米公交车全部电动化；在 A00 级乘用车上规模产业化的基础上，太原出租车全部实现纯电动化的理想结果。二是依靠插电混合动力汽车向最终目标靠近，将纯电动汽车与燃油汽车两项技术的优点相结合。插电混合动力汽车在中国大规模生产，其技术也日渐成熟。三是不忽视燃料电池汽车，即燃料电池汽车在中国必须要发展。

发展新能源汽车，是全球汽车业的共同目标。关于新能源汽车的发展，不同国家有不同的目标与期望，中国发展新能源汽车的最终目的是从汽车大国转型为汽车强国，提升自己的实力与竞争力。另外不同的还有技术路线，中国发展新能源汽车同样需要在技术路线上做出巨大改变。

（二）我国新能源汽车的产业规模

1. 新能源汽车产销量

随着各项新能源政策落地，我国新能源汽车销售呈爆发式增长，2017年，全国新投入整车项目超过90个，国内有20多个省份直接开始推进新能源汽车项目，总投资5284亿元。预计至2020年，各类汽车企业的新能源汽车产能至少达到2000万辆。从产销量看，2017年新能源汽车产量接近82万辆，同比增长58.7%。我国连续3年销量位居全球第一，2017年新能源乘用车共销售56万台，纯电动乘用车累计销售45万台，插电式混合动力乘用车累计销售11万台。这个领域纯电动车辆与插电车辆相比，为4.5∶1.1。2017年新能源专用车共计销售15.2万台，同比增长279.39%，新能源专用车各细分市场中，城市配送车共销售14.8万台。市政环卫车和其他作业车占比相当，销量都在1800万台以上。这个领域全部是纯电动。大客车（基本上是纯电动公交车和通勤车）为10万辆左右，这个领域的公交车和通勤车全部是纯电动。

2. 动力电池配套企业数量

直至2017年已经共达83家动力电池配套企业，从相关协会发布的数据资料来看，至2017年的新能源汽车动力电池总配套数量已经达到了370.6亿瓦时，乘用车配套用量为139.8亿瓦时，占总用量的37.72%；客车145.7亿瓦时，比重为39.31%；专用车85.1亿瓦时，比例为22.95%。锂离子电池369亿瓦时，是总量的99.56%。以下为具体数据：三元：165.6亿瓦时，占锂离子电池配套总量的44.87%；磷酸铁锂为180.7亿瓦时，比重为48.96%；锰酸锂为15.4亿瓦时，占4.17%；钛酸锂为7.4亿瓦时，占2%。我国始终是全球最大的动力电池应用市场。

（三）我国新能源汽车发展前景剖析

一是立足于能源、环境、汽车发展等各方面高度保障的角度，新能源汽车产业具有非常好的发展前景，是我国的一项核心战略产业，国家对其发展予以高度重视。为了保证新能源汽车产业的高效可持续发展，并且与新能源汽车补贴退坡政策相对接，发改委与工信部于2016年分别颁布了《新能源汽车碳配额管理办法（征求意见稿）》《企业平均燃料消耗量与新能源汽车积分并行管理暂行办法（征求意见稿）》，明确了我国燃油对新能源汽车产业的反哺目标，稳定了市场的良好秩序。

二是针对充电设施紧缺严重阻碍新能源汽车产业全面有效发展的问题，我国相关政府部门现已推出了一项鼓励充电基础设施发展的政策，从而调动充电基础设施建设的积极性。国家发改委、国家能源局、工信部、住房和城乡建设部等各方于2015年10月联合颁布了《关于印发电动汽车充电基础设施发展指南（2015－2020年）的通知》，明确发展方向与目标：至2020年，集中式充换电站的增长量突破1.2万座，分散式充电桩为480万个，已经基本满足了全国电动汽车对充电的要求。

2016年，我国公共充电桩的增长数量为10万个，其建设运营数量已经远超15万个，充电基础设施建设领域取得了飞速的发展。居民的专用充电桩也明显增长，"随车配桩"安装覆盖面已经达到了80%。在北京、上海等一线城市中的电动汽车充电平均服务范围仅为5公里；深圳、广州等大城市的公共充电网络覆盖面正在快速扩大，"5公里"时代将会马上到来。

三是我国动力电池等核心材料正在快速实现国产化的目标，各项性能指标参数不断改进，同时还有效地降低了成本；单体、电池包、BMS等技术取得了理想的研究成果。当前我国动力电池单体能量密度已经达到了220瓦时/公斤、价格只有1.5元/瓦时，前者与2012年相比增长了1.7倍，而后者降低幅度高达60%。2017年3月，工信部等部门联合颁布《促进汽车动力电池产业发展行动方案》，明确了发展目标：至2020年，电池单体能量密度达300瓦时/公斤、价格在1元/瓦时以下、行业总产能突破1000亿瓦时等。

四是地方城市政策注重对消费者需求的引导。当前，在北、上、广、深等8个一线城市已经实行了汽车限购政策，新能源汽车不再采取摇号上牌的方式，提出申请之后即可配置但必须控制在一定范围内，新能源汽车购买偏好程度愈加显著。例如，2016年北京共有6万个新能源汽车指标，而在2016年8月已实现了全面配置。汽车保有量不断提升，各个城市必须接受来自环境污染、交通堵塞等各方面的挑战，汽车限购政策必然将会得以进一步推广与实行。

依据《节能与新能源汽车产业发展规划（2012－2020年）》，2020年我国纯电动以及插电式混合动力汽车生产力将会突破至200万辆、总产销量达500万辆。从我国制定的2020年新能源汽车销量指标来看，我国必然将会达成这一目标。

（四）我国新能源汽车的政策扶持

发展新能源汽车是国家立足于能源、环境、汽车产业目标等指标推出的一项基础国家政策。新能源汽车与零部件行业是国家的核心战略性产业，其发展得到了国家的高度重视，拥有良好的发展前景。国家现已推出了配套补贴政策，其中具体涵盖车辆购置税、购车财政、政府采购、电价、充电设施等各方面的扶持优惠，从而为新能源汽车行业的发展提供强有力的政策支持。

2009 年以来，我国先后推出了各项补贴政策，可以划分为以下三个主要发展阶段：2009 ~ 2012 年（初期阶段），还只是尝试性地应用于公交出租、公务、环卫和邮政等公共服务方面，可享有一定程度的新能源汽车补贴；2013 ~ 2015 年（中期阶段），新能源汽车已覆盖至各个公共服务以及个人等方面，车辆购置补贴等各项政策予以贯彻落实；2016 ~ 2020 年（后期阶段），将充电桩等基础配套设施的建设作为重点项目，进一步刺激消费者的购买需求，新能源汽车在私人用车方面得到了较为广泛的普及。

2012 年国务院颁布《节能与新能源汽车产业发展规划（2012 - 2020年)》，规定新能源汽车行业的产业目标：2020 年，纯电动以及插电式混合动力汽车生产力必须达到 200 万辆、产销量为 500 万辆。国家推出了各项补贴优惠政策，例如《关于继续开展新能源汽车推广应用工作的通知》（2013年)、《关于进一步做好新能源汽车推广应用工作的通知》（2014 年)、《关于加快新能源汽车推广应用的指导意见》（2014 年)、《关于免征新能源汽车车辆购置税的公告》（2014 年)、《电动汽车充电基础设施发展指南（2015 - 2020 年)》（2015 年)、《关于 2016 - 2020 年新能源汽车推广应用财政支持政策的通知》（2015 年)、《关于"十三五"新能源汽车充电基础设施奖励政策及加强新能源汽车推广应用的通知》（2016 年）等，主要是车辆购置补贴政策，具体内容已经囊括了车辆购置税减免、政府机构采购、电价优惠、充电设施建设等各个方面，为新能源汽车产业的发展提供全面的政策支持。《关于 2016 - 2020 年新能源汽车推广应用财政支持政策的通知》《关于调整新能源汽车推广应用财政补贴政策的通知》（2016 年)，国家将新能源汽车行业划定为核心战略性产业，全力推进其发展与普及，前景一片良好。

得益于各项配套政策的保障，我国新能源汽车产业得到了前所未有的突破性发展。我国新能源汽车行业拥有了一条涵盖原料供给、电池质量、控制器、车辆设计制造、充电基础设施等各环节的产业链，已经初具产业化规模。2011 年我国新能源汽车产量还只是停留在 8000 万辆的水平，不足汽车总量的 1‰；2014 年新能源汽车产业得到了一定程度的发展，2016 年产量为 51.7 万辆，销量 50.7 万辆，同期相比增幅分别为 52.06%、53.13%。2017 年产量为 82 万辆，占全国汽车总产量的 2.2%。

我国新能源汽车整车制造企业正致力于生产规模的扩张。在乘用车方面，现有比亚迪、吉利、北汽新能源等新能源汽车企业。2017 年我国新能源乘用车的销售量已经达到了 40.9 万辆，比亚迪、吉利、北汽新能源等 10 家企业的乘用车销量共计 32.6 万辆，占比已经超过了 80%。

我国汽车产业具有一定的经济规模，拥有数个配套环节，产业链相对较长，技术资本非常密集，极易发展成为产业集群。新能源汽车行业得到了前所未有的突破性发展，我国新能源汽车现已于长三角、泛珠三角、京津、西南、中部、冀豫鲁六大地区建成了完整的产业集群。

新能源汽车行业正在从导入期向成长期过渡，必然会面临激烈的市场竞争，可能存在一些汽车企业倒闭退市的巨大隐患，因此必须加快由政策向市场推动转化的进程，以及再度完善国家补贴政策。

2015 年 4 月，财政部、科技部、工信部、发改委共同发布《关于 2016 - 2020 年新能源汽车推广应用财政支持政策的通知》，指出 2016～2020 年对新能源汽车推广应用补助政策予以延伸实行，2017～2018 年补贴相较于 2016 年降低了 20%，2019～2020 年降低了 40%。2016 年 12 月，新能源汽车骗补事件被披露之后，相关部门又颁布了《关于调整新能源汽车推广应用财政补贴政策的通知》，要求改进补贴、资金拨付等各种形式、严格把控企业及其产品、建立健全一套严格标准的监管体系，构建高效运转的财政补贴机制，营造一个良好的产业发展环境。

纵观 2017～2020 年政策补贴形势，国家政策补贴逐年萎缩。早期国家政策补贴极大地推动了新能源汽车产业的飞速发展，在其技术性能稳定后逐渐萎缩衰减，也是由市场发展规律的性质决定的，与产业稳健发展需求达成了高度一致，政府仍会对新能源汽车发展予以应有重视。

四、新能源汽车车载电源、电池发展分析

（一）车载电源行业发展情况分析

新能源汽车车载电源主要包含 DC/DC 转换器、车载充电机（OBC）。DC/DC 转换器将能量从高压电池包转移至低压蓄电池中，为汽车的空调、灯光、雨刷、防盗、音响、导航、电动转向、安全气囊、电子仪表、故障诊断

系统等 12 - 48 伏特的低压设备供电。

车载电源产品开发设计最早萌芽于"863"计划，但在 2012 年新能源汽车产业计划、政策推出以及电动汽车技术飞速发展之后，我国企业对车载电源产品的规模化生产才予以了重视。行业发展初期，由于市场需求不足，国外车载电源企业未能深入至新能源汽车这一领域中，我国率先一步从技术、生产等方面对车载电源产品予以研发创新，新能源汽车行业得到了突破性发展，车载电源生产已经具备了产业化特征，同时已经建立了汽车级车载电源产品制造中心。目前国内车载电源行业生产企业都致力于生产规模的扩大、市场份额的占据，以及综合竞争力的提升。

1. 上下游行业的发展现状

上游行业发展现状：该行业的上游产业主要是一些以电子元件、集成电路等主要产品的电子信息制造业。这几年我国的电子信息制造业的发展之势非常迅猛，电子信息制造行业产量与销量均达到了一流的水平，可以满足市场的需求，价格持续降低。2015 年我国规模以上的电子信息产业企业共有 6.08 万家，电子信息制造 1.99 万家，软件信息服务业 4.09 万家。全年销售收入总额达到了 15.4 万亿元，同期相比增幅为 10.4%；电子信息制造业的核心业务利润为 11.1 万亿元，增幅为 7.6%；软件信息技术服务业为 4.3 万亿元，涨幅为 16.6%。

下游行业发展现状：该行业的下游产业主要是指新能源汽车制造业。正处于由市场导入期到快速增长期的过渡阶段，已初具发展规模。2015 年是我国新能源汽车高速增长的阶段，年产量为 34.0 万辆，销量为 33.1 万辆，同期相比增幅分别为 335.90%、341.33%。2016 年产量达到了 51.7 万辆，销量为 50.7 万辆，涨幅为 52.06%、53.13%。

为了使新能源汽车行业持续发展，迈上新的台阶，我国政府做出了一系列的政策改革，如《新建纯电动乘用车企业管理规定》（2015 年）《关于调整新能源汽车推广应用财政补贴政策的通知》（2016 年），新能源汽车将逐渐解决传统汽车污染环境的问题。

2. 车载电源市场前景

按照《节能与新能源汽车产业发展规划（2012 - 2020 年）》，可以大约估计，2020 年新能源汽车生产量将达到 200 万辆，2012～2020 年销售达到 500 万辆左右，大部分企业都将销售目标定在超过 500 万辆，这说明新能源汽车的市场前景十分广阔。

随着"保护环境，建设绿色家园"号召的发出，新能源汽车成为一个热门产业。由于车载电源是新能源汽车的重要零件，许多企业看中了这次机遇，顺应时代快速发展和局势的改变，纷纷加入了车载电源这个行业。车载电源的生产企业有很多，如欣锐科技、外（合）资企业台达电子、法雷奥、科世达、联合电子等，近年来加入这一行业的有核达中远通、威迈斯、杭州富特等。

国内企业发展比较晚，但并不影响国内这一行业的发展。由于善于累积经验，我国克服了在车载电源生产企业和汽车整车厂配套中产生的错误，以及在试运中会出现的故障，使汽车行业质量得到保证，形成了独特的竞争优势。

国内新能源汽车车载电源销售途径主要有三种：第一种是自产自销，自己生产车载电源，自己生产新能源汽车，然后将自己生产的车载电源放入自己生产的新能源汽车中，打造自己专属的品牌。第二种是厂家专门生产车载电源，为整车厂提供关键的零件，这种优点是生产厂家不必担心销售途径，因为专门生产车载电源需要企业事先签预订合同。第三种是由一方采购车载电源，再通过各种渠道销售给整车厂，让他们进行组装。

（二）新能源汽车动力电池行业分析

2017 年我国的新能源汽车产量达到一个历史巅峰值，突破 80 万辆，电池配套量超过 370 亿瓦时，对于车载电源的发展是一个很大的机遇。中国汽车技术研究中心有限公司、大连松下汽车能源有限公司编著的《中国新能源汽车动力电池产业发展报告（2018）》在社会科学文献出版社出版，对于中国市场而言，新能源电池的销售量发展迅猛，各个企业都积极参与竞争，导致动力电池系统销售价格下降。所以通过研判市场销售的状况，可见生产电池将成为未来市场的需求，那么回收电池也将成为一个商业机遇。

1. 行业集中度提升

近年来新能源汽车发展前景良好，对于动力电池来说也是一个很好的机遇，全年总配套量达 373.5 亿瓦时，同比增长 33%。新能源汽车作为动力电池最广的应用方，占所有应用方 38%，其中纯电动乘用车领域所占的比例为 33%。

尽管新能源汽车的销售量在增加，但是与 2016 年的企业对照，2018 年的企业数量减少了 1/3，为什么市场销售这么好还有企业退出？原因只有一个：一些小企业技术落后，不能满足社会需求而被其他企业集团兼并或者直接破产。2018 年仅有 98 家动力电池单体配套企业以及两家燃烧电池企业。现如今配套量超过 1 亿瓦时的企业有 39 家，总配套量为 363.1 亿瓦时的企业占比97%；不足1亿瓦时的企业有59家，同比减少近50%。如今，宁德时代的配套量达到首位，超过了100亿瓦时。2019年的新能源汽车企业数量正在快速提升，与2016年的配套量相比，已经迈上了一个大台阶。

2. 价格逐年下降

新能源汽车发展的市场前景良好，但是发展道路并不是那么平坦。随着技术的成熟、操作步骤的简化、人工时间和成本的降低，销售价格从初入市场的高昂开始逐年下降。市场预测2020年理想状态下可能达到100欧元/千瓦时，面对这个销售价格，各个企业都要认真分析市场的形势，做好相应的政策改变和计划制订。

3. 多元技术并路推进

2017年的动力电池配套呈现多元技术并举的局面。磷酸铁锂电池的主导地位受到三元电池的强势冲击，磷酸铁锂电池全年配套量187.5亿瓦时，占比50%，相较2016年下降了22个百分点。三元电池全年配套量162.2亿瓦时，占比43%，相较2016年提高了20个百分点。锰酸锂电池配套量15.6亿瓦时，占比4%；钛酸锂电池配套量5.7亿瓦时，占比2%；多元复合电池配套量2.3亿瓦时，占比1%；镍氢电池和超级电容器的配套量则相对少很多。

在纯电动客车领域，磷酸铁锂电池仍然是绝对的主力，占比超过90%，其他份额主要为钛酸锂电池和锰酸锂电池；插电式混合动力客车是锰酸锂和磷酸铁锂的共同市场。

在车型产量最高的乘用车领域，无论是插电式混合动力乘用车还是纯电动乘用车，三元材料电池都占据绝对优势地位。由于市场对汽车行驶里程的需求，具有高能量密度优势和发展潜力的三元材料电池将逐步完成对磷酸铁锂电池的替代。此外，在纯电动特种车辆领域，三元电池也是主要的配套电池，特别是纯电动物流车对高行驶里程的需求，促进了三元电池在特种车辆上的配套应用。

4. 前瞻性技术路线清晰

2017年3月国家发改委、财政部、工信部和科技部四部委联合发布了《促进汽车动力电池产业发展行动方案》，提出到2020年，新型锂离子动力电池单体比能量超过300瓦时/千克；系统比能量力争达到260瓦时/千克，到2025年，新体系动力电池技术取得突破性进展，单体比能量达500瓦时/千克。2017年5月，工信部、国家发改委和科技部三部委联合发布的《汽车产业中长期发展规划》再一次提出到2020年，动力电池单体比能量达到300瓦时/千克以上，力争实现350瓦时/千克，系统比能量力争达到260瓦时/千克，到 2025 年，动力电池系统比能量达到 350 瓦时/千克。

从我国制定的电池技术路线来看，具有高能量密度以及高安全特性的固态电池受到全球关注。日本、韩国、欧美等国家的相关研究机构和企业开始发力布局和加速固态电池的研究与开发；中国科学院物理所为代表的研究团队正在积极进行固态电池的产业化工作，目前开发出的阶段性电芯样品能量密度指标接近 350 瓦时/千克。企业方面，赣锋锂业股份有限公司与中国科学院宁波材料所进行合作，推进固态电池的产业化进程。此外，宁德时代、天津力神、中航锂电以及卫蓝新能源等企业也在进行固态电池开发。

5. 回收渠道加快进行

动力电池的生产带动了市场的进步，同时动力电池的回收也是十分关键的步骤。因为新能源汽车的使用宗旨就是为了保护环境，创造绿色生活，所以动力电池回收也是为了减少环境污染。自从 2013 年开始，第一批新能源汽车投入市场后，销量年年增加，截至 2017 年底累计推广新能源汽车 180 多万辆，装配动力电池约 86.9 亿瓦时。各个集团企业通过电池大部分使用情况、寿命使用年限，对自己企业集团生产的电池进行预测估计，推算出 2018 年后市场上的新能源汽车所用电池都将进入退役，这些退役的电池将达到 25.7 万吨左右。

面对迫在眉睫的环境问题，政府把回收动力电池作为解决问题的主要途径，派出专门技术人员对破旧的电池进行研究，争取可以再利用，并且推出了一系列的管理政策，颁布了许多硬性要求，希望能够改善环境问题。在政府管理与市场规律的双重推动下，一些如宁德时代、比亚迪、国轩高科、骆驼股份、中航锂电、华友钴业等电池生产企业和材料生产企业，都向回收新能源汽车电池业务领域进军。

第二节 福建省新能源汽车产业发展现状分析

福建省是新能源汽车产业的重要基地，目前基本建立新能源汽车全产业链体系，形成了超千亿元的产业集群，新能源客车、动力电池、永磁电机等热门产品的销量占全国前列。近几年，福建省顺应时代的进步和市场的发展前景，在以福建省汽车工业集团为龙头的整车企业和宁德时代新能源科技股份有限公司为龙头的零部件企业努力下，对新能源汽车进行创新设计，科学合理地安排管理计划，推动产业高速发展，使之成为福建省先进制造业发展的重要支柱。

一、福建省新能源汽车产业发展特点

福建省作为新能源汽车产业走在前列的省份，提供了全国大部分的新能源汽车产品，整车生产企业7家，专用车1家，每年新能源汽车的产量达到了15万辆左右。2015年福建省新能源汽车生产销量2.3万辆，2016年全省新能源汽车产业实现工业产值212亿元，相比2015年增长了41.3%；2017年推出了新能源车24173辆（公交车4000辆；乘用车16048辆；专用车4125辆），同比增长266.1%，规模在全国处于中上游水平。

（一）新能源汽车产业规模逐渐扩大

福建省整车生产企业有厦门金龙、福州东南汽车、莆田云度汽车、龙岩新龙马、福州新福达、泉州西虎汽车等6家；专用车的生产是龙岩龙马环卫装备股份有限公司。作为汽车生产的大省，每年的汽车产量达到百万辆以上，仅新能源汽车产量就有15万辆左右，并且每年都能推出新能源汽车新产品。

厦门金龙汽车公司研发了从插电式混合动力到纯电动或者是燃料电池的各种车型，以及从大中型客车到轻客以及各类专用车等，形成了自己独特的管理生产网，极大地改变了新能源汽车产品，降低了成本，缩短交工日期。2017年是金龙汽车公司的一个奇迹转折，生产58994辆车，总收入177.36亿元，但是国地补贴等应收款将近58.49亿元，增加财务成本至352.8%，金龙公司收入虽增加了，但利润减少了许多，能否正常营业成为一个重要的问题。

福州东南汽车公司的销售量一直名列前茅，主要原因在于他们公司懂得创新，研发出DX3 BEV系列纯电动汽车，适应了市场需求。2017年汽车产量160147辆，销售量149256辆，新能源汽车的生产值达到了3243辆，销售2417辆。仅2018年上半年这个公司生产56622辆汽车，新能源汽车的生产值达到了4125辆，销售出了3160辆。

龙岩新龙马汽车企业产品主要是纯电动厢式物流车。2017年汽车总产量为14408辆，销售量为12736辆，其中新能源汽车销售量为4199辆，燃油汽车销售量为8537辆。

福建奔驰汽车在2017年生产汽车23983辆，销售22476辆，还未进入新能源汽车领域。2018年董事会已通过VS20商用车国产决议，同时在积极争取引入其他新能源乘用车。

莆田云度新能源汽车以纯电动车为主要技术路线，已投产全新 π1、π3

两款电动汽车,2017 年销售新能源汽车 2496 辆。虽然该公司资产负债率仅45.75%,但考虑巨额无形资产和开发费用,其隐形资产负债率已高达 65%,加之每年 1 亿元研发费用,必将严重影响公司筹资能力,需新增资本金才能维持。据测算,在维持 2017 年经营和财务状况不变情况下,2018 年,盈亏平衡点是 1.5 万辆/年,需增加资本金 10.51 亿元,2019 年,盈亏平衡点是 2 万辆/年,需要增加资本金 14.86 亿元,这还未考虑新增固定资产和研发费用的投入及后补贴时代价格战等因素①。

(二)"三电"系统关键零部件分工协作不断加强

经过多年努力,福建"三电"(电池、电机和电控)系统关键零部件产业链条不断完善。动力电池方面,宁德时代新能源科技股份有限公司经过 5 年多的发展,目前产能 16 亿瓦时,动力电池能量密度、稳定性、可靠性等方面处于全球领先。漳州猛狮新能源科技一期项目已于 2018 年 3 月建成投产,形成 1 亿瓦时产能②。漳州雷天温斯顿、福清冠城瑞闽、南平巨电等锂电池生产企业已形成产能或正在建设。驱动电机方面,厦门钨业立足稀土永磁材料优势,正在加快新能源汽车永磁电机研发,由稀土永磁材料向下游应用技术转型。省汽车集团与宁德时代新能源及亚南电机等合作组建了时代电机,研发生产工作正在加速推进。仙游电机生产的新能源汽车驱动电机具有成本低、性能稳定等优点,已配套金龙、金旅客车。电控系统方面,福州万润新能源研发的纯电动动力总成销售量进入国内同行业前五,并与金龙、金旅、东风、宇通等 22 家国内车企配套。福工动力是省内最早的新能源汽车电控总成供应商,在全国混合动力客车领域有一定知名度。金龙新能源科技开发的电控系统已为整车配套。动力锂电池产业链方面,上游的厦门钨业居全国正极材料第 2 位,其中汽车动力电池三元复合材料居全国第 1 位。福建杉杉科技总投资 12 亿元建设年产 5 万吨负极材料生产线,预计年产值 28 亿元。宁德卓高新材料总投资 10.5 亿元建设隔膜新材料生产线,预计年产值 50 亿元③。下游的微电网及其他领域不断拓展。

(三)新能源汽车关键配套设施加快发展

装备制造方面,福建省星云电子积极开展了技术研发工作,通过创新研究建立了新能源汽车动力电池的模拟仿真测试系统,其电流电压准确度、响应时间等指标达到了国际方面的水准,性能方面可比拟进口产品。车身轻量化,海源机械、南铝、福建坤孚等企业的车身轻量化碳纤维、铝合金、镁合

---

①②③ 《福建省工业和信息化厅》官网。

金等新材料具有一定的规模和优势。充电设备方面,厦门科华恒盛、福建兴华动力等企业的充电设备在电动汽车充电领域得到广泛应用。基础设施方面:2017 全年福建省建设充电站 406 座,充电桩 5012 个。截至 2017 年底,福建省累计建设充电站 1095 座,换电站 4 座,充电桩 18322 个。

二、福建省新能源汽车发展面临的问题与考验

(一)整体市场竞争力有待提升

福建省汽车企业没有重视新能源汽车方面的问题,研发进度较慢,设计出的车型较少,技术方面无法和高水平的企业相比。另外,福建省大多数汽车生产企业的规模较小,只有宁德时代新能源、金龙汽车的规模较大,其他生产新能源车辆以及零件的企业规模都比较小,无法在市场当中提升自身实力。零部件配件体系需要调整,企业生产基地分布不集中,规模有待拓展,这将造成某些零部件制造企业专业性较差,规模较小,无法自主开展研发工作,也不能在零件方面进行自配,产品系列推出速度较慢,无法促进整车产业快速发展。

(二)新能源汽车发展不平衡

2017 年新能源客车和专用车分别在国内效率方面的排名为第 3 名、第 11 名,但是新能源乘用车的排名比较靠后。2017 年,我国乘用车的销售量达到了 57.8 万辆,福建省出售的汽车数量为 2710 辆(涵盖了东南 214 辆、云度 2496 辆),其数量占据整体销量的百分比只有 0.0469‰。可见,福建省在乘用车方面的发展进度较慢。

(三)新能源汽车研发力量不足

研发整车的创新能力较低。在福建省范围内,只有宁德时代新能源动力电池、金龙新能源客车、厦门钨业永磁电机产品能够自主研发各项产品,其他企业技术水平有待提升,研发出的产品无法和技术水平较高的企业相比拟,大部分企业没有重视产品研发工作,不仅没有核心技术,无法推出新车型,也无法在新产品制造方面减少成本。金龙汽车设计研发工作人员的数量共计 1250 人,设计人员比例达到了 8.78%,这家企业的竞争方是宇通客车,竞争对手的设计研发人员共计 3112 人,其人数占比达到了 18%,可见金龙汽车在设计方面的实力无法赶超对手。东南汽车的设计研发人员共计 646 人,研发水平有限。新龙马汽车的研发工作人员共计 102 人,不具备研发新能源汽车的实力。云度汽车的设计研发人员共计 839 人,只能研发出两个款式的车

辆。而比亚迪、上汽集团、长城汽车、吉利汽车、长安汽车、江淮汽车的设计研发人员数量较多，分别为 2.75 万人、2.48 万人、1.79 万人、1.2 万人、0.72 万人、0.52 万人①。当下，汽车行业 3 + N 巨头和各方新势力都投入大量资金参与竞争，由此带来人才的大量聚集。而福建省汽车产业专业性人才匮乏，新能源乘用车方面的发展速度较慢。

（四）发展新能源汽车资金严重不足

通过了解福汽集团未来发展战略能够发现，未来几年在新能源车辆方面的资金投入将逐年增加，总投入将会达到 270.24 亿元。2018～2020 年，福汽集团在新能源汽车方面投入的资金将会达到 56.55 亿元。资金来源方面，福汽集团除了获取了合作方的投资和市场上募集的资金，没有其他资金来源，这会导致企业在资金方面承受较大压力。云度汽车也出现了资金流动性不佳的问题，资金周转的难题一直没有解决，未来发展态势存在不确定性。为加速福建省汽车产业发展，省领导明确指出要设立福建省汽车产业发展基金，但至今尚未落实。同时，国家和地方政府补贴资金申请手续复杂，时间周期长，可能影响企业生产及可持续发展。截至 2018 年 9 月，全省 4 家车企共垫付国补资金 53.48 亿元，地补资金 10.24 亿元。其中云度新能源垫付国补资金 2.33 亿元，地补资金 1.17 亿元；金龙汽车垫付国补资金 47.37 亿元，地补资金 7.97 亿元；新龙马垫付国补资金 2.67 亿元，地补资金 0.96 亿元；东南汽车垫付国补资金 1.11 亿元，地补资金 0.14 亿元。

（五）新能源汽车市场还有待培育

为了确保新能源汽车得到更快发展，应该尽快建立更多的充电桩。政府非常重视充电桩的建设工作，福建省已经建设了 1095 座充电站、4 座换电站、18322 个充电桩，也在高速公路服务区的建设了大量充电站，覆盖率能够达到 90%，然而依然不能满足用户的要求，很多新能源汽车的车主无法在居民住宅区解决充电问题，这都会导致电动汽车将来难以得到进一步发展。同时，个别地市政府对福建省本地汽车品牌支持力度不够，甚至对省外品牌给予了相关排他性优惠政策，使福建省汽车品牌处于不利竞争地位。

三、福建省新能源汽车发展外部环境

当下，国际上新能源汽车已经能够产业化生产，我国政府同样重视此类

---

① 王震坡等：《中国新能源汽车大数据研究报告》，机械工业出版社 2020 年版。

汽车的发展状况，并制定了各项有利政策。

（一）新能源汽车进入快速产业化阶段

传统汽车需要消耗大量能源，排放的尾气也会污染大气环境。为此，全球汽车工业比较发达的国家都制定了节约能源、提升节能排放标准、研发新技术等方面的政策，希望能够促进新能源汽车产业快速发展。近期，新能源汽车产业在技术水平方面不断提升，有效降低成本，产品品质得到保障。2016 年，全世界出售新能源汽车的数量达到了 80 多万辆，我国此类汽车的销售量为 50.7 万辆，这说明我国购买新能源汽车的数量较大。

（二）新能源汽车产业政策力度持续加大

2010 年，我国将新能源汽车产业确定为战略性新兴产业，国务院 2012 年出台《节能与新能源汽车产业发展规划》、2014 年出台《关于加快新能源汽车推广应用的指导意见》，新能源汽车产业开始加速发展。中央扶持政策不断完善，从推广新能源车辆购置补贴政策、政府及公共机构采购、扶持性电价、完善基础设施建设等方面建立全方位政策体系；地方扶持政策也加快落实，资金配套、车辆上牌和使用、基础设施建设及运营等方面的扶持政策不断出台。福建省制定了 3 个节能与新能源汽车扶持政策与措施：《福建省新能源汽车产业发展规划（2017－2020 年)》《关于加快全省新能源汽车推广应用促进产业发展的实施意见》《关于加快充电基础设施建设促进新能源汽车推广应用的实施方案》。

（三）新能源企业产业技术加速突破

近期政府和汽车生产企业非常重视新能源技术的革新性问题，从而促进产业快速发展。新能源汽车产业体系已经建立，配套企业非常重视动力电池、电控系统、驱动电机等方面的生产情况，也都有助于产业进一步发展。产业技术快速提升，整车质量得到提高，各零件的性能更加稳定，成本也在逐步下降。

我国新能源汽车企业取得多方面投资后，可有效拓展发展规模，积极开展技术研发工作。另外国外的新能源产品开始面向中国市场销售、积分制度的实施等都会导致市场当中的竞争力逐步加强，福建省应抢抓新能源汽车发展的历史机遇，制定出有效的未来发展计划以及有利的政策，推动新能源汽车产业快速发展。

第三节 福建省新能源产业发展的思路对策

抓住国家加快发展新能源汽车产业的战略机遇，以整车和动力电池为切入点，积极促进纯电动汽车、插电式（含增程式）混合动力汽车、燃料电池汽车快速发展，推进汽车产业供给侧结构性改革，以质量效益为中心，不断调整福建省汽车产业的技术结构、产品结构、市场结构；打造新能源汽车产业链，提升品牌附加值；不断提升福建省汽车企业的品牌影响力，推动其面向国际化发展，拥有更好发展前景。

一、完善福建省新能源汽车产业的空间布局

（一）打造重点产业基地

1. 立足各地现有优势和未来发展潜力，重点打造新能源汽车产业

（1）福莆宁，以福州、莆田、宁德三个彼此相连的城市为重点区域，围绕东南汽车、福建奔驰和云度新能源等新能源乘用车整车龙头企业，打造福莆宁新能源乘用车基地。推动动力电池领军企业宁德时代新能源，以及其他三电配套企业万润新能源、宁德时代新能源电机、仙游电机等企业就近配套，形成覆盖整车设计生产制造、三电等零部件配套完整的新能源产业链集群。鼓励强强联合，携手共进，打造稳固的新能源产业链联盟，共同竞争国内外市场。

（2）厦漳泉，围绕金龙集团现有生产基地，推动分期、高标准、前瞻性、高技术水平建设龙海新生产研发基地，带动零配件企业共同得到发展。汽车生产企业也要重视生产工艺的改革问题，不断提升产能，重视设计研发工作，不断减少生产成本，提升自身在行业内的竞争时，尽快形成产业集群。另外，也要重视智能网联汽车的设计问题和生产问题，尽快建立相应的汽车基地。

（3）闽西北，围绕新龙马、龙马环卫、海西汽车等龙头企业为核心，在细分产品市场深耕细作，走"专精特优"的发展道路，在纯电动物流车、纯电动货车（含底盘）、环卫车等细分领域扩大品牌影响和竞争力，吸引一批上下游配套企业集聚发展，打造新能源专用车生产基地。

2. 围绕宁德时代新能源等动力电池龙头企业，吸引产业链上下游企业就近配套，建设宁德动力锂电池基地

3. 围绕厦门钨业永磁电机、宁德时代新能源电机、福州万润新能源、星云电子等，培育一批电机、电控及装备和关键核心材料龙头骨干企业

（二）创建新能源汽车特色小镇

规划建设厦门湾智能电动汽车产业小镇项目，拟选址漳州招商局经济开发区，总规划 5 平方公里，打造全球首个无人驾驶汽车小镇。建立智能汽车

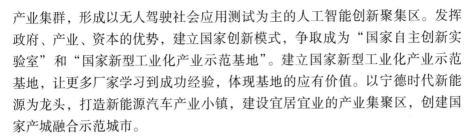

产业集群，形成以无人驾驶社会应用测试为主的人工智能创新聚集区。发挥政府、产业、资本的优势，建立国家创新模式，争取成为"国家自主创新实验室"和"国家新型工业化产业示范基地"。建立国家新型工业化产业示范基地，让更多厂家学习到成功经验，体现基地的应有价值。以宁德时代新能源为龙头，打造新能源汽车产业小镇，建设宜居宜业的产业集聚区，创建国家产城融合示范城市。

（三）组建新能源产业配套集群

发挥新能源汽车整车生产企业的带动作用，鼓励既有的传统汽车产业配套企业往新能源汽车方向转型，着重发展智能化、轻量化、电动化等新能源汽车前端技术的研发和应用，促进福建省配套方面的领军型企业得到更快发展，吸引更多先进的配套企业，建立新能源汽车产业联盟，确保企业积极研发新技术，利用大学资源看一下"产、学、研"项目，分享市场信息和新技术预研方向，做大新能源汽车的终端消费市场。另外，也要重视技术标准的统一性问题，弥补产业链的弱势，借助珠三角和长三角在新能源汽车产业集群方面的优势不断提升自身实力，尽快建立产业配套集群。

二、加快推进福建新能源汽车产业发展的主要对策

（一）提升发展新能源整车产业

依托福建汽车集团，推动"三条龙"和东南、云度、新龙马三大整车厂协同发展。重点突破现有技术，重视新能源汽车系统集成技术方面的研发问题，不断提升车辆性能的稳定性，逐步减少生产成本，研发出满足用户各种需求的新能源客车、轿车、物流车、运动型多功能乘用车等产品。确保新能源汽车能够有效利用互联网以及大数据技术开展管理工作，实时了解国际方面的最新发展情况，研发新型的智能产品。尽快建设福州新能源乘用车、厦门新能源客车及智能网联汽车、宁德动力电池三大研发中心。整车企业产能及销量目标如表6-2所示。

1. 乘用车方面

纯电动乘用车应该关注私家车、网约车、公务车的研发工作。大力开发最高时速大于120千米/小时，综合工况续航里程大于250千米的纯电动乘用车。加快发展插电式混合动力乘用车，同步探索发展燃料电池乘用车。研究整车轻量化材料的应用，着力实现整车耐久性、续航里程、快充性能和电池使用寿命等领域的突破。

表6-2   整车企业产能及销量目标

序号	车企	2016年			2017年			2020年		
		产能(万辆)	销量(万辆)	产值(亿元)	产能(万辆)	销量(万辆)	产值(亿元)	产能(万辆)	销量(万辆)	产值(亿元)
1	金龙汽车（含苏州金龙）	3.50	1.60	100.8	3.50	0.85	44.0	6.0	4.5	330
2	云度汽车	—	—	—	6.50	0.52	6.2	8.0	7.0	100
3	东南汽车	1.00	0.06	0.9	1.00	0.60	8.0	4.0	3.0	45
4	新龙马汽车	5.00	—	—	5.00	1.17	11.7	7.0	6.0	70
5	福建奔驰	—	—	—	—	—	—	6.0	2.5	30
6	海西汽车	—	—	—	—	—	—	0.5	0.3	3
7	新福达汽车	0.50	—	—	0.50	0.10	7.5	0.5	0.2	15
8	其他	—	—	—	—	—	—	—	—	10
	合计	10	1.66	101.70	16.50	3.24	77.4	32.0	23.5	603

资料来源：《福建省新能源汽车产业发展规划（2017-2020）》。

云度汽车加快第三、第四款高端纯电动车的研发，提升品牌定位，抢占国内一二线市场份额。积极研发轻量化材料应用，开发增程式驱动系统，与动力电池企业共同提升产品，有效续航里程、电池循环使用寿命。到2020年，新能源乘用车产能达到8万辆，销售7万辆，实现产值100亿元，并带动省内乘用车零部件产业链发展。

东南汽车加快全新平台纯电动车型的研发，与外部造车新势力共同打造专属的新能源车型，积极储备插电式混合动力技术的研发能力，争取尽早推出插电式混合动力车型，实现多技术路线战略。到2020年，新能源乘用车产能达到4万辆，销售3万辆，实现产值45亿元。

福建奔驰积极导入纯电动车型，增加福建奔驰新能源车型品种，进一步扩大产能规模。到2020年，新能源乘用车产能达到6万辆，销售2.5万辆，实现产值30亿元。

新龙马汽车重点突破纯电动物流车，不断提升产品性能，降低制造成本，增强产品竞争力，并与战略投资者合作，尽快开发或导入纯电动SUV等车型。到2020年，新能源汽车产能达到7万辆，销售6万辆，实现产值70亿元。

2. 商用车方面

新能源汽车应该重视城市公共服务方面的情况，研发出安全性更高，噪声更小，使用时间更长的产品，特别是纯电动公交汽车，不断面向小规模城市发展，同时设计出适合长途运输的油电公交车、气电混合动力公交车。

金龙汽车集团加快推动投资 30 亿元的龙海大中型客车新基地一期项目建设，加强客车整车研发与市场推广，提高品牌影响力和市场竞争力。到 2020 年，新能源客车（含苏州金龙）产能达到 6 万辆，销售 4.5 万辆，实现产值 330 亿元，并带动省内客车零部件产业链发展。

新福达汽车利用其车型类型多的生产资质，结合搬迁改造，引入战略投资者进行重组，进一步扩大产业规模，不断提升企业在行业内的竞争实力。2020 年，新能源客车的保有量将会达到 0.5 万辆，销售 0.2 万辆，实现产值 15 亿元。

3. 专用车方面

重视景点、环卫、电力等方面的需求情况，主要研发满足城市配送要求的物流车辆，也要设计出使用时间更长的纯电动观光车、各项功能齐备的电动环卫车、电力市政工程车。

海西汽车与重庆汽研所、武汉理工大学、福建万润等合作，重点开发纯电动轻卡厢式货车、城市环卫用车、市政用车、港口牵引车和油电混合载货车及纯电动专用车底盘等。到 2020 年，新能源货车产能达到 0.5 万辆，销售 0.3 万辆，实现产值 3 亿元。

龙马环卫以新能源环卫专用车为重点，开发多功能系列环卫专用车型，为城市提供环卫一体化解决方案，向服务型制造拓展延伸。到 2020 年，新能源环卫车辆产销规模达到 1000 辆以上，成为国内新能源环卫车领域的领跑者。

（二）完善新能源关键零部件配套体系

关注金龙、云度、东南的自主"三电"零部件产业以及宁德时代新能源、福建猛狮科技、万润新能源等企业的发展情况，积极推动新能源汽车关键零部件技术创新，提倡各方采用"政产学研用"方式研发产品，确保企业能够研发出核心技术，也要和高等院校以及科研单位建立合作关系，重视设计研发问题，改革动力电池系统、电机系统、整车控制系统。"三电"企业产能及产值目标如表 6 - 3 所示。

1. 动力电池方面

尽快建设完成宁德时代新能源二、三期项目，完善动力电池、储能电池、关键原辅材料等产业链，确保各方都能积极开展投资活动。支持漳州猛狮新能源科技、漳州雷天温斯顿、福清冠城瑞闽、南平巨电及厦门国安达动力电池安全系统等得到进一步发展。2020 年建立全世界规模最大的锂电新能源产业基地，其产值应该达到 700 亿元。

表6-3　　　　　　　　"三电"企业产能及产值目标一览　　　　单位：亿元

序号	三电	企业	2016 年		2017 年		2020 年	
			产能	产值	产能	产值	产能	产值
1	动力电池	宁德时代新能源	8	140.0	18	200.0	70	540
		漳州猛狮	1	0.6	1	1.4	6	50
		温斯顿	—	—	—	—	1	10
		冠城瑞闽	—	—	—	—	6	50
		南平巨电	—	—	—	—	6	50
		小计	9	140.6	19	201.4	89	700
2	驱动电机	厦门钨业	—	—	—	—	—	300（其中新能源汽车电机100亿元）
		时代电机	—	—	—	0.3	—	10
		仙游电机	—	0.4	—	0.5	—	2
		小计	—	0.4	—	0.8	—	312
3	动力总成（含电控系统）	万润	—	3.0	—	5.0	—	50
		福工动力	—	1.0	—	1.5	—	37
		小计	—	4.0	—	6.5	—	87
4	核心材料	厦门钨业	—	—	—	—	—	100
		杉杉科技	—	—	—	—	—	28
		宁德卓高	—	—	—	—	—	50
		海源机械	—	4.0	—	6.0	—	20
		南铝	—	—	—	—	—	10
		福建坤孚	—	—	—	—	—	5
		小计	—	4.0	—	6.0	—	213
	合计			149.0		214.7		1312

资料来源：《福建省新能源汽车产业发展规划（2017-2020）》。

2. 电机方面

支持厦门钨业稀土永磁材料向下游应用技术延伸，大力发展车用永磁电机产业。推动省汽车集团与宁德时代新能源及亚南电机合作布局驱动电机项目；支持仙游电机等新能源车用驱动电机企业研发新能源车用驱动电机。到

2020 年，实现产值 312 亿元。

3. 动力总成（含电控系统）方面

重点支持万润新能源、福工动力新能源汽车动力总成（含电控系统）等发展，配套国内外车企。到 2020 年，实现产值 87 亿元以上。

4. 核心材料方面

支持以海源机械、南铝为龙头的先进轻量化材料企业在碳纤维车身、铝合金车身应用技术方面的突破，为新能源汽车减重、降耗做好强大的技术储备。在动力电池原材料方面，加快推进厦门钨业动力电池正极材料、福建杉杉科技动力电池负极材料、宁德卓高动力电池隔膜新材料等项目建设。到 2020 年，实现产值 213 亿元。

5. 其他配套方面

装备制造有福建星云电子自主研发的用于新能源汽车动力电池实际工况模拟仿真测试系统，到 2020 年，实现产值 70 亿元以上。充电设备有厦门科华恒盛、福建兴华动力等企业充电设备，到 2020 年，实现产值 20 亿元以上（如表 6 - 4 所示）。

表 6 - 4 其他配套企业产值目标

序号	其他配套	企业	2016 年产值（亿元）	2017 年产值（亿元）	2020 年产值（亿元）
1	装备制造	星云电子	2.3	6	70
2	充电设备	科华恒盛	—	—	13
		兴华动力	—	—	7
		小计	—	—	20
合计			2.3	6	90

（三）加大新能源汽车推广应用

以政府示范及社会用车的先行效应，扩大社会新能源车辆保有量，带动私人购买，并利用官方传媒资源动员民众绿色出行，宣传福建省内自主新能源汽车品牌。2017～2020 年，福建全省推广新能源汽车数量占全省新增及更新的汽车总量比例不低于 2%、3%、4%、5%。

1. 重视公交车辆、景点、政府部门、公共机构方面的新能源汽车应用问题

2020 年将会在公交方面选用更多新能源车辆，陆续将传统燃料车辆逐步更换为新能源车辆；福建省内达到一定级别的旅游景点在更换车辆时必须选用新能源车辆。政府机关、国有企业、环卫部门、邮政部门、机场更换车辆

时也必须更换新能源车辆。另外，巡游出租车和网约车也应该跟进时代发展进程，提倡各方尽快采用新能源车辆。

2. 提倡企业以及居民都能够选购新能源车辆

已购买新能源汽车的用户，政府会提供一定补贴，而且不限行。另外提倡企业的办公用车和通勤车辆都更换为新能源汽车。鼓励新增及更新巡游出租车和网约车使用纯电动汽车。

（四）加快建设新能源汽车充电设施网络

按照充电基础设施"十三五"规划积极开展各项工作。2020年，充换电基础设备应满足新能源汽车用户的基本需求。

1. 建设新能源汽车充电网络

2020年，建设充电基础设施体系，确保今后用户能够便利地充电，城市核心区公共充电的服务范围应该不超过2公里。

2. 强化规划配套

制定城乡规划时应该关注换电设施建设、配套电网的建设问题，也要制定出相应的管理方法，并抓好组织实施。

3. 引导多方投入

支持国家电网公司建设充电基础设施，在京台、沈海、福银等高速公路福建段服务区建设200个新能源汽车快充站。提倡社会各界人士以及国内企业都能够关注福建省新能源充电设备的建设问题，共同开展营运工作。

（五）加快技术研发创新

1. 重视自动驾驶技术的发展问题

关注新能源汽车各等级的制度驾驶技术研发工作，也要确定提供限定区域，尽快构建完善的车端智能互联网，为用户提供车联网增值服务，让用户更乐于购买车联网服务。

2. 新能源汽车制造方面应该面向智能化方面发展

新能源汽车生产厂家都应该重视产品品质的提升问题，共同研究技术方面的难题，积极开展转型发展工作，不断提升新能源技术方面的技术水平。

3. 建立省级新能源汽车运行监控平台

重视平台的建设情况，关注新能源车辆的安全驾驶状况、剩余电量等多方面情况，确保平台能够有效了解公共领域方面的新能源是否在驱动电机、动力电池等方面出现了问题，也要体现出监控系统的预警功能。增强平台功能，将公共充电站（桩）纳入平台监控管理系统当中，确保数据能够和国家数据库连接。

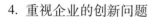

4. 重视企业的创新问题

鼓励企业在国内采用收购的方式入股有优势的企业，尽快建立专业性更强的研发中心。推动福建省产品质量检验研究院、厦门大学新能源汽车动力电源技术国家地方联合工程实验室、福建省汽车电子与电驱动技术重点实验室、福建省新能源汽车运行数据中心、漳州招商局开发区智能网联汽车驾驶测试实验室五大创新公共服务平台和福州乘用车整车和电池管理及驱动电控系统研发中心、厦门客车整车和电池系统及智能网联配套关键产品研发中心、宁德动力电池系统研发中心三大研发中心建设。

（六）鼓励模式创新

首先，鼓励社会各界面向新能源汽车发展进行投资，并积极参加充电设备的建设工作和运营工作，有效回收电池。重视融资方面的改革问题，调整公共汽车、出租车、公共用车的原有运营模式，采用新能源汽车 PPP 运营模式，提倡个人用户采用整车租赁等模式。统一收取充电费、服务费、停车费，并享受一定优惠，鼓励个人充电桩提供其他人使用，可采用众筹的模式铺设城乡区域的新能源汽车充电网络。

其次，尽快搭建智能服务平台。重视"互联网＋智能汽车＋充电设施"建设工作，提倡服务方面体现出智能性，展现出运营方面的高效率，满足用户的多方面需求，确保用户给予更高认可。让电动车辆与智能电网高效传输信息，借助大数据等多项技术提供导航服务、充电预约服务等，并逐步推出多项业务。

最后，完善行业协同合作体制机制。推进整车企业与战略供应商伙伴共享流程、决策、作业程序和数据，共同攻关技术瓶颈、开发产品和技术，带动产品升级、成本降低，形成全产业链竞争优势。提升零部件生产制造模块化、通用化和标准化水平，促进零部件企业成为整车产业技术创新的主要力量。发展零部件开发技术，推动零部件企业与整车企业共同协调发展。

第七章

福建省石墨烯产业高质量发展研究

第一节　推动新材料产业高质量发展的重要意义

"一代材料，一代装备，一代产业"①。无论是推进大飞机、高铁和新能源汽车等重大工程，还是支撑平板显示、电子信息和节能环保等产业发展，都离不开关键材料的突破。毫不夸张地说，工业的发展是与材料密不可分的，只有高质量、高性能的材料，才能够满足工业的需求，才能把设计的图纸转变为实际的产品。虽然目前自动、智能等技术快速发展，但这一切都是建立在关键性材料的基础上，如何突破关键材料，则是当前工业发展的一道难题。

一、我国新材料产业发展现状及问题

工业本身涵盖了众多的领域，这也使得其对应的新材料也存在着多样化的特征，市场需求空间非常大，这也是全球高新技术在发展过程中重点关注的。目前我国经济总量已跃居全球第二位，新材料早已成为我国七大战略新兴产业之一，近年来我国陆续出台了一系列促进新材料产业发展的政策，产业发展取得了长足进步，创新成果不断涌现，整体实力大幅提升。

（一）发展现状

从产业规模来看：最近几年中国新材料产业获得了较大的发展，围绕着新材料而产生的新技术也实现了较大的突破，新材料的产值规模呈现出持续扩大的趋势，以技术创新为驱动，初步构建了新材料产业链。据《中国新材

① 工业和信息化部副部长辛国斌在"核能材料产业发展联盟"成立大会上的讲话。

料行业市场前瞻与投资战略规划分析报告》披露的数据，我国新材料的产业总产值，在 2010 年只有 0.6 万亿元，2017 年就超过了 2.6 万亿元，这 7 年间新材料产业正以超 24% 的年均增速稳步发展。随着我国进一步加大在新材料领域的投入，特别是在相关政策以及发展规划的推动下，到 2020 年，中国新材料产业总值将超过 6 万亿元（如图 7-1 所示），预计到 2025 年，新材料的产业总值将会进一步突破 10 万亿元，到 2035 年，围绕着稀土、储能、光伏、超硬等类型的新材料，其产值将跃居全球前列，而这些新材料领域的发展，将会为我国尖高端领域的发展提供强有力的支持。

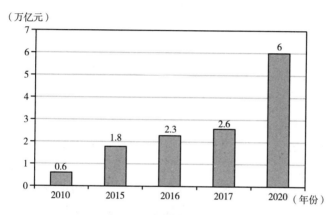

图 7-1　2010～2020 年我国新材料产业总产值统计情况及预测

资料来源：国家统计局。

从创新能力来看：创新成果不断涌现，填补国内空白。中国在超材料、超导材料、石墨烯、液态金属等前沿领域的新材料研制取得重要进展。大直径硅材料在几何参数、颗粒、杂质等控制技术方面不断完善；人工晶体材料经过多年的发展，偏硼酸钡（BBO）和三硼酸锂（LBO）等紫外非线性光学晶体研究居国际领先水平并实现了商品化；氟硼铍酸钾（KBBF）晶体是国际上唯一可实用的深紫外非线性光学晶体，并在我国首先制备成功先进的科学仪器；太阳能电池关键技术指标达到了国际先进水平，光伏发电成本降到 1 元/千瓦时以下；锂离子电池正极材料、负极材料、电解液均能满足小型电池要求，隔膜、电解质锂盐等关键材料基本改变了依靠进口的局面；通过开展超高分子量聚乙烯纤维、卤化丁基橡胶以及高性能驱油聚合物等技术的工业化开发，大幅缩小了我国化工材料产业与发达国家的差距；低成本石墨烯已开始生产，并大规模应用于触摸屏、导热膜等信息通信器件。

在产业结构上，在国家和地方政策的积极支持下，目前在北京、天津、宁波、深圳等地业已建立起相对完整的产业集群，全国与新材料相关的建设基地的数量上已达到了 48 个，新材料产业的发展已呈现出产业化、集聚化等特征。在区域上，东部呈现高集聚状态，而中西部呈现高特色化状态。从全国来看，长江三角洲（以下简称"长三角"）在新材料产业集群的领域上，重点在航空航天、电子信息、新型化工等，这也得益于长三角本身在工业、交通、物流、配套设施等方面的建设完备性。珠江三角洲（以下简称"珠三角"）的对外贸易发展强劲，而其新材料也呈现出高度的集群化，上下游企业之间的联动更充分，构建起新材料的产业链条，具体来说，珠三角新材料重点体现在电子信息、改性工程塑料、陶瓷材料等方面。环渤海地区以技术作为新材料的发展驱动力，重点在稀土、硅、高技术陶瓷、磁性材料、特种纤维等领域的新材料发展。从部分省、区、市来看，内蒙古重点发展与稀土相关的新材料，云南、贵州重点发展稀贵金属，广西重点发展有色金属，宁波重点发展钕铁硼永磁材料，天津、青岛和广州重点突出了化式领域的新材料，西安、湖南长株潭、陕西宝鸡、山东威海等把新材料的发展重点放在航空航天、能源等领域，河南洛阳、江苏徐州等地则把重点放在了多晶硅等领域。

在新材料的应用上，在新材料相关技术的推动下，其应用的范围越来越广。一方面新材料为传统的能源、资源、信息等领域的技术发展和应用提供了新的空间，另一方面新材料也极大地满足了重大工程、国防等方面的建设需要。在部分领域的新材料保障能力方面，化工领域保障度超过了 63%。而高强度、高韧性钢材的保障度超过了 90%。而在研究海水淡化方面，随着新型膜材料技术的应用，已经能够满足我国沿海地区对淡化海水的使用需要。在目前的全球竞争中，新材料及其技术的竞争已成为高新技术发展的关键，特别是特殊钢、有色金属、碳纤维、复合材料等高性能的新材料技术，已成为有效推动我国在航天、探月、超高压电力输送、高铁、海洋石油钻探等领域的突破和发展。

（二）存在的问题

最近几年中国新材料产业的迅速发展，主要是得益于国家正确的产业政策。20 世纪末国家就明确对新材料产业发展给予重点扶持。进入 21 世纪，尤其是美国次贷危机之后，随着技术革命和产业革命持续而快速地进行，中国通过一系列积极的政策来有效地推动新材料产业的发展。在"十二五"规划中，为了更大程度地促进新材料产业的发展，国家制定了《"十二五"国家战略性新兴产业发展规划》和《新材料产业"十二五"发展规划》，围绕着发展规划，国家有关部委也积极地出台了利于新材料产业发展的战略规划和具体的措施（如表7-1所示）。科技部通过制定与新材料相关的专项发展计划，为新材料技术、应用等营造有利的环境，这些计划包括绿色材料、半导体、绿色建筑、清洁型新能源、海水淡化新材料、电子信息和网络技术、云计算、医学、智能机器人、高铁技术、智能制造、以太阳能和风电为代表的新能源、智能化电网等工程，在这些工程中，都是需要新材料技术的支持，同样随着这些工程的发展，也将进一步推动新材料技术在更广阔领域的应用。

表7-1 　　　　　　　我国与新材料产业相关的发展规划

年份	发展计划	涉及新材料相关领域
2010	《国务院关于加快培育和发展战略性新兴产业的决定》	高性能复合材料、先进结构材料、新型功能材料
2011	《当前优先发展的高技术产业化重点领域指南（2011年度）》	纳米材料、核工程用特种材料、特种纤维材料、膜材料及组件、特种功能材料、稀土材料等
2011	《国家"十二五"科学和技术发展规划》	新型功能与智能材料、先进结构与复合材料、纳米材料、新型电子功能材料、高温合金材料、高性能纤维及复合材料、先进稀土材料等
2012	《新材料产业"十二五"发展规划》《半导体照明科技发展"十二五"专项规划》《高品质特殊钢科技发展"十二五"专项规划》《高性能膜材料科技发展"十二五"专项规划》《医疗器械科技产业"十二五"专项规划》《节能与新能源汽车产业发展规划（2012-2020年）》《有色金属工业"十二五"发展规划》等	特种金属功能材料、高端金属结构材料、先进高分子材料、新型无机非金属材料、高性能复合材料、前沿新材料、半导体照明材料、高品质特殊钢材料、新型轻质合金、膜材料、生物医用材料、锂离子动力电池材料
2013	国务院《国家集成电路产业发展推进纲要》《能源发展"十二五"规划》《关于加快发展节能环保产业的意见》《大气污染防治行动计划》《国务院关于促进光伏产业健康发展的若干意见》	大尺寸硅、光刻胶等集成电路关键材料、太阳能电池材料、锂离子动力电池材料
2014	《关于加快新能源汽车推广应用的指导意见》《关键材料升级换代工程实施方案》	锂离子动力电池材料，信息功能材料、海洋工程材料、节能环保材料、先进轨道交通材料
2015	《中国制造2025》	特种金属功能材料、高性能结构材料、功能性高分子材料、特种无机非金属材料和先进复合材料

年份	发展计划	涉及新材料相关领域
2016	《关于加快新材料产业创新发展的指导意见》 《"十三五"国家战略性新兴产业发展规划》 《新材料产业发展指南》	先进基础材料：高品质钢铁材料、新型轻合金材料、工业陶瓷及功能玻璃材料等； 关键战略材料：耐高温及耐蚀合金、高性能纤维及复合材料、先进半导体材料、生物医用材料等； 前沿材料：石墨烯、增材制造材料、智能材料、超材料等
2017	《新材料关键技术产业化实施方案》	新一代锂离子电池用特种化学品、电子气体、光刻胶、高纯试剂等高端专用化学品
2018	《关于印发国家新材料产业资源共享平台建设方案的通知》	关键战略材料和前沿新材料等重点领域和新材料产业链各关键环节

资料来源：作者根据相关文件整理。

在国家产业政策的推动下，我国新材料产业取得了长足的进步，在墨子"传信"、神舟飞天、高铁飞奔、"天眼"探空、北斗组网、超算"发威"、大飞机首飞、集成电路等创新上呈跨越式发展，新材料已成为我国"工业强基"的四大支柱之一。但目前中国在芯片、飞机发动机、超精密机床、新材料、生物医药、OLED 面板等核心科技领域上依旧受制于人。如当前我国钢铁生产规模已居于全球首位，但特种钢材的产量却严重不足；我国高铁迅猛发展，但在核心元器件如控制系统上却来自西门子；中国圆珠笔产量世界第一，仍做不出圆珠笔芯的滚珠；我国计算机生产量全球保有量第一，但计算机的核心元件 CPU 等却来自英特尔和 AMD；我国汽车市场名列世界前茅，汽车发动机仍受制于人；我国医药市场全球第二，创新药仅占全球 6%，94%以上为仿制药等。目前我国新材料产业仍处于培育发展阶段，同发达国家相比，不仅总体创新度较低，而且在全球市场中也缺乏强竞争力。据国家工业和信息部于 2017 年发布的核心新材料中，近 1/3 处于缺失状态，有超过一半是需要进口才能满足市场需要，而高端领域的芯片自给率不到 5%，智能处理器超七成都是需要国外进口的；我国与外国产生贸易争端，有一大半都是因为新材料技术。缺乏关键性的核心技术，高尖端产品过少，而低端产品过多，这也使得产品本身的性能不突出，与新材料相关的技术研究、应用等存在脱节现象，总体的创新能力过低，缺乏完整和规范的创新机制，极大的束缚了我国新材料产业的发展。

1. 总体规划和区域协调不足，存在低端产品产能过剩现象

虽然说目前我国新材料发展取得了较大的发展，但是在总体规划和区域

协调等方面还存在着比较大的问题，没有从顶层的角度来进行合理化的设计，缺乏有效、精准的定位，不同区域存在着较大的发展同质化。同时，在产业链的协调与配合上，也存在着严重的分离化，上游产品严重过剩、产品不符合下游产品的要求。此外，市场投资也存在盲目性，会进一步分化产业链，导致更为严重的过剩，进而会影响整个产业的发展。

2. 技术创新低下，高端产品自给率不高

对于绝大部分企业来说，自主创新程度较低，仿制类产品居多，而在产品的核心技术上仍然依赖于其他企业。一般来说，同一产业在核心技术上存在着高度的共性特征，这是推动产业整体创新力提高的关键。然而，目前基于行业的角度而实施的创新活动基本上还不存在；同时，市场还没有发挥出应有的资源配置作用，投入、技术研发之间不匹配，降低了企业的原始创新能力。自主知识产权体系也是技术创新的关键，但在新材料上我国还没有建立相对应的体系；还没有基于国家、行业等角度来建立相应、统一的标准、规范和工艺等；共享数据库还处于建设的初期。对于多数企业而言，正是由于自主创新力低下，使得企业的经营大多无法摆脱"引进"式生产的束缚，产品的"创造"力十分低下，无法真正地进入尖、高端领域，这也是新材料产业发展上的一大难题。

3. 缺乏高联动性的产业链发展格局

虽然近年来我国不断地加大对新材料领域在资金、政策等方面的支持力度，但这些积极的措施并没有在新材料领域的产业结构上发挥出应有的作用，也没能有效地推动新材料产业链的发展。新材料产业更多的是依赖资金投入，而国家相关的资金大多数用于国企、科研院所等机构，而对于民营企业来说，难以获得充足的发展资金。同时，目前市场上的新材料领域的企业大多为中小型企业，企业数量众多，投资的领域不集中，技术转化低下，并且中下游新材料类的企业较多，难以从产业链的角度来提升产业链内部的资源整合。

4. 相关政策滞后，无法对新材料产业起到有效的保障作用

一般来说，新材料从技术到产品需要相当长的时间。我国在新材料技术上也存在着原始创新，但由于缺乏高效的转化，使国外相关的产品往往要领先于国内。推动科技成果转化，既需要科研院所的研究方向与市场需求高度契合，也要有足够的资金来支撑。同时要建立科研院所与企业之间足够的信任度，平衡好各方的利益实现共赢，形成创新端和产业端良性互动。对于开发风险较大的项目，需要资金保障机制的支持。目前我国还没有建立相对完整的投资、融资体系，无法满足新材料技术的创新和应用的需要。要借鉴发

达国家"研发一批、储备一批、应用一批"的材料先行战略,加强基础研究,提高产用结合和要素联动,从而改变新材料产业发展长期滞后于装备制造的"等米下锅"等尴尬局面。

二、推动新材料产业高质量发展的战略意义

(一)新材料是各国科技经济抢占竞争制高点的重要基础

新材料必然对应的新技术、新领域。近几十年来,计算机、电子信息等得到了飞速的发展,而保障其发展的关键就是半导体材料技术的发展。以电子信息产业为依托,不仅促进了电子信息产业本身的发展,更成为国家信息工程、其他产业领域发展的重要基础;而激光和光导纤维材料技术的发展,正在把人类带入光通信的时代。生产材料越好,物质生产层次必然越高,这是铁的规律。人类技术进步、产业升级和生活质量提高,其重要的基础条件之一就是生产材料的进步。纵观历史,每一次产业革命之前,都必然有一场生产材料革命。新材料的出现推动物质资料生产发生质的跃升。由此观之,在某种意义上,材料产业发展水平对提高一个经济体的生产力有着重大的影响。

正是意识到了发展新材料的意义所在,2008年金融危机以来,美国、欧洲、日本等发达国家和地区将新材料作为抢占新一轮国际科技经济竞争的制高点。发达国家纷纷制定了与新材料相关的产业发展战略,推动本国新材料创新步伐加快,大力促进新材料产业发展。我国正由制造大国向制造强国转变,从《中国制造2025》规划来看,制造业转型升级、装备材料国产化提升是未来发展的关键。新材料是全球各国战略竞争的焦点,是实现高新技术突破、跨越式发展的强有力支撑,是高端制造的重要保障。

(二)新材料是制造业转型升级的基础性和支柱性战略产业

材料是人类物质生活的基础,随着现代社会经济的发展,新材料不仅是经济社会发展不可缺少的部分,也是推动技术进步、工业发展的关键性内容。我国经济稳步增长,居民收入水平不断提升,消费能力不断增强,下游市场发展逐步成熟以及制造业品牌快速崛起,消费电子、家电、汽车等行业的市场规模不断扩张,带动上游零部件及材料市场需求快速增长,为新材料产业的发展奠定了坚实基础。在此机遇下,作为战略性新兴产业的重点发展领域之一,新材料是整个制造业转型升级的产业基础。石墨烯、纳米、超导等新材料正在世界范围内引领新一轮的科技革命与产业变革。

我国当前经济的发展依赖于总量的增长，而经济产业结构的调整和转型基础还比较薄弱，这会影响市场资源的调配，使我国面临着经济增长的巨大压力。在保护生态环境日益受到社会重视的当下，新型清洁型能源、新材料、先进制造等面临着如何与资源、能源和环境协调发展的问题。习近平总书记指出，要不断地加大供给侧改革，重点发展绿色、可持续、环保等领域的发展，走资源节约型的发展之路。当今，绝大部分的工业领域以及技术，都更多朝向环保、健康、绿色、可持续、低碳节能等领域发展[1]。因此，只有不断加大创新的力度，才能真正地实现产业的突破，也才能构建更为和谐的生态文明经济。倡导以创新、技术进步引领发展，而新材料产业正是高新技术产业的基础和先导，这也是建设现代绿色经济、绿色产业、绿色生态的前提。

三、培育我国新材料产业高质量发展的方向

有力推动新材料向高水平的方向发展，加速新材料重大技术突破，选取对国民经济、国防发展等有重大影响的应用产业或领域，通过政策的引导，为产业的发展提供有利的条件，加大产业的转型和升级，为经济的可持续发展提供充足的动力。

（一）基础材料须转型升级

实体经济获得发展的一个前提就是需要基础材料产业的支撑，虽然我国在基础材料的总产量上已领先于全球各国，但还存在着严重的过剩、低附加值、结构不合理等问题，因此，要满足经济发展的需要，就必须推动基础材料向着高尖端化、功能化、差异化等方面转变，要加快基础材料产业结构的转型与升级。

先进基础材料有着适用性强、规模产量大等特点，如钢铁、建材、轻工、纺织、石化等基础材料中有着先进技术的新材料部分，而这一部分对保障我国经济、国防等方面的发展，起到了决定性的作用。所以，在发展先进基础材料时，要重点强化钢铁、建材、轻工、纺织、石化等领域中的先进基础材料部分。

（二）关键工程战略材料须转向高端、加大国产化比重

在国民经济发展以及重大工程建设上，高端新材料的需求量将更大。从

---

① 任理轩. 坚持绿色发展（深入学习贯彻习近平同志系列重要讲话精神）—"五大发展理念"解读之三［J］. 人民日报，2015（7）.

战略的角度来看，关键材料主要有高端装备用特种合金、高性能分离膜材料、高性能纤维及其复合材料、新型能源材料、电子陶瓷和人工晶体、生物医用材料、稀土功能材料、先进半导体材料、新型显示材料等高性能新材料，这些关键战略新材料关乎海洋工程、轨道交通、舰船车辆、核电、航空发动机、航天装备等方面的发展，同时，关键战略新材料也是为国家实施重大战略工程如智能制造、新能源、电动汽车、智能电网、环境治理、医疗卫生、新一代信息技术和国防尖端技术等提供支持的关键性材料。然而，在国家统计的一百多种关键材料里，能满足我国需要的自给材料不到一半，并且这一半还存在技术不完善的问题，关键材料的供给大多被国外所控制。

由此，必须加大我国关键战略材料的投入和建设力度，重点发展：一是特殊特种合金；二是膜材料中的高尖端类型；三是先进纤维和复合材料。除此之外，还需要加大在新能源、新生物医药、晶体、稀土、先进半导体、先进显示等材料方面技术的突破。

（三）以战略高度加大高尖端材料的投入

技术的进步有赖于关键性高尖端技术和材料的出现和应用，而这又是推动制造业向高端转变的主要力量，并会由此带动产业向着多元化的方向发展。然而，目前国外在高尖端新材料技术上占据着绝对的优势地位，主要体现在大尺寸硅片、新型显示材料、远红外探测材料、中红外激光晶体、特种光纤等光/微电子材料等，现代航空、高铁、汽车等交通业的高温合金、轻合金、碳纤维增强树脂基复合材料等。在具有引领性的高尖端新材料上，我国缺乏原始创造的能力，特别是 3D 打印材料、超导材料、智能仿生与超材料、石墨烯等领域，因此，需要从战略的高度，来加大相关知识产权布局和技术的创新应用。

第二节 福建省石墨烯产业的现状基础

石墨烯是一种新型的二维纳米材料，被称为"黑金""新材料之王"，有着出色的物理、化学等方面的性能，在电子、生物医药、光学、传感器、储能等方面有着非常广阔的应用前景，石墨烯的发现引起了新材料领域的一次革命，极大地突破了原有材料领域的范围，为新材料领域的变革提供了有利的先机。据《2017 全球石墨烯产业研究报告》预计，全球石墨烯的市场规模将会在 2020 年超过千亿元。根据当前石墨烯产业在全球布局以及市场的发展来看，这一领域将在未来几十年后形成产值达万亿的庞大的全球市场，随着石墨烯技术和应用的发展，以石墨烯为纽带而形成的上、下游产业链，将会进一步提升石墨烯产业整体市场的发展规模，带来更高的应用价值。

一、国内外石墨烯产业发展的背景概况

（一）国外石墨烯产业的发展概况

作为一种独特的纳米材料，石墨烯特殊的结构使其拥有薄、硬、透明、导电、柔性等特点。它对电子设备的影响是革命性的，随着技术研究的深入，必然会大规模地应用于市场，并在带动相关产业技术进步、加快传统产业转型升级、推动供给侧结构性改革、培育经济发展新动能方面具有重要意义。主要表现为以下两个特点：

一是各国竞相抢占产业制高点。石墨烯将会在未来得到大规模的应用，产业的发展潜力也是巨大的，而当前全球的石墨烯产业均处于初创期，是各国积极进行布局的最适宜时机。因此，大多数发达国家都十分重视石墨烯产业的发展，通过政策、资金、技术的投入，争取获得原创技术。

全球已有 80 多个国家投入石墨烯的研发和生产。早在 2010 年，美国就推出了高达 45 亿美元的原创技术支持计划，而欧洲则提出自 2013 年以年均 10 亿欧元投资的规模，来加大对石墨烯的研究，并构建相应的标准体系；日本 5 年投入的石墨烯研发费用超过了 9 亿元，韩国自 2012 年起，六年内投入了 2.5 亿美元在高端技术领域①。目前，美国、日本、中国在石墨烯领域的研究已处于全球的领先地位，部分企业在石墨烯关键技术的研发上也已实现了突破，这些企业主要有英特尔、IBM、陶氏化学、通用、杜邦、施乐、三星、洛克希德·马丁、波音、索尼、华为等科技巨头。

二是正处于概念导入期、产业化突破前期。一项技术转化到应用并形成产品，大多要经历研发、小试、中试、示范工厂、批量化生产五个阶段。而对于这五个阶段来说，不能省去任何一个阶段，并且任何一个阶段都存在着巨大的风险，这也使得技术转化到应用往往需要 10 年、20 年，甚至更久。例如，硅材料从研发到应用就用了二十多年，而碳纤维前后则用了五六十年。依据 Gartner 曲线来分析，目前石墨烯产业还处于发展前期的导入期和产业化发展的初始阶段。对于当前石墨烯产业的应用情况来看，大多数还只是低附加

---

① 万勇. 国外石墨烯研发政策概览［J］. 新材料产业，2014（11）.

值、低端性的产品，即使是处于产业化的发展状态，也呈现出技术要求不高，产业规模有限的特征。在微电子、显示屏等高尖端、高附加值领域的石墨烯，还处于技术的研发或小试、中试阶段，离批量化生产还需要较长的时间。

（二）我国石墨烯产业应用与发展态势

我国在石墨烯材料领域与国际先进水平处于同一起跑线，产业规模也在持续扩大，应用领域不断拓宽。我国政府高度重视石墨烯产业发展，党和国家领导人多次考察石墨烯企业及相关研究机构，《中国制造2025》将石墨烯列为前沿新材料，有关部门也出台了相关的意见，石墨烯已经正式成为十三五计划中的重要内容。中国经济信息社发布的《中国石墨烯发展年度报告》显示，2016年开始，我国的石墨烯企业数量有了很大的增加，每年都会新增石墨烯企业700家以上，而且有43%的企业是研发型的。很多企业都是进行了资源共享，合力进入下游应用领域。石墨烯技术也越来越生活化，被更多的应用到与生活相关的领域。国家也出台了很多的政策和规划，就是为了更好地引导和扶持石墨烯产业的发展。企业、高校以及科研机构之间的合作越发紧密和深入，不少有影响力的品牌也已经出现。作为新材料，石墨烯已经表现出了传统材料所没有的优势，促进国家新经济发展。

1. 研发成果数量稳步增长

近些年来，石墨烯相关理论技术的研究逐步受到了学者们的重视，专利论文无论是数量和质量都有很大的提升。如图7-2所示，我们可以发现，在2004年，我国已经开始了对石墨烯专利申请的受理，虽然这个时候的申请数

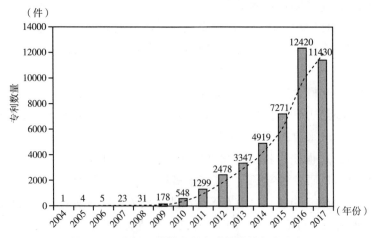

图7-2 中国石墨烯专利申请数量的年度分布

资料来源：据前瞻研究院发布的《中国石墨烯行业战略规划和企业战略咨询报告》。

量还不多，但是从 2009 年开始，这个数值就呈现出了快速增长的趋势。政府、科研单位、高校以及企业都表现出了对石墨烯产品、技术的重视，国内也掀起了一波石墨烯相关产品和技术的研发高潮。在专利申请数量上，2015年，我国就占到了世界总量的 1/3，到 2016 年，这一数值迅猛增加，2017年，我国的石墨烯专利申请数量几乎占到了全世界石墨烯专利申请数量的一半。从技术方向上来看，我国所申请的石墨烯相关专利基本上主要集中在原材料生产加工技术、下游应用领域等方面。

2. 产业规模逐步扩大

石墨烯产业近年来已经表现出了很强劲的发展势头，据前瞻研究院发布的《中国石墨烯行业战略规划和企业战略咨询报告》显示，2015 年的时候，我国石墨烯产业市场规模只有 6 亿元，但是到 2017 年，仅仅两年的时间，市场规模已经达到了 70 亿元，只是在新能源领域的应用，就有 50 亿元。其中 8亿元的规模是来自石墨烯涂料，还有 5 亿元是来自石墨烯复合材料，有 1 亿元是来自电子信息领域和环保领域。在未来，随着石墨烯技术的提高，下游应用领域也会不断扩大，产业发展也必然更上一层楼。到 2020 年，我国石墨烯产业的市场规模或超过百亿元。

截至 2017 年底，我国在石墨烯产业进行了布局的企业已经有 4871 家（如图 7-3 所示），经全球石墨烯产业战略研究院（CGIA Research）筛选，在这么多的企业中，真正拥有石墨烯业务的企业，差不多是 2600 家，有接近 1500 家企业是从事石墨烯产品的销售、项目的投资、技术服务方面，另外还有 217 家主要进行石墨烯技术研发，有 340 家主要进行石墨烯产品制

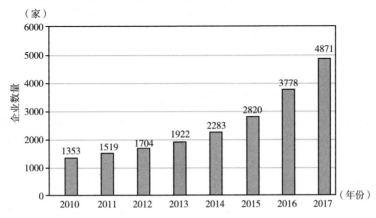

图 7-3　2010～2017 年石墨烯单位数量增长趋势

资料来源：CGIA Research 整理。

备,剩下的基本上都是布局在石墨烯产业链下游的,也就是石墨烯产品的应用领域。

3. 全产业链体系基本建立

与其他产业一样,石墨烯产业链也包括上、中、下游。原料产业属于上游产业,而产品则是属于中游产业,具体应用领域,就是属于下游产业了。石墨烯产业已经进入了快速发展阶段,从上游的原料生产,到中游的产品生产,到下游的具体应用,产业链形态已经形成。大概有40%的企业是布局在产业链下游的,将近20%的企业是布局在研发上面的。另外还有14%的企业定位于技术服务,布局在制备环节的企业也有14%。从全国区域上来看,由于经济发展水平比较高,支持性的政策比较多,所以东部地区的石墨烯产业发展较早较快,产业化水平更高,差不多有七成的石墨烯相关企业是集中在这一地区的。具体细分下来,主要有以下三个石墨烯产业集群。

长三角地区是我国石墨烯产业发展较早的地区,产业链也较为完善。这一地区在我国属于经济发展水平较高的地区,有很好的基础,为石墨烯产业发展提供了良好平台,该地区已经形成了比较完善的综合性的石墨烯发展体系。

珠三角地区,主攻石墨烯产业链的下游市场。该地区在原料生产、设备制造上面,表现出了明显的优势,所以珠三角的石墨烯相关企业基本上都是在下游应用领域进行布局,有着比较明确的发展思路。

京津冀地区已经形成了以北京为中心的石墨烯产业集群。以石墨烯技术的研发和运用,通过产业链的方式促进上下游各个环节的联系和互动,实现资源的整合。山东省的石墨烯产业也表现出了很大的发展潜力,基本形成产业链,相关企业也纷纷进入石墨烯相关的领域,如石墨烯改性橡胶密封件、石墨烯水处理材料等。

4. 全方位覆盖应用领域

现在我国已有石墨烯企业将近5000家,几乎涵盖了石墨烯材料制备应用的所有领域,这一数量在世界各国中是名列前茅的。在制备方面,我国是以粉体、薄膜为主要产品的,在应用领域方面,涉及电子显示、新能源、大健康、储能等等。2017年的时候,我国粉体产能已经超过了3000吨,年产量超过百吨的企业已经有好几家。而薄膜的产能也达到了差不多350万平方米。无论是粉体还是薄膜,应用范围都更广,不仅在民生产品上得到了应用,而且还在军工产业上得到了应用。如图7-4所示我们可以看出我国石墨烯应用分布情况。从下游市场上来看,石墨烯的应用主要涉及以下7个领域。

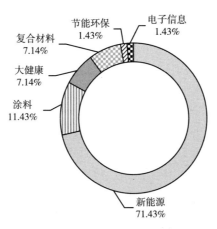

图 7 - 4 石墨烯六大产业化应用领域规模占比

资料来源：华经产业研究院发布的《2019 - 2025 年中国石墨烯行业发展潜力分析及投资方向研究报告》。

（1）新能源。碳材料是最早被商业化的锂离子电池负极材料，如今已得到广泛的应用，如石墨化碳材料、炭微球材料等。石墨烯作为碳材料的一员，以其特有的结构、较高的比表面积、特异的电子传导方式可以解决传统锂电池能量密度和功率密度难以兼得的问题，作为石墨烯复合正负极材料、锂电池正负极材料的导电添加剂，全方位提升锂离子电池的性能。同时，石墨烯能有效改善正极材料的导电性能，提高锂离子的扩散传输能力。

（2）大健康。由于石墨烯质量轻、高导电性、高导热性、高强度，在导热材料方面有巨大的发展空间。以石墨烯电加热不仅加热速度快，电热辐射转换效率高，而且石墨烯加热膜是整个面加热，温度均匀分布。最重要的是，会产生远红外辐射，具有良好的医疗、理疗作用。石墨烯在大健康领域的应用主要集中在智能穿戴、智能家居及理疗护具等产品，石墨烯发热技术带来了健康环保、安全智能、无尘静音等优势。一些企业已经推出了石墨烯护颈、护腰、发热服、眼罩等产品，并在市场上销售。2018 年在平昌冬奥会上，72名演员身穿烯旺科技开发的石墨烯智能发热服饰精彩亮相。在保证服饰轻薄与舒适的条件下，该服饰能在 - 20 度的低温条件下加热到 50 度，并持续 4小时。

（3）电子信息。随着电子工业技术的不断发展，现代化的电子电器正在朝着体积小、能量密度高的方向发展，由电子设备产生的热量也会迅速积累和增加。如果不能及时地将热量传导出去，会使电子元件的工作温度急剧升高，这不仅影响设备的正常工作效率，而且也会使其使用寿命大大缩短，因此迫切需要开发高导热性能的界面导热材料。单层石墨烯的导热率可高达5300瓦/米·摄氏度，当层数增加到2~4层，热导率降低到2800瓦/米·摄氏度~1300瓦/米·摄氏度，但依旧远高于铜（Cu）的热导率（398瓦/米·摄氏度），是导热性能最好的材料。因此，石墨烯可作为理想的电子元器件导热材料。同时，石墨烯天线将成为印刷电子技术工艺在RFID（射频识别技术）应用上的又一代表性作品，现阶段铝蚀刻天线制程包括了金属贴合、光阻印刷、金属蚀刻等制程，其流程繁杂、成本偏高且不环保。而采用石墨烯导电浆料制作天线，其制程环保简单且无污染，价格便宜且质量轻，适合各种无线天线的印制，在市场上无论从性能还是价格方面来说，都具备十足的竞争力。

（4）节能环保。石墨烯在节能环保领域主要应用在海水淡化、污水处理、大气治理、电能替代、LED散热等方向。在国家对煤改电政策的大力推广下，石墨烯电热膜产业也初具规模，比如石墨烯高温阻燃型电加热膜，能广泛应用于家用取暖、中医理疗、医疗加热、温度管理等领域，该产品将耐高温性能提升到180摄氏度，电热转化率99%以上，使用寿命提升至30000小时以上，同时具有发热均匀度高、10秒速热等特点，有效解决了现有电加热产品的转化率低、性能衰退、局部高温等行业瓶颈问题。

（5）生物医药。石墨烯原材料价格低廉、容易得到，制备方法简单，被认为是极具应用价值的新型材料。石墨烯与多糖等物质合成的复合材料，与细胞高度相容，可用作细胞生长支架；石墨烯衍生物表面含有大量的含氧基团，比表面积大，能促进干细胞的黏附、增殖和分化等，通过进一步结构化功能修饰，可用于骨组织工程领域；基于石墨烯材料的生物传感器可用于测定血清样品中的葡萄糖含量、细菌分析、DNA和蛋白质检测等；经过功能化的石墨烯还可作为载体，将药物运送至靶细胞，提高治疗效果和效率；石墨烯较碳纳米管具有更大表面积、更小毒性、更低价格，并且其光热治疗作用更优，石墨烯或将成为癌症光热治疗的替代材料。

（6）化工。石墨烯在化工领域的潜在应用主要集中在橡胶、塑料、防腐涂料以及润滑油、润滑脂等领域。石墨烯防腐涂料具有以下优点：石墨烯重防腐涂料能够在化工重污染气体、复杂海洋环境等苛刻条件下，实现更长的防腐寿命；石墨烯的加入大大降低了锌粉的用量，在锌粉含量减小70%的前提下，耐盐雾性能仍是环氧富锌涂料的4倍以上，满足了涂装材料轻量化的发展需求；石墨烯优异的导电性、导热性实现了重防腐涂料的功能化。此外，石墨烯作为新兴的材料，在润滑油/脂中的应用方兴未艾，此前的超细石墨粉（或二硫化钼粉、聚四氟乙烯粉等）作为填料常出现在润滑脂中，用于改善润滑脂的润滑性能，而石墨烯作为新材料想要在传统的润滑剂中起到特殊功效，在润滑和防锈两个方面将有所突破。

（7）航空航天。由于石墨烯具有高强度、高导热、抗电磁干扰等性能，可用于航空航天材料中，提升航天航空材料性能，有潜力改变我国航空航天材料主要依赖于进口的局面。目前石墨烯在航空航天领域的应用主要包括大型微波暗室用吸波材料、飞行器与武器平台隐身、轻质复合材料、抗雷达干扰线缆、航空航天热管理系统、飞机轮胎、雷达电磁屏蔽等领域。

5. 产品标准和规范不断完善

石墨烯作为一种新型材料，行业标准是引领其创新发展的重要前提，近年来我国石墨烯产品标准和技术规范进展较快。一是加快制定国家标准，成立了石墨烯标准化工作推进组，加强顶层设计，启动了石墨烯相关国家标准的预研工作，加快《石墨烯材料的名词术语与定义》《光学法测定石墨烯层数》《石墨烯锌粉涂料》等 8 项国家标准的制定工作。二是积极参与国际标准制定，在国际标准化组织纳米技术委员（ISO/TC 229）和国际电工委员会纳电子产品与系统技术委员会（IEC/TC 113）启动的 8 项石墨烯国际标准中，我国专家参与了其中 2 项标准的制定，此外，我国还同英国一起成立了中英石墨烯标准化合作工作组，在石墨烯标准化研究领域开始了实质性合作。三是地方和行业标准进展加快，东旭光电、中国航发北京航空材料研究院等龙头企业和行业协会等正在编制的相关行业/企业标准接近 40 项。

二、福建省石墨烯产业的 SWOT 分析

福建省石墨资源储量丰富。截至 2016 年，全省已探明石墨矿产地 15 处，累计探明晶质（鳞片）石墨和隐晶质（微晶）石墨储量超过 300 万吨，以隐晶质（微晶）石墨为主，保有储量 137.4 万吨[①]。主要分布在三明、龙岩、南平等地。其中，三明永安是我国南方主要的石墨储藏地。

（一）优势与机遇

1. 福建省石墨烯需求情况

福建省动力锂电池产业发达，有宁德时代新能源公司锂电池行业龙头企业，对石墨负极材料需求旺盛；福建省是平板显示器、汽车玻璃的重要生产基地，石墨烯透明导电膜一旦实现低成本高质量的量产化，将有很大的市场

---

① 福建省石墨烯产业发展规划（2017 – 2025 年）.

需求；服装产业是闽南的支柱产业，石墨烯纤维、石墨烯抗菌织物、石墨烯抗静电织物等功能性服装面料是国内很多大型纺织服装企业的原材料。与福建省的传统优势产业进行技术对接，有助于完善石墨及石墨烯产业链深加工和高端应用环节，如石墨烯的抗菌、抗静电、高弹、抗拉等特性能为纺织鞋服产业转型升级找到新的突破口；石墨烯的高比表面积、耐腐蚀等特性在建材领域能带来广阔的市场应用；石墨烯材料存在大量自由电子、导电性良好等特性，可辅助半导体、集成电路等高端应用突破。石墨烯在高性能防腐涂料、复合材料、储能、电子信息等下游应用领域具有较强的发展潜力。

2. 福建省石墨烯产业基础条件

（1）产业体系初具雏形。福建省在石墨烯产业上已经形成了初级的产业链，从材料开采到制备到应用到终端，全省已经诞生了超过 40 家石墨烯产业相关的实力企业。2017 年，福建省的石墨烯产业已经实现了 20 亿元的产值目标，省内已有多个石墨烯产业集聚区。在石墨烯应用领域的拓展上也取得了不错的成绩，下游应用产业达到了 100 亿元左右的产值，形成了以福州市和厦门市为中心的石墨烯技术创新格局。

（2）技术支撑能力较强。全省有多家高校及科研院所从事石墨烯技术研发，厦门大学还专门引入了国际上石墨烯方面的著名的专家教授对该校石墨烯项目研究提供智力支持。不少石墨烯行业龙头企业，都纷纷展开了和国内外知名高校的合作，以充分利用他们的科研成果和技术，促进企业石墨烯生产技术、应用技术的提升，从而形成较强的技术支撑，加大了创新要素和产业资源融合对接。

（3）基础设施建设完善。加大研发投入和载体建设，2016 年，厦门市的单层石墨烯量产化基地正式投产，这是我国第一个这样的基地，预计到 2020 年可以实现产能 5000 吨。永安福川工业园成为专门的石墨烯产业园；泉州更是建立了专业的石墨烯项目产业园区，不仅交通便利，各种设施都非常完善，并引进了很多石墨烯应用领域的企业。厦门大学还专门针对石墨烯项目成立了很多国内一流的实验室，创建石墨烯技术创新平台，为福建省石墨烯产业的发展提供了理论基础和技术支持。

（4）项目有序推进。福建省现在已经有了不少在建石墨烯产业项目，如莆田秀屿区石墨烯改性锦纶及其面料生产项目、永安市翔丰华新能源汽车用钮离子电池负极材料项目、邵武市石墨锂离子电池负极材料项目等，这些项目都是能够给当地带来较大产值和较多利润的项目。这些项目必然也会为整个福建省的石墨烯产业发展提供强大的助力。

3. 福建省石墨烯产业政策红利

福建省政府对石墨烯产业重视程度高。2016 年，省政府提出举全省之力持续推动石墨烯产业发展，并且将其列入该省的"十三五"规划，着重提出了要提升石墨材料的提纯技术水平，促进石墨烯材料在高端领域的运用。2017 年福建省还专门针对石墨烯发展问题做出了规划，要求在 2020 年，要形成集研发、制备以及应用于一体的石墨烯产业发展体系，到 2025 年，福建省石墨烯产业产值要超过 500 亿元，并且形成产值在 1000 亿以上的产业链。在福建省政府的大力扶持下，石墨烯产业获得了良好的发展环境。科研机构、高校以及企业形成了彼此促进、相互配合的合作方式，各种政策正在向石墨烯产业倾斜，税收、财政方面的优惠，也为石墨烯产业的发展创造了条件。

（二）劣势与威胁

1. 石墨矿类型单一，提纯难度大

福建省目前拥有的石墨矿大部分都是微晶石墨，这种资源虽然含碳量比较高，但是提纯比较难，现有的工艺水平并不高，价格也很低。一般的石墨烯材料都是选择鳞片石墨，因为微晶石墨要做成石墨烯很难，需要较高的提纯技术，成本较高，限制了利润。我国虽然有丰富的石墨资源，但是提纯技术不高，所以对于高纯度石墨，基本上都是靠进口。国外对石墨烯材料的研究都是以鳞片石墨为主的，很少对微晶石墨进行研究的。也就是说，提纯工艺水平其实直接决定了石墨烯产业的发展问题。

2. 产业链"瓶颈"有待突破

目前石墨烯产业发展总体上处于产业化突破前期，尚未形成"料（石墨烯）—材（石墨烯基功能材料）—器（基于石墨烯的各类器部件）—用（终端产品应用）"的完整链条。主要是三个方面的原因，第一是技术，不同的产品，不同的应用终端，对产品技术的要求都不一样，但是从目前来看，我国的石墨烯生产加工技术水平不高，很大程度上影响了该产业的发展。第二是市场，下游应用产品低端化、种类较少、规模不大，应用领域有限，还需要进一步的扩大；下游应用领域研发落后，技术缺乏指导，许多专利都是科研机构和高校申请的，只停留在学术层面，没有进入到市场，研发和创新能力比较落后，科研成果转换成市场产品的成功率不高。第三是成本，对石墨烯相关产品或者是技术的研发，需要有大量的资金、人员以及时间的投入，如果制备成本不能够得到很好的控制，必然是会影响到产业的发展。

3. 受到潜在的外在威胁

2015 年我国在内蒙古阿拉善发现了 1.3 亿吨的石墨资源，这个数量是非常庞大的，占到了全球可采储量的7%以上，是我国目前所发现的最大的石墨烯资源地。石墨鳞片越大，价值就越高，在全球，大鳞片石墨存量不多，而我国发现的查汗木胡鲁矿就有大鳞片石墨矿物量多达703万吨，这一发现对我国乃至全球的石墨资源分布格局都产生了影响。

我国有很多地区都在集中力量加大对新能源、新材料的开发、研究和利用，很多不同社会资本也表现出了对石墨烯项目的兴趣，所以不可避免地出现了重复建设的问题，过度上项目导致其价格竞争加剧利润下滑，必然带来结构性矛盾，不利于产业的健康长远发展。要真正地发展石墨烯产业，就必须将眼光放长远，要有自己的核心技术，用技术的创新来提升产业质量。

福建省应抓住历史机遇，建设具有国际水平的技术研发和产业孵化平台，加快石墨烯关键共性技术研发，带动相关产业技术进步；深化石墨烯在电子信息、化工、纺织鞋服等领域应用，促进传统产业转型升级；开发具有优异光、电、热、力性能的新型石墨烯功能性产品，推动供给侧结构性改革；发挥石墨烯在新能源、高端装备、环保等领域的带动作用，培育经济发展新动能。

第三节　推动福建省石墨烯产业高质量发展的措施建议

一、关于推动石墨烯产业高质量发展的几点认识

（一）发展重点应放在高端应用领域

石墨烯产业已经在我国展现出了较为广阔的发展前景，在新兴产业里面占有重要的地位，但是从目前来看，我国的石墨烯产业还面临着生产效率低下、创新能力不足、技术水平有限、出口价格低而进口价格高等一系列的问题，所以，要想真正地促进石墨烯产业的发展，就必须重视高端应用领域，避免陷入初级工的无序竞争中。

（二）占据产业链的两端以抢占先机

石墨行业属于垄断行业，所以产量、价格甚至是利润，都是没有很大变化的，如果企业拥有先进技术，那么利润就比较可观了。要想在石墨烯产业获得很好的发展，必须要有两个方面的优势，一是资源优势，拥有鳞片石墨矿，二是拥有创新技术优势，能够进行深加工。

（三）因地制宜摸准产业化方向

从目前来看，石墨烯产业的发展还只是处于起步阶段，行业的发展还处

于摸索中，大部分的研究成果还没有走出实验室，应用的领域、方向、效果等，技术也并不成熟，生产还没有走向规模化。应用方向的不同，会对技术有不同的要求，部分材料的在产业化方面的步伐比较快，但也有步伐很慢的。现在很多地方都在加大对石墨烯产业的支持，这也导致了风险的增加。福建省在光电器件、纺织材料、平板显示等方面都有生产优势，可以集中这些优势，进一步提高实力，为石墨烯产业的发展奠定坚实的基础。

（四）资源整合有利于加快发展

我国石墨资源是非常丰富的，但是对石墨的利用率却不高，生产加工的水平也比较低下，导致这种现象的一个原因就是，资源丰富的企业没有加工的技术和能力，而有技术有能力的企业，又没有充足的资源。近几年，已经有一些企业开始着手整合资源的业务，如中建集团成立南方石墨就是为了对郴州的石墨资源进行整合；日新集团组建瑞盛公司也是为了能够整合古兴和石墨资源；中铁集团也开始对黑龙江的石墨资源进行整合。福建省的石墨资源不需要过多的整合，因为已经相对集中。

（五）石墨采选过程中造成的污染不容忽视

部分石墨烯粉体和氧化石墨烯粉体制备过程依然是通过氢氟酸法提纯的方式，虽然成本比较低，但是却会带来大量的废水。规模化生产对周边的生态环境有着很大的影响，而且对废水处理系统有很严格的要求，如果没有符合规范的系统，会对环境产生很大的污染。产业园区应该首先对环境进行测评，对企业的污废处理系统进行审核监督，尽量减少对环境造成污染。

二、福建省石墨烯产业重点发展领域

《福建省石墨烯产业发展规划（2017－2025年）》提到，到2020年，福建省建成较为完善的石墨烯材料研发、制备、应用等产业发展体系。

（一）材料制备

加快突破石墨烯材料规模化制备共性关键技术。实现石墨烯微片高质量、低成本、规模化、绿色、可控制备，进一步研发大尺寸单晶石墨烯薄膜制备技术。实现对石墨烯层数、尺寸以及表面官能团等关键参数的有效控制，提高石墨烯材料规模化制备的工艺稳定性、性能一致性。

（二）复合材料领域

立足福建省主导产业和战略性新兴产业，利用石墨烯的优良特性，对传统涂料、复合纤维、纺织面料、建筑材料、润滑剂、电磁屏蔽材料、电线电缆等材料进行改性，提升材料性能，拓展产品应用功能，并加大对前沿复合材料的研发。

（三）电子信息领域

加快研发石墨烯新型显示器件，重点推进高电导率大面积触控屏、大尺寸移动智能终端用导电薄膜的研发和产业化。研发用于健康医疗、可穿戴电子设备等领域的石墨烯传感器以及用于物流、移动通信、支付及 RFID 电子标签等领域的石墨烯射频产品。前瞻布局石墨烯基下一代微电子器件、芯片，促进微电子与集成电路的发展。

（四）能源领域

加快石墨烯在超级电容、锂离子电池、铅碳电池等能源存储与转化领域的研发、应用和产业化；通过石墨烯显著提高非贵金属在燃料电池、电解水制氢、锂空气电池的活性和使用寿命，推进能源催化体系的应用和产业发展。

（五）热管理领域

加快设计和研发超薄石墨烯导热膜生产工艺和生产设备、新型 LED 灯散热外壳以及用于智能手机、平板电脑、大功率计算机散热的石墨烯导热膜、导热片等产品，满足高功率电子产品、能源系统对于高效热管理的市场需求。大力开发基于石墨烯薄膜、石墨烯功能纤维的发热器件和可穿戴产品。

（六）环保健康领域

利用石墨烯比表面积大、多孔结构、吸附性能好等特性，立足海水淡化、污染处理、颗粒吸附等环保需求，开发具有吸附、过滤、净化等功能的石墨烯环保产品和系统，研发石墨烯生物传感器、医用复合材料、量子点生物检测等产品。

（七）配套产业

开发石墨烯材料制备设备及专用检测仪器。加强科技成果转化、检验检测、知识产权保护和工业设计等配套服务。

三、推动福建省石墨烯产业高质量发展的对策措施

（一）建立技术创新体系

1. 加强关键技术研发

结合福建省产业发展特色和科研体系布局，聚焦复合材料、能源材料、导热材料、电子信息器件、环保健康产品等石墨烯应用材料与功能器件领域开展应用技术研发，重点突破超薄石墨烯导热膜的低成本、连续成卷生产技

术，石墨烯分散技术、表面修饰技术以及石墨烯功能材料的产业化应用技术。加强石墨烯前瞻性基础研究，组织重大科技项目，针对石墨烯材料规模化制备和微纳结构测量表征等共性关键技术展开攻关，实现对石墨烯层数、尺寸及表面官能团等关键参数的有效控制，形成一批具有标志性的石墨烯材料创新成果，抢占未来石墨烯产业竞争的制高点。

2. 推动产业协同创新

引导石墨烯企业联合下游应用客户、省内外高校和研究机构，共同开展技术创新应用、质量检测和性能评价等方面的合作，共同申报国家和省级石墨烯重大科技项目和产业化项目，推动项目成果的落地转化和商业化。

3. 加快技术专利布局

围绕复合材料、能源材料、防腐涂料、电子信息、散热材料、制备设备等产业重点发展领域，引导、鼓励研发团队及企业积极申请石墨烯专利，特别是通过专利合作条约（PCT）途径向外国（地区）申请发明专利，促进科技成果转化和知识产权保护。在半导体器件、生物医药、环境领域（如海水淡化、污水处理等）、基因测序等领域进行前瞻性专利布局，加强技术储备。

（二）构建产业发展体系

1. 推动产业链配套完善

针对石墨烯产业化应用的关键上游材料（如石墨烯新型功能材料、石墨烯先进结构材料、石墨烯高性能复合材料）及其设计研发、重点制造环节（石墨烯薄膜、石墨烯半导体器件等生产工艺和生产设备）和重点配套环节（石墨烯产品质量检测和性能评价），进一步推进与先进地区的跨区域协同发展。通过加强与高端研发机构、龙头企业出资（技术）入股等方面的合作，不断完善本地化全产业链配套，提高本地石墨烯产业链联动能力和核心竞争能力，促进产业链全覆盖、功能性多样化的石墨烯产业生态圈成长成型。

石墨烯产业的发展对材料、产品以及设备和辅料有很大的依赖性，所以要着重对石墨烯粉体及薄膜材料、石墨烯散热膜、石墨烯复合材料、石墨烯储能材料、石墨烯吸附材料等产品、设备和辅料进行发展。龙头企业要发挥出产业引导的作用，尤其是要从技术上进行突破，加大创新力度，加快技术、产品的研发，引领行业创新。对技术已经非常成熟、在市场上的接受度比较高、可以规模化生产的产品进行更大范围的推广，先吸引部分的客户，然后进行更大范围的推广。依托福建省传统优势产业，大力推动"石墨烯＋"，重点发展石墨烯散热器、改性橡胶、防水透气纺织用品、防腐涂料、海水淡化系统等下游应用，提升传统产业发展质量和效益。进一步提高石墨烯在互联网、生物医药、集成电路等新兴产业领域的应用，推进创新产品和技术项目落地，形成从材料运用到产品生产到终端运用的产业链示范项目。

2. 引进培育龙头企业

在现有的石墨烯相关企业中，选出规模、实力、发展潜力等各方面都比较有实力的、综合实力强的企业，进行重点培育，尽快地培养出在行业中具有引领作用的龙头企业；引进一批国内外从事石墨烯规模化生产与应用创新、拥有自主知识产权和品牌的石墨烯创新型企业和科研机构，通过投资、合资、股权合作等多种形式在福建省创办企业；支持省内高校、科研院所石墨烯领军人才和研究团队创办科技型企业。对在石墨烯产品、技术方面具有创新能力、知识产权的企业，在孵化系统具有明显优势的企业、在所在领域具有自己的特色和优势的企业，要进行重点培养。鼓励企业在石墨烯创新应用领域推动"石墨烯＋"模式，同时也积极地鼓励地方性的龙头企业、大企业通过各种方式，进入到石墨烯产业中，牵头制定行业标准，促进行业的规范发展。

3. 开展首批应用示范

根据石墨烯技术成熟度、产品应用市场前景，筛选一批产业化关键技术和产品，开展首批应用示范，重点示范推广处于产业化初期、社会效益显著、市场机制难以有效发挥作用的石墨烯应用产品。扶持企业运用石墨烯技术改造和提升传统产业，在适当时机进军半导体等石墨烯高端应用行业。探索石墨烯产品首批应用示范风险补偿机制，搭建生产应用示范平台，以点带面，通过成功案例推广，提升下游企业对石墨烯技术和材料应用的认知、信心和动力。

4. 促进产业集聚发展

按照福建省经济发展总体战略和主体功能区定位，立足现有石墨烯产业基础，结合各地科技人才条件、市场需求、资源优势和环境承载能力，打造以福州市和厦门市为创新核心区，以厦门市火炬高新区、泉州晋江和三明永安为产业集聚区的"两核三区"产业发展格局。推动技术、资金、人才等资源向"两核三区"集聚，引导项目向园区集中，鼓励现有石墨烯企业实施环保安全搬迁、退城入园，形成区域特色产业发展的规模效应。强化产业园区发展规划约束，防止盲目投资和低水平重复建设。

（1）两核。一是福州研发服务核心区。依托福州大学、福建师范大学、中科院海西研究院等高校、科研院所及相关应用企业，建成石墨烯检测、研发技术服务平台，在福州高新区承接石墨烯科技成果转化落地。二是厦门创新孵化核心区。依托厦门大学、华侨大学、中船重工 725 所厦门材料研究院等高校、科研院所及相关应用企业，设立开放实验室，构筑集研发、中试、产业化、成果评价、产品检测认证等于一体的综合性创新孵化平台。

（2）三区。一是厦门火炬高新区石墨烯产业聚集区。以现有在国内具有竞争优势的一批石墨烯骨干企业为主体，重点发展石墨烯导热、散热、防腐和微电子新材料产业，壮大产业规模，提高市场占有率，加快产业集聚，形成以石墨烯研发、设备、应用为一体的产业发展格局。二是泉州晋江石墨烯产业聚集区。以福建海峡石墨烯产业技术研究院、三创园、晋江龙湖石墨烯产业园为依托，结合晋江纺织、鞋服、建材、机械装备等传统产业基础，加强石墨烯下游领域应用，前瞻布局石墨烯半导体材料，加快科技成果转化。三是三明永安高端石墨及石墨烯产业聚集区。依托丰富的石墨资源，以清华大学、厦门大学、中国航发等产学研用平台为支撑，重点发展石墨负极材料、等静压石墨、核石墨等高端石墨和石墨烯制备，在锂电、储能、橡胶改性等下游领域拓展应用，建设永安市石墨和石墨烯产业园、石墨特色小镇，逐步形成产业集聚。

（三）搭建服务平台体系

1. 创新研发平台

充分利用国内外研发资源，加强关键核心技术的攻关和创新成果的储备，重点将福州、厦门打造为福建省石墨烯创新研发高地，重点建设厦门大学能源材料和石墨烯创新平台、华侨大学石墨烯应用工程技术研究中心、中科院海西研究院石墨烯基纳米功能复合材料工程研究中心、永安石墨和石墨烯工程研究中心等，形成福建省乃至全国石墨烯产业发展的技术强引擎。

2. 检验检测平台

面向福建省石墨烯在海洋工程、纺织鞋服、储能换能、水暖卫浴、石油化工、导电导热、环保健康等领域的应用需求，依托高校、科研院所和企业，建设石墨烯产品检测认证平台，提供材料测试、质量认证等服务。重点推动厦门大学石墨烯工程与产业研究院、中船重工725所厦门材料研究院、永安市石墨和石墨烯产业园等公共检测平台建设，形成覆盖全省、辐射周边的石墨烯公共检测服务体系。发挥检验检测服务平台在石墨烯产品质量检验、产品性能测试、技术水平验证、创新成果鉴定、技术标准制定、研发成果转化等方面的促进作用。

3. 双创服务平台

举办石墨烯创新创业大赛和石墨烯主题展，依托双创示范基地、大学生创业基地、大学科技园区等载体，建设一批"石墨烯＋"众创空间，提供创意设计、技术合作、产品展示、成果对接、项目路演、人才培训、工商登记、知识产权等服务。依托"6.18"平台机制，搭建初创企业与下游应用企业沟通的桥梁，定期举办石墨烯细分领域技术创新成果对接会，推动石墨烯与传统产业的深度融合。重点推动福州高新区石墨烯产品培育中心、海峡石墨烯产业技术研究院、永安碳材料研发中心和科技创新孵化基地等建设，促进石墨烯技术成果孵化，形成一批石墨烯科技小巨人企业。

（四）强化要素支撑体系

1. 金融支撑

现有各级产业、人才、科技等领域专项资金要向石墨烯产业倾斜，加大对重大项目、平台建设、人才引进、自主知识产权保护、标准制定等方面的资金支持力度。要发挥出政策支持的作用，加大在财政、金融方面的扶持作用，引导各种风投资金进入到石墨烯产业中，鼓励各类创投基金和社会资本投向初创期、早中期项目。推动银行业金融机构与石墨烯产业开展银企对接，支持石墨烯重点企业通过到境内外交易市场上市、挂牌、发行债券等方式拓宽融资渠道。积极地摸索并构建出石墨烯产品的风险补偿机制，从而进一步引导金融机构对石墨烯产业的支持。

2. 人才支撑

加强本地人才培养，依托高校和科研机构的材料、纺织、化工、电子等专业学科，将石墨烯相关学科打造成为优势学科和特色研究方向，全力加大对石墨烯技术的研发和应用相关人才的培养。将石墨烯产业人才与"千人计划""百人计划""百千万工程"等国家和福建省人才工程对接，不断引进优秀人才和团队。加强与全球顶级科研机构和高校的合作。加大领军团队培育、高层次人才创业创新、著名高校优秀应届毕业生招聘等方面的政策支持力度。对获得重大技术突破、应用创新突破、模式创新突破、引领产业发展的个人和团队，可按照"一事一议"方式给予支持和奖励。完善省政府石墨烯产业发展专家咨询组工作机制，充分发挥省石墨烯产业技术创新促进会在资源整合、信息共享、技术应用、标准制定和宣传推广等方面的作用。

3. 环境保护

要通过科学的产业规划以及合理的产业政策，来促进产业的发展。从市场准入、生产过程、园区进驻以及新建项目4个方面来进行更加严格的管理，避免投资的盲目重复。将更多的精力放在高附加值的产品的研发生产上，制定规范的生产体系，提高产品的质量，避免资源的浪费以及对环境所造成的污染。积极促进各类资本流入到石墨烯行业的发展中来，促进相关企业的并购，以集中优势资源来进行高端产品的研发。同时以环境保护为基本原则，按照循环经济理念，采用循环方式进行生产，争取废物零排放，让石墨烯的生产过程更加清洁环保，保证资源能够得到更合理充分的利用。推进智能技术在节能减排中的作用，将资源的消耗以及环境的污染控制在最小，对石墨烯的安全性进行进一步的研究，实现该产业成为真正的既高效又保持低耗的绿色产业。

第八章

福建省稀土产业高质量发展研究

改革开放的总设计师邓小平同志南方谈话时曾指出："中东有石油，中国有稀土"。对于稀土的重要性，有一个常用比喻：石油是工业的血液，稀土是工业的维生素。稀土在民用和军事方面用途十分广泛，被广泛用于电子、石化、冶金等众多领域。同时也是先进装备制造业、新能源、新兴产业等高新技术产业不可或缺的原材料，是宝贵且关键的战略资源。福建稀土储量全国第三，该如何促进稀土产业高质量发展？

第一节　发展稀土产业的战略价值

一、什么是稀土

（一）稀土实际上是 17 种稀有元素的统称

稀土是一组典型的金属元素，有着"工业维生素"的美称。它属于不可再生资源，总共包括 17 种稀有元素，包括化学元素周期表中的 15 种镧系元素——镧（La）、铈（Ce）、镨（Pr）、钕（Nd）、钷（Pm）、钐（Sm）、铕（Eu）、钆（Gd）、铽（Tb）、镝（Dy）、钬（Ho）、铒（Er）、铥（Tm）、镱（Yb）、镥（Lu），以及与镧系元素密切相关的两个元素钪（Sc）和钇（Y）（如表 8－1 所示）。一般来说，稀土分为两类，分别是重稀土和轻稀土，相较于轻稀土而言，重稀土的价值更高。稀土元素具有非常好的光电磁物理特性。如果在一些其他的材料中加入少量的稀土元素，就可以对于整体的产品质量和性能进行大幅度地提升和增强，起到"画龙点睛"的作用和效果。稀土在我们国家很多领域都有非常强的应用和体现，例如化学、光学、磁性材料、冶金等现代工艺领域，尤其是当前伴随着世界经济的发展和产业体制变革的不断进步，稀土元素本身在其应用的范围和场景也在逐步地加深和扩大。通常3~5年，科学家们就可以发现稀土全新的用途和使用方法。在世界范围内众多的发明当中，每六项发明就存在一项有关于稀土元素的发明，说明稀土元素在当今社会的应用已经是非常得广泛和深刻，对于人类社会整体的发展和变革发挥了相当重要的作用。

表8-1　　　　　　　　　　17种稀土元素用途一览

序号	名称	用途	序号	名称	用途
1	镧	用于合金材料和农用薄膜	10	铒	军事上用于激光测距仪
2	铈	大量应用于汽车玻璃	11	镝	用于电影、印刷等照明光源
3	镨	广泛应用于陶瓷颜料	12	钬	用于制作光通讯器件
4	钕	广泛用于航空航天材料	13	铥	用于临床诊断和治疗肿瘤
5	钷	为卫星提供辅助能量	14	镱	电脑记忆元件添加剂
6	钐	应用于原子能反应堆	15	镥	用于能源电池技术
7	铕	制造镜片和液晶显示屏	16	钇	制造电线和飞机受力构件
8	钆	用于医疗核磁共振成像	17	钪	常用于制造合金
9	铽	用于飞机机翼调节器			

稀土由于独特的电子层结构和耐热特性，在石油、化工、金、纺织、陶瓷、玻璃、永磁新材料等领域都得到了广泛的应用。全球稀土下游应用中，磁材占比最高达到25%，其次为石油硫化裂化等稀土传统应用催化材料占比达到22%，冶金材料（含储氢合金）和抛光材料，占比分别为18%和14%[①]。

（二）稀土产业链结构特征

稀土产业链主要包括原矿采选（上游）、冶炼分离（中游）和加工应用（下游）三个环节。首先从稀土原矿中通过选矿得到精矿，通过湿法、火法冶金得到稀土化合物与合金，然后对其进一步分离成永磁、催化料、发光等多种下游材料，最后被广泛引用进电动汽车、风力发电、永磁电机、微波通信等多个应用产业（如图8-1所示）。

---

① 新华社. 新中国稀土产业景气指数报告2019 [Z]. 2019-9.

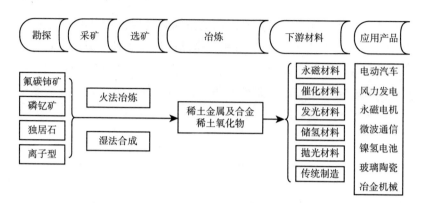

图 8 - 1 稀土产业链流程

资料来源：作者根据公共资料整理。

原矿采选：分为采矿和选矿，即将含有稀土氧化物的原矿石开采并经过处理后形成精矿；

冶炼分离：将稀土精矿通过火法冶金技术或湿法冶金技术形成稀土化合物或单一稀土金属。火法冶金工艺简单、生产效率高，湿法冶金流程复杂，但产品纯度高，是目前冶炼分离企业主要采用的冶炼方法；

加工应用：将通过稀土化合物或稀土金属生产的永磁材料、催化剂、抛光材料、冶金材料等应用于终端产品。稀土的终端应用范围较广，在新能源汽车、石油、化工、冶金、纺织、陶瓷、玻璃等领域均有广泛运用，在高端装备制造领域也发挥着不可或缺的核心基础材料作用。

1. 稀土上、中游产业现状

由于"黑稀土"泛滥，我国稀土行业长期处于供过于求的境况，自2011年开始，国家加大对稀土行业的整治，从政策立法、行业准入、开采控制、生产管理、行业规范等多个方面规范行业发展；通过资产优化、兼并重组等方式，形成了北方稀土、中国五矿、中国铝业、厦门钨业和南方稀土六大企业集团，行业集中度得到明显提升。六大稀土集团将在执行产业政策、保护稀土资源、促进转型升级、拓展下游消费等方面引领我国稀土行业向中高端水平迈进。

2. 稀土下游产业特征

全球范围内，稀土下游应用主要包括永磁材料、催化材料、抛光材料和冶金材料等（如表 8 - 2）。永磁材料受益于新能源汽车、新能源风电、节能空调、汽车电动助力转向系统（eletric power steering, EPS）、电子工业等前景较好领域的广泛应用而需求良好，在全球稀土消费领域占比最高，约为

36%；催化材料主要用于汽车尾气净化和石油硫化裂化等稀土传统应用领域，消费占比约 15.2%；抛光材料和冶金材料占比分别为 11.1% 和 8.4%[①]。

中国和日本是全球稀土最大的消费市场，分别占全球消费总量的 56.5% 和 21.2%。各国在稀土下游分布存在较大差异，中国最大的稀土消费领域是永磁材料，占比 41.7%；日本以抛光粉和永磁材料为主，其最大的稀土消费领域是应用于电子行业的抛光粉，占比 26.3%；美国和欧洲稀土消费领域相似，以催化剂、玻璃陶瓷、合金为主。从我国下游行业消费需求来看，稀土磁材的新兴应用是所有下游应用中需求最大且前景最好的领域，2018 年稀土磁材需求达到 7.1 万吨，在稀土总应用中的占比接近 40%，复合增长率约 6.3%；在成熟应用领域中，催化剂是需求最大的领域，2018 年需求为 2.37 万吨，在稀土总应用中的占比为 13.3%，但复合增长率约 1.3%；玻璃、陶瓷等成熟应用保持较平稳增长，2018 年消费量在 1.2 万吨和 0.9 万吨左右[②]。

永磁材料作为稀土行业应用最广的领域，在新能源汽车、大功率风机、变频压缩机、节能电机、传统汽车 EPS、工业机器人和智能手机等行业应用广泛，未来需求量将稳步提升。其中，新能源汽车是我国大力扶持发展的行业，而钕铁硼磁材是新能源汽车永磁电机的重要原材料，每台纯电动汽车需求量约 5 千克，随着新能源车行业的快速发展，永磁材料的需求量将持续提升。在风电领域中，永磁直驱型风机具有结构简单、可靠性高、效率高、维护量低的优点，得到广泛应用。未来在我国风电行业快速发展的带动下，永磁直驱风机占比将稳步提升。

抛光粉是稀土行业另一大极具前景的应用领域。相对于传统氧化铁抛光粉，铈基稀土抛光粉本身的颗粒性非常地均匀，并且具有硬度相对较强，与此同时，其整体的抛光时间较短、精度较高，在使用寿命方面也相对较长，同时操作环境较为环保不会产生环境污染等众多的优点，通常在进行玻璃冷加工、阴极放射管、电脑以及电视显示器、眼镜片、宝石、水晶、镜头等器件的抛光方面具有非常重要的使用和价值。当前我们国家在进行抛光粉技术方面的研究和发展相对地较为成熟。但是如果和西方发达国家相比，在进行一些高层次、高水平抛光粉的生产及设备上还存在很大的差距，生产工艺也不如外国的生产工艺精细和缜密。因此在很多光学镜头以及各种精密器件的使用方面还需要从外国大量的进口抛光粉。光学镜头、半导体、液晶显示器、

---

①②　行业动态：稀土产业概况［J］. 中国产业经济信息网，2019 - 7 - 9.

精密器件等这些具有高精度要求和高科技水平的原件未来应用前景广阔，预计稀土抛光粉需求量将持续增加。

二、国内外稀土产业发展现状

（一）全球稀土资源呈"一超多强"的多元化格局

全球稀土资源储备丰富。根据最新美国地质调查局数据，2018 年全球稀土储备量为 1.2 亿吨（以稀土氧化物 REO 计）。其中，中国为全球最大的稀土储备国，目前我国稀土储量为 4400 万吨，占比超过全球 1/3，为 37%。其次是巴西、越南、俄罗斯、印度、澳大利亚和美国，储量占比分别为 18%、18%、15%、6%、2%、1%。全球稀土资源供应呈现出"一超多强"的多元化格局。

全球稀土产量逐年递增。2018 年，全球稀土产量从 2017 年的 13.2 万吨增长至 17 万吨，增幅为 28.8%。中国增产和美国重启开采是全球产量增长的主要原因（如图 8 - 2 所示）。

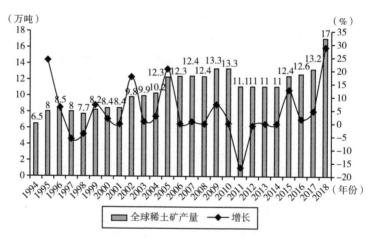

图 8 - 2 1994 ~ 2018 年全球稀土资源产量及增长情况

资料来源：USGS 前瞻产业研究院。

全球稀土资源消费量集中度高。中国消费量占全球消费总量的 57% 左右；其次为日本，占到全球稀土消费量的 21% 左右；美国稀土消费量则占全球的 8% 左右（如图 8 - 3 所示）。

（二）中国是全球最大稀土进出口国

一直以来，中国稀土矿藏丰富，占据四个世界第一：储量第一、产量第

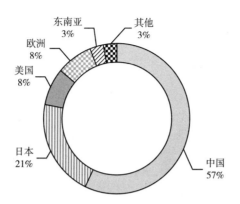

东南亚 3%
其他 3%
欧洲 8%
美国 8%
日本 21%
中国 57%

图 8 – 3　全球稀土资源消费结构

资料来源：USGS 前瞻产业研究院。

一、进出口量第一和消费量第一。我国以 37% 的储量供应着全球 70% 的产量，在我国，稀土资源主要分布于四川、内蒙古、广西、山东等地，具有"南重北轻"的特点。不管是轻稀土还是重稀土储量，中国都占据着世界第一的位置。我国的轻稀土资源，大多数还是分布在内蒙古自治区内，其中以内蒙古包头的白云鄂博地区分布最为广泛，其整体的分布含量和储存量能够占到全国整体稀土资源总储存量的 83% 以上，其整体的稀土资源储存含量排名世界第一。在 2018 年时，该地区整体的稀土资源总产量在全国范围内占到了全国比重的 58%，属于我国轻稀土资源的重要储存和生产地区，是重要的轻稀土生产基地。在 20 世纪的 60 年代末的时候，我国赣州地区发现了非常罕见的离子吸附型的稀土，并对于该稀土进行了开采和生产。该稀土具有经济水平价值高、容易甄别、放射性较低等优势，其中较为重要的中重稀土元素有钇、镝、铽等等几类。当前我国中重稀土总产量已经达到了 150 万吨，集中在我国的江西赣州、福建龙岩等南方地区，已成为我国重要的中、重稀土生产基地。

在出口方面，过去的几十年中国一直是全球最大的稀土出口国。2018 年稀土出口再创新高，比上年增加 2.4% 至逾 5.3 万吨。出口金额方面，中国稀土价格一直面对国际压力，2015 年，中国按照 WTO 的裁决结果取消了稀土出口配额制和出口关税。2018 年，中国出口总额有所回升，为 5.2 亿美元，但均价依然不及 2014 年水平（如图 8 – 4 所示）。

在进口方面，随着中国产业结构调整，中国开始增加稀土进口比例。2018 年，中国稀土进口量大幅增长，进口稀土产品总量约 9.82 万吨，同比增长 179%，一跃成为世界最大的稀土进口国。其中，稀土金属矿 2.9 万吨，

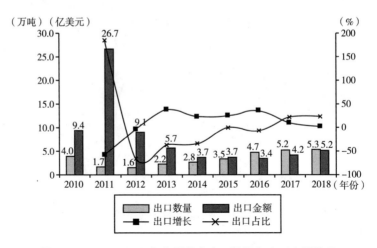

图 8 – 4　2010 ～ 2018 年中国稀土出口数量与出口金额情况
资料来源：USGS 前瞻产业研究院。

同比 +3729%；稀土化合物 6.92 万吨，同比 +101.75%；稀土金属 6 吨，同比 –92.1%。主要进口国为美国、缅甸、马来西亚、法国和日本，合计占总进口量的 99.51%（如图 8 – 5 所示）。

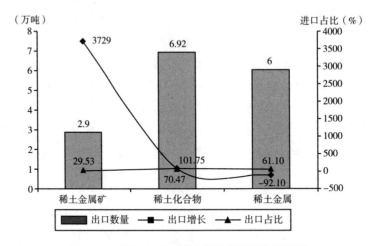

图 8 – 5　2018 年中国稀土进口数量及结构情况
资料来源：USGS 前瞻产业研究院。

（三）中国稀土产业区域发展呈多种模式

2010 年以来，我国对于稀土的行业发展以及稀土元素的开采重视程度逐渐地提升。各个地区都针对自身稀土产量以及各地区自身的特点开始建设和规划相应的稀土产业园区。当前我国建设的众多稀土产业园区总共有 19 个。

在这 19 个稀土产业园区当中属于国家级别的有 6 个，属于省级级别的有 7 个，省级级别以下的有 6 个。这 19 个稀土产业园区主要分布在内蒙古自治区、山东省、浙江省、北京市、江西省、福建省、广东省、四川省、湖南省等地区。稀土产业园区的分布情况和我国稀土资源整体的分布情况大致趋于吻合，呈现环形的分布状态。

我国建立起来的稀土产业园主要通过资源禀赋作为其重要的基础。稀土资源是我们国家乃至全世界范围内非常重要的稀缺性资源，它可以促进我国的稀土产业的形成以及发展。稀土资源的分布和储量多少，对于稀土产业的发展有着决定性的作用。因为产业历史以及资源条件等各方面原因，我国稀土产业在发展和进步的过程中，呈现出非常明显的区域聚集特点。以稀土金属储存量和产量相对较高的北方白云鄂博以及南方氟离子吸附型稀土矿为主的稀土产业基地形成我国相应的稀土矿产资源分布格局。因此，我们国家很多的稀土产业园在整体的空间分布上也是向包头和赣州这两个地区进行集中或者是围绕性分布的。

稀土产业集群和产业园区的发展，一方面受稀土资源的地域性影响；另一方面又受人才、技术、创新服务平台等因素的影响。我国稀土产业园区有资源导向型、市场驱动型、创新驱动型和企业规划型四种典型发展模式。

1. 资源导向型：以内蒙古自治区、江西省为代表

在我国稀土产业园发展的主要形式是以资源为导向进行发展的。我国很多稀土资源储量和产量较为丰富的地区也是稀土产业园所在区。这种稀土产业园的分布特点，也是利用了稀土资源整体开发的便捷性。除此之外，稀土资源的运输成本也会严重地影响到稀土产业园建立的地区。目前很多稀土工业园区在进行稀土加工的过程中还是以初加工为主，生产的产品附加值相对较低，整体的深加工技术并不是很强，稀土资源产业在发展过程中呈现了集群形式，

包头稀土高新区和江西赣州经济开发区是典型的资源导向型园区。包头稀土高新区以包头白云鄂博稀土矿为依托，形成了包含选冶、分离、深加工、新材料到应用产品的全产业链集群，但企业多以初、中级产品为主，深加工产品不足，亟须拓展延伸稀土新材料产业链。而赣州开发区围绕赣州市离子型稀土资源优势而发展，开采带来较严重的环境影响，也面临着转型升级的重任。

2. 市场导向型：以浙江省、广东省为代表

市场导向型的稀土产业园区其整体的发展和形成，主要是依靠稀土资源

下游的应用市场所产生的需求作为其根本的发展动力，逐步建立起来的稀土产业园区。针对市场导向型稀土产业园区，其周边整体的经济繁荣状况、交通状况、技术强度的高低对于整个园区的发展和进步有着直接的影响。对于园区下游的制造产业而言，其整体的发展规模越大、发展速度越快，相应的交通条件、物流技术越好，那么该产业园区在发展上就具有更大的优势和更强的水准。此类产业园区主要在珠三角以及长三角地区较为集中，因为在这些地区制造业较为发达和完备，更利于稀土资源的发展和应用市场的推广。

宁波高新区和广东梅州高新技术产业园是市场型导向稀土产业园区的代表。主要依靠稀土下游应用市场的需求发展逐步建立起来的。宁波高新稀土产业园区是依靠当地电子信息技术的发展与完善，依托变频空调、新型能源汽车、特种电机等领域的配套发展，有效地促进钕、铁、硼等材料在当地市场的竞争力水平。而广东梅州高新技术产业园区所处珠三角和海西区的重要结合部位，园区的周边都是一些比较先进的制造产业，如高精尖的电子产业、新能源汽车产业、LED 产业等都为稀土产业园区的发展带来了巨大的市场需求和发展空间，除此之外，储氢材料、稀土催化剂、抛光材料、发光材料、功能材料等应用材料也具有一定的领先优势。

3. 创新驱动型：以北京市为代表

创新型驱动型的稀土产业园区及整体的发展和完善，是依托产业园区当地较为丰富的科技水平和科研能力发展起来的。通过科学成果和研发力量对稀土资源进行加工和转化，提升稀土资源的利用水平和利用效率，实现相应的产业规模化生产。创新型驱动发展较为依赖一些高端的研发技术和科研资源，其生产和加工的产品本身具有相对较高的附加值，对于整体的人才素质要求和技能以及相应的技术工艺等要求也普遍较高，与此同时在投资方面也有较高的风险。

创新驱动型稀土产业园区以北京经开区为代表。北京是我国稀土永磁产业的发源地，拥有众多的高校、科研院所等科技力量，形成一批具有自主知识产权的技术成果，在研发和产业化方面都处于国内前列。北京拥有国家重点实验室 3 个、国家工程技术中心 4 家，并集中了国内稀土永磁材料领域的多家顶尖研究机构。同时拥有钕铁硼、钐钴稀土永磁材料的生产厂商超过 16 家，其中 4 家拥有钕铁硼产品销售专利许可权。

4. 企业规划型：以广西壮族自治区、福建省为代表

大型稀土生产企业因为本身战略意义的发展和战略目标的实施，在关键性的地区进行其整体的战略布局和目标规划。这是稀土产业园的全新发展规

模和形式。通过设立相应的产业园区，完善相应的产业链条，使其在市场中更具有竞争力。例如福建龙岩、广西贺州等地很多稀土产业园都是通过这种形式逐渐发展起来的。因为很多稀土大企业在当地具有较大的实力和规模，也可以很好地带领相关企业推动产品进步，再借助于下游相关企业进行合作与沟通，逐步引导稀土进行生产加工，实施相应的项目落地。

中铝广西稀土在整合广西稀土产业的同时，积极规划打造以稀土永磁材料、发光材料、储氢材料、稀土合金及新材料为重点的产业链。厦门钨业在福建省重点开发龙岩稀土工业园和三明稀土产业园，逐步形成空调、汽车、电脑等稀土磁性电机及应用产品产业集群。三明稀土产业园形成稀土发光材料、现代 LED 显示器、照明器具等应用产品产业链。

（四）中国在开采和提炼环节的核心技术上占据优势

当前在全世界范围内，我们国家针对稀土的冶炼、分离提纯等方面还是具有明显的优势，处于世界的领先地位，在全世界范围内具有很强的话语权和整体实力。根据《来自一线的稀土调查：美国为什么急了？》和 2019 年《中国经济周刊》统计数据分析可知，在 2018 年时稀土冶炼分离总产量全球只有 14.6 万吨，而中国整体的产量已经达到了 12.5 万吨，占据全球总体产量的 86%。我国赣州离子型稀土的加工开采已经发展了 40 余年，一直处于世界领先地位。我国南方稀土在分离、冶炼等方面整体的产出规模占据了全国总产量的 1/3。

当前，在我国北方地区包头市轻稀土较为集中的地区，主要的开采方法是通过对铁矿石的尾渣进行相应的技术处理，这种开采方法几乎是没有任何成本的。而在我国南方赣南地区，其稀土的底层主要是花岗岩成分，主要的开采工艺是原地浸矿，这种开采工艺比世界上多数地区的开采工艺成本低。我们国家除了对稀土原矿进行开采，还自主研发了一整套稀土开采的核心技术和关键环节——将稀土氧化物转化为金属。当前在世界范围内已知的稀土元素总共有 17 种，其中有镧系元素 15 种，再加上 Sc（钪）、Y（钇）元素。这 17 种稀土元素本身在化学性质方面是非常接近和相似的，特别是镧系元素的 15 种，就好像同一个母亲所生的 15 个孪生兄弟一样，如果要将这 15 种镧系元素进行逐一分离十分困难。而徐光宪院士采取了一种串级萃取技术，攻克下了这一世界性的难题，他也被誉为"中国稀土之父"。通过他的萃取技术，能够将镧系 15 种元素进行逐一的全分离，并且分离纯度极高，有 80%以上的产品整体的分离纯度可以达到 99.99%。而对于一些高纯氧化镧、高纯氧化钇等物质其分离的纯度能够达到 99.9999%，提高了整体的资源利用率水平。这样我国在稀土开采和萃取工艺等方面的成本比其他很多国家要低不少，这也对国际市场上的很多外国企业产生了巨大的压力，使他们不得不停产或者是转产。

在徐光宪院士研究和发明这项技术之前，尽管中国在稀土元素的储量处于世界的第一位水平，但是也只是向外国出口稀土矿产资源或者是出口一些混合稀土的初级产品，高端的稀土产品是需要从外国进口的。当徐光宪院士发现了这样的稀土萃取技术之后，中国才从原本的稀土储量大国慢慢地变成稀土生产大国，并且逐步地跃居到世界第一位。借助资源和冶炼分离优势，稀土资源能够在我国国内进行更加深入地加工和生产，伴随着稀土产品链的逐渐延伸和加长，稀土产品增加了其附加值，然后再向国外出口稀土产品。以钕铁硼永磁材料作为例子，当前我国钕铁硼整体产量已经可以达到全球总产量的90%以上，而高端的钕铁硼产量也已经达到全球总产量的60%。

（五）中国稀土高端应用领域的原始创新仍然较弱

稀土新材料应用产品以中低端为主、高端应用技术水平不高。以稀土磁性材料的产业链为例，97%的矿物开采和选矿在中国，97%的稀土分离在中国，几乎100%的金属冶炼在中国，70%~80%的制粉在中国，75%~80%的磁体加工在中国，这些低价值环节造成了严重的资源生态破坏和环境污染，而国外企业在附加值高的产业链后端集中，高端产品的发明专利大多数都由外国人掌握。在智能制造与工业机器人领域，稀土永磁伺服电机至关重要，但是由于我国在技术的稳定性以及加工精度方面和西方发达国家相比还存在着一定的差距，很多国内企业不能够进行精深加工，大多数还要依靠国外进口，大大阻碍和限制了我国稀土产业在高端层面的发展。

三、中国稀土产业政策的演变

（一）国际稀土收储竞赛

稀土作为战略资源的重要性世人皆知，世界各地纷纷开展稀土战略收储。美国能源部在2008年将稀土材料列为"关键材料战略"；2010年，欧盟宣布实施稀土战略储备计划。日本很早就提出"稀有金属替代材料计划"。日本稀土100%靠进口，已经战略收储几十年，是稀土收储最多的国家。

在2011年之前，我国稀土资源被疯狂开采，冶炼分离产能大量过剩。国务院新闻办公室发布的《中国的稀土状况与政策》白皮书指出，2006~2008年，国外海关统计的从中国进口稀土量，比中国海关统计的出口量分别高出

35%、59%和36%，2011年更是高出1.2倍。

1985年开始，我国实行稀土产品出口退税政策。到2000年，开始逐步实施开采配额制度。经过半个多世纪的超强度开采，中国稀土资源保有储量及保障年限不断下降。2011年国务院出台《关于促进稀土行业持续健康发展的若干意见》，首次提出稀土战略收储，建立稀土战略储备。稀土专用发票、资源税、专项整治等措施，进一步加强了对稀土市场的规范。

（二）高昂的环境代价

在20世纪七八十年代，人们普遍采用的还是"池浸工艺"，即把矿山表层的植被砍除，将含有稀土的部分挖出浸泡在置换稀土的酸性溶液中，开采1吨稀土，排放1000吨废水，给当地生态环境带来巨大影响。

20世纪90年代中后期，原地浸矿工艺试验成功，由于该工艺不剥离表土，不破坏植被，稀土开采回收率可提高到80%以上，原地浸矿被视为目前最先进。从山顶打个洞，灌进去草酸或者硫酸铵，铵在里面进行离子交换后灌水，让矿液通过下面的导流孔流到山底的池子里，这种工艺确实基本不破坏山体，但对水的污染很严重。重稀土集中地江西省赣州市龙南县在几十年稀土开采之后，环境污染已是难以承受之痛，河里鱼虾全部绝迹，水稻都种不出来。

（三）政策组合拳严格控制供给

近年来为了保护环境资源和有效整顿稀土行业，为了在国际"稀土大战"中取得更多的话语权，我国出台了多项整治措施整顿稀土行业秩序、控制供给（如表8-2所示）。2016年10月，稀土行业发展的"十三五"规划《稀土行业发展规划（2016-2020年）》正式出台，计划到2020年底，全国所有稀土产业要整合成六大稀土集团——中铝公司、北方稀土、厦门钨业、中国五矿、广东稀土、南方稀土，除这六家大型稀土企业集团外不再新增采矿权。

2017年6月，工信部稀土办公室成立整顿稀土行业秩序专家组。

2018年12月10日，十二部委联合下发《关于持续加强稀土行业秩序整顿的通知》，聚焦私挖盗采、加工非法稀土矿产品等问题。工信部公布八委新一轮联合督察启动和全年总量控制计划。

2019年，稀土政策依然是以总量控制、收储为主。1月，十二部委发布《关于持续加强稀土行业秩序整顿的通知》，相关部门更多元、环节更全面、监督惩处更完善，常态化的管理体系有望提供良好的供给结构。

表 8-2   2006～2019 年我国稀土行业收紧政策

2006 年	11 月 1 日发布从 2007 年 6 月起稀土产品加征 10% 关税
2010 年	10 月发布《关于开展稀土等矿产开发秩序专项整治工作检查验收通知》，要求 11 月底前全面完成
2013 年	批准成立六大稀土集团
2014 年	国家再次对稀土实施收储；9 月底开启八部委联合"打黑"行动；3 月稀有金属管理条例列入国务院立法计划；8 月 7 日世贸组织仲裁败诉，调整自 12 月 31 日起取消稀土配额；泛亚有色交易所首次启动稀土商业收储
2015 年	国家正式取消稀土出口配额
2016 年	10 月，工信部发布《稀土行业发展规划（2016—2020 年）》，大力发展稀土高端应用，到 2020 年主要稀土功能材料产量达到年均 15% 以上增长，中高端稀土功能材料占比显著提升
2019 年	1 月，十二部委联合发布《关于持续加强稀土行业秩序整顿的通知》

（四）成立六大稀土集团控制稀土资源

2016 年 10 月，工业和信息化部《稀土行业发展规划（2016 - 2020 年）》正式出台，规定 2020 年底，六大稀土集团（中铝、北方稀土、厦门钨业、中国五矿、广东稀土、南方稀土）完成对全国所有稀土开采、冶炼分离、资源综合利用企业的整合（如表 8 - 3 所示）。

表 8-3   六大稀土集团稀土产业区域整合情况

央企稀土集团		地方稀土集团			
中国五矿	中铝集团	北方稀土	厦门钨业	南方稀土	广东稀土
南	南	北	南	南	南
湖南	广西	内蒙古	福建	江西	广东
广东	江苏	甘肃		四川	
福建	山东				
云南	四川				

六大稀土集团已基本整合完成，稀土资源控制度接近 100%。从各集团资源整合的区域来看，中铝集团以广西、江苏、山东及四川地区为主；五矿集团以湖南、广东、福建及云南地区为主；北方稀土以内蒙古与甘肃地区为主；南方稀土以江西、四川地区为主；广东稀土以广东地区为主；厦门钨业以福建地区为主。

第二节　福建省稀土产业的现状及 SWOT 分析

一、福建省稀土资源分布情况

关于我国南方离子型稀土矿，福建省是其主要的发展省份之一。当前福建省整体的稀土资源储备大约有 5 万多吨，这是已经探明的稀土资源储备，在未来福建省整体的远景储备量大约能够达到 400 万吨，在全国排到第三位，处于内蒙古自治区和江西省之后。福建省的稀土资源主要分布在三明和龙岩两个地区，而在泉州德化县、南平光泽县、宁德古田县等地也先后勘探出了非常丰富的稀土资源储备量。

龙岩市有独特的资源优势，稀土、钴、锰等资源丰富，是全国重要的南方离子型稀土矿产地、福建重要的锰生产基地。根据 2009 年福建省地质勘探队报告，龙岩市稀土氧化物远景资源量 182.36 万吨。其中控制和推断资源量（332 + 333）3.16 万吨，潜在资源量 99.44 万吨，控制和推断资源量（332 + 333）仅占远景资源量的 1.73%。龙岩稀土矿具有两个显著特点：一是配分全、品位高。氧化物配分一般为：氧化镝 4.2% ~ 5.2%、氧化钇 16% ~ 45%、氧化铕 0.4% ~ 1.4%、氧化钕 20% ~ 38%、氧化铽 0.4% ~ 0.98%，是十分珍稀、独特的矿产品；二是结构好，易开采①。龙岩稀土矿山保护良好，具有明显的后发优势。同时龙岩也是全国六大稀土新材料产业基地之一，拥有省级福建（龙岩）稀土工业园区等一批新材料新能源产业园区等优质的承接平台。

三明市离子吸附型稀土资源丰富，全市加里东期、燕山期花岗岩出露面积近 7000 平方公里，已探明稀土资源储量 34 万吨，预计储量在 100 万吨以上，占全省的 1/2。主要分布在三明台商投资区周边的宁化、明溪、清流、永安、建宁、沙县、尤溪等县（市），稀土品位平均为 0.05%，有些局部区域铕的配分值达到 1.20 ~ 1.37%，为花岗岩类风化壳中少见的高铕轻稀土矿床。富含钇、铕等中重稀土元素，是生产稀土发光材料、磁性材料等高性能材料及其应用产品的重要资源，三明市稀土开发有限公司和厦钨新能源材料有限公司，负责三明市稀土资源开发。

福建省政府逐渐意识到稀土资源本身的价值和优势，对稀土资源是十分

---

① 庄志刚. 福建省稀土产业发展机遇与挑战［J］. 稀土信息，2013（355）.

重视的，同时也在不断地提高保护资源力度，加强保护措施。福建省政府在很多年以前就作出了相应的规定，如果稀土资源没有深加工的工艺和技术，那么宁愿不去开采稀土资源。同时福建省针对稀土矿产也实行了相应的管理规定，把这些重要的宝贵资源进行统一的集中管理。当前福建省只颁发了5本稀土资源的开采证，龙岩有4本，三明有1本。由此可以避免对稀土资源进行随意的开采和挖掘，有效地对稀土资源实施了保护。

二、福建省稀土产业发展情况

龙岩市长汀县稀土矿占福建省探明储量的70%以上，长汀稀土资源属中钇富铕型稀土矿床类型，中重稀土含量较高。近年来福建围绕"全国稀土产业基地"和"国家稀土高新技术园区"及"全国军民融合创新发展示范基地"的总体目标，将龙岩稀土工业园区列入福建全省重特大20个产业基地（集群）之一。目前，福建稀土产业产值从2010年的6.17亿元，快速增长到2017年的80.1亿元，2018年突破百亿元大关[①]。

（一）稀土精深加工产业链初呈雏形

根据福建省"高起点规划、高标准建设、高效益发展"的要求，龙岩稀土工业园区按照绿色、科技、人文、创新的国际化高标准，把园区打造成稀土原材料制造、稀土新材料生产、稀土科技研发、稀土人才培训基地。厦门钨业已在福建龙岩（长汀）稀土工业园建成了国内最先进的5000吨全自动、15个元素全分离萃取生产线及高纯生产车间，改变了我国在生产高纯稀土产品［5N以上］方面的落后现状；建成年产1000吨的稀土发光材料生产线、建成年产6000吨高性能稀土永磁材料部件生产线、建成5000吨稀土贮氢合金生产线（年产销售量占中国的36%，成为世界知名镍氢电池材料制造商）。拥有从稀土矿开采—稀土分离—稀土金属—精深加工（荧光粉、磁性材料）等较为完整的产业链。

（二）龙头企业形成集聚效应

近年来福建省大力推动龙岩稀土新材料、新能源材料、氟化工材料、硬质合金材料产业发展，支持稀土产业做大做强，将国家下达的稀土生产指标全部用于支持龙岩市，把龙岩稀土工业园纳入省级招商对接平台。目前全省稀土行业的龙头企业——长汀金龙稀土有限公司是全国六家大型稀土集团之

---

① 福建稀土产业发展迅猛产业集聚显成效［J］. 国际商报，2018-11-6.

一的厦门钨业股份有限公司全资子公司，被誉为稀土行业内成长最快、最具活力、最具发展潜力的年轻公司，国内最具竞争力的稀土深加工企业之一。由厦门钨业牵头"以商引商"引入的信越（长汀）科技有限公司，是由世界五百强企业之一日本信越化学株式会社独资创办的高新技术企业。该企业年产3000吨的稀土磁铁合金生产线项目于2012年12月投产，2017年实现产值4.3亿元。中石油集团公司总投资10.18亿元、年产5万吨稀土石油裂化催化剂项目于2019年3月建成投产。围绕中石油、世界500强日本信越公司、厦钨集团等龙头企业，充分利用它们在技术、人才、资金等方面的优势，实现"以大带小、以小引大"。如厦门钨业新上了卓尔钐钴永磁材料项目和贝思科高性能纳米钛酸钡粉体产业项目，并牵线引进下游应用企业——上海比路电子智能音圈马达项目、友热转印稀土新材料、陇和、雷生闪烁及激光晶体产业化项目等6个超亿元项目。

（三）园区基础设施建成完善

龙岩稀土工业园区规划总面积12.82平方公里，建设用地面积7.98平方公里，计划总投资60亿元。目前，已经累计完成基础设施投资7亿元，实现通水、通电、通路。太行山水厂至园区6.8公里专用供水管网已建成，园区内1万吨/日供水主管网已铺设3公里并实现供水；11万伏变电站已建成投入使用；绿化完成1200多万元资金投入；完成9栋职工公寓已投入使用；日处理2万吨的污水处理厂建成投入运行。厦门钨业高端稀土材料公共技术服务平台等项目，获得国家"两化"融合、稀土产业调整升级专项、发展基金投资等资金13347万元。[①] 金龙稀土等企业开展电力直接交易或者在生产用电增量上获得一定补助。

（四）有序开采绿色循环发展

福建省政府对稀土矿产高度重视，省国土资源厅顶住各方面压力，从20世纪到现在只批了6本稀土开采证。1998年成立省稀土领导小组和办公室，统一规划，统筹安排，防止重复建设，避免造成资源浪费及环境污染等问题。目前，矿区开发秩序良好。长汀金龙稀土公司坚持绿色发展，全要素综合利用稀土矿，延长产业链，自建污水处理站，实现资源循环利用。

（五）龙头企业（厦钨）发展迅猛

厦门钨业股份有限公司是在上海证券交易所上市的集团型股份公司。1997年12月通过整体改制成为厦门钨业股份有限公司。2002年11月在上海

---

① 福建省设立龙岩稀土工业园区［J］. 东南网，2012 - 2.

证券交易所上市。截至 2018 年末，厦门钨业控股 32 家子公司、1 家分公司，设有国家钨材料工程技术中心，国家高端储能材料国家地方联合工程研究中心、稀土工程技术中心和 3 个博士后工作站。公司是国家级重点高新技术企业、国家火炬计划钨材料产业基地、国家首批发展循环经济示范企业，是国家六大稀土集团之一。

厦门钨业已在福建龙岩（长汀）稀土工业园建成了国内最先进的 5000 吨全自动、15 个元素全分离萃取生产线及高纯生产车间，改变了我国在生产高纯稀土产品［5N 以上］方面的落后现状；建成年产 1000 吨的稀土发光材料生产线、建成年产 6000 吨高性能稀土永磁材料部件生产线、建成 5000 吨稀土贮氢合金生产线（年产销售量占中国的 36%，成为世界知名镍氢电池材料制造商），厦门钨业稀土产业情况如图 8 - 6 所示。

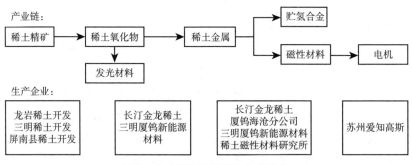

图 8 - 6　厦门钨业稀土产业情况

近年来，公司坚持"依靠硬质合金发展把厦钨做强，依靠稀土和能源新材料发展把厦钨做大"的战略方针，持续优化和丰富产业结构。公司钨冶炼产品年生产 3 万吨，居世界第一；硬质合金出口量占全国 30% 以上，灯用钨丝市场占有率 70%，位居全球第一。在电池材料领域，建设了锂电正极材料和镍氢电池负极材料（贮氢合金）两大产品线，其中锂电正极材料覆盖了钴酸锂、三元材料、锰酸锂和磷酸铁锂等主流品种。厦钨拥有 5000 吨储氢合金、12000 吨锂电正极材料的年生产能力，产品成功进入松下、三星、ATL 等国内外知名企业，成为中国主要的车载动力电池材料供应商之一，产销规模位居国内前列，是国内最具竞争力的能源新材料产业基地。

三、福建省稀土产业政策

福建省经济贸易委员会在《福建省关于促进稀土行业持续健康发展的若

干意见》中提出了福建稀土行业的发展方向：以应用开发为重点，着力延伸稀土产业链，提高稀土产品附加值，把福建省建设成为全国重要的离子型稀土生产、研发、应用基地。

（一）创新管理模式

福建省对稀土资源在全省范围内要实行政府控制，从而实现有效的开采和集中的矿产分离，最终达到利益共享的目标。进行稀土矿产开采及冶炼分离的过程中，在全省范围内实行"五统一"政策（即统一规划、统一开采、统一价格、统一收购、统一分配），这样可以有效防止一些小作坊、小矿山的低效率开采，从而避免稀土资源造成严重的浪费。这种管理模式也被称之为"福建模式"。

（二）培植龙头企业

对众多的稀土企业进行有效的重组和体制改革，对厦门钨业发展进行重点推进，在全省形成以大公司发展为主导的稀土发展全新格局。逐步形成稀土资源开发深加工模式，逐步提高稀土资源的综合利用效率，同时也可以很好地推进下游的产品研发，让整个福建省的稀土行业处于全国领先乃至世界领先行列。

（三）延伸产业链

针对稀土资源发展的全新目标以及稀土新产业总体的战略规划要求，提高稀土资源的深加工效率，增强技术使用率。除了要保证一些传统材料，例如储氢材料、磁性材料、发光材料等本身的研究和技术开发以外，同时还要对于一些催化、永磁、新材料的稀土产品进行进一步的拓宽，注重上游和下游的产业链连续性，增强稀土产品的深加工产业链，更为有效地形成"矿山勘探—矿山开采—分离冶炼—金属及合金—稀土功能材料—稀土应用器件"一整套较为完整的稀土产业发展体系。

（四）园区建设管控

建设稀土工业园区，可更好利用稀土资源优势，符合稀土产业发展的要求。集中进行稀土冶炼，有利于全省稀土资源的综合利用，有利于环保治理，有利于稀土开采的控制，有利于产业集中度的提高。

（五）严格保护环境

针对《稀土工业污染物排放标准》的具体实施，新建企业和现有企业分别是在 2011 年 10 月 1 日和 2012 年 1 月 1 日开始执行相应的具体标准的。通过在矿区安装一些在线的监督设备，可以有效地提供矿山的监督和检查力度，同时也要针对矿山整体的生态情况和环境进行恢复和改善，从而保证各方面环境制度的有效落实。

（六）加速要素集聚

提升骨干企业和龙头企业的引领作用，同时与国内相应的稀土研究所进行合作，建设离子型稀土发展的研究中心。在很多先进的平台上，全方位吸引技术、人才和资金，保证财政的扶持，提高政府补贴和各种奖励措施。

四、福建省稀土产业 SWOT 分析

（一）福建省稀土产业的优劣势分析

1. 优势

（1）具备良好的稀土产业发展基础。全省的稀土为中钇富铕型，是稀土磁性材料、节能灯、显示屏、激光晶体、储氢合金、工业陶瓷灯必备的材料。由于各级政府部门重视稀土资源的开发管理，坚持科学、合理、有序开发利用，较好地保护了稀土资源，避免了稀土行业粗放开采、应用开发滞后的状况发生。

（2）在稀土深加工方面已经形成产业集群。经过多年的发展，全省矿山开采—冶炼分离—加工及应用产品的稀土产业链已初步形成：拥有稀土矿山开采企业 5 家，稀土冶炼分离企业 3 家，发光材料、储氢合金、激光晶体等稀土材料的发展已居全国前列，高性能磁性材料、永磁电机已进入开发阶段，产业聚集效应明显。

（3）龙头企业突出。福建省政府早在 2009 年就提出了发展福建稀土产业必须以大型国有企业为主导，确保稀土可持续发展。2014 年厦门钨业被国务院批准为稀土六大集团之一，随即福建省委、省政府专门召开组建稀土大集团的目标、进度、资源整合、资源接续等相关工作会议，并提出了创建 1 个国家级稀土产业园（基地），建设 2 个稀土绿色开采矿山，建设 1 个国家级稀土及应用产品技术创新和研发平台，预计到 2020 年厦门钨业稀土集团实现产值 400 亿元，并带动相关产业链形成超千亿产业集群①。

（4）产学研合作提升产品核心竞争力。中国科学院、厦门市政府、厦门钨业合作在厦门海西稀土产业创新创业基地投资 10 亿元建立"中国科学院海西研究院稀土材料研究所"，进行稀土基础理论研究。同时福建省还创新产

---

① 2019 年全国两会期间，福建全国人大代表章联生向十三届全国人大二次会议提交了《关于继续加大对福建省稀土产业发展支持力度的建议》。

学研成果转化机制，鼓励各个高校、科研机构与稀土企业建立技术战略联盟，引导新材料创投资金加大投入。

2. 劣势

（1）稀土产业结构不合理，附加值偏低。虽然福建稀土原材料资源丰富，已在稀土冶炼分离、发光材料、永磁材料、储氢合金、照明等产业上形成了一定规模，但总体上稀土原材料产品占比偏高，资源就地深加工转化利用率低，资源优势未能充分转化为经济优势。

（2）稀土原料保障存在供需矛盾。福建省通过产业整合和资源配置等措施，实现了对稀土原料总量的控制。目前，国内外应用市场需求旺盛并保持上升态势，福建省的稀土企业的分离量达 5000 吨/年，而国家有关部委下达的分离、冶炼指标仅 3963 吨/年，远远不能满足现有企业的发展要求；稀土资源后续保障乏力，长期以来实行保护稀土资源的政策，全省只颁发了 5 本稀土采矿证（龙岩市 4 本、三明市 1 本），均为 20 世纪 90 年代颁发，由于矿山规模比较小，矿权内储量小，无法形成规模效益，经多年开采已处于"有证无矿"状态，未来随着稀土产业规模的进一步扩大，对稀土原料的需求日益增加，稀土矿开采证、分离证以及采矿指标和分离指标不足，不能适应大力发展稀土深加工产业的需要。

（3）稀土高端研发人才缺乏。福建省稀土产业起步较晚，从整体产业链发展来看，稀土人才多集中于选、冶、分离领域，缺乏零部件、整机开发及营销、运作等人才。相关人才承担原创性开发能力差，从事项目跟踪、模仿多，在高端稀土材料研发方面缺乏国内领军型人才。究其原因，对于稀土矿产在进行开采、冶炼和分离等环节过程当中，相应的风险和投入较低，而收益却非常的高，但是一旦发展到稀土下游产品研发方面，在风险系数和投入系数方面都相对较高。目前我们国家在进行稀土开采分离和冶炼过程中，相应的技术和萃取手段较为先进，也比较环保，但是针对下游的产品研发，在投入和技术方面略显不足，产品的深加工能力和附加值水平也相对较低，在市场上缺乏竞争力。

（二）福建稀土产业的机遇与挑战分析

1. 机遇

（1）国家和福建省产业政策密集出台促进稀土产业高质量发展。2015 年国务院发布的《中国制造 2025》为稀土行业发展注入新动能。《中国制造 2025》对稀土材料的保障能力和质量性能提出了更高要求，与《全国矿产资源规划（2016－2020 年）》《新材料产业发展规划（2016－2020 年）》《工业绿色发展规划（2016 - 2020 年）》等规划进行了衔接，2016 年工业和信息化部发布了《稀土行业发展规划（2016 - 2020 年）》，是科学指导稀土行业发展，推动稀土产业整体迈入中高端而制定的规划。国家对稀土行业加强行业准入和产品出口管理，并依法开展清理整顿，规范生产经营秩序。福建省也颁布了支持稀土产业发展的政策，以《福建省人民政府关于促进稀土行业持续健康发展的实施意见》为指导，加上近年来福建省金融支持工业企业加快发展 12 条、推动工业高质量发展 18 条、支持民营企业加快发展 20 条等系列政策，对重点企业实行"一企一策"，能够为新材料新能源产业项目落地和集聚发展提供有力保障。

（2）市场需求的持续增长推动稀土产业快速发展。一是稀土战略地位更加凸显。随着世界科技革命和产业变革的不断深化，主要工业化国家如美国、澳大利亚、加拿大、俄罗斯、南非、智利、巴西高度重视稀土战略价值和相关领域的开发应用。稀土消费市场主要在中国和日本，中国和日本消费量占全球消费总量的 56.5% 和 21.2%，其次是美国和欧洲，均为 8.0%。二是国家可持续发展战略为产业发展创造新空间。三是战略性新兴产业规划的全面实施将促使稀土产业升级。加快培育发展战略性新兴产业是加快转变经济发展方式的必然要求①。

2. 挑战

（1）国外稀土资源的重新开发弱化中国资源优势。目前，国外很多国家针对稀土资源的开采进度正在提速。稀土本身的价格不断攀升，因此国外很多稀土开采公司加速对稀土矿的开采，在全球范围内已经形成了稀土元素供应的多样化局面。目前俄罗斯、美国、南非、巴西、澳大利亚、智利等一些稀土资源重点储备国家已经重新启动了稀土资源的开发和研究项目，提升了原本的稀土矿山开采和分离能力。如美国钼公司和澳大利亚莱纳公司这两家公司的产能，基本可以满足中国以外的稀土市场需求（如表 8 - 4 所示）这必然会削弱中国稀土资源储备带给本土企业的相对优势。

（2）国内稀土产业的投资热潮和非法开采导致产能严重过剩。受国家扶持稀土产业的激励以及对稀土产业未来的憧憬，产业内的企业积极向上下游扩大规模，但是一些地方以牺牲生态环境为代价私挖滥采和非法加工稀土，形成黑色产业链。自 2011 年国务院《关于促进稀土行业持续健康发展的几点

① 稀土行业深度报告：国之重器，重新审视稀缺的中国稀土战略资源 [J]. 智研咨询网，2018 - 10.

表 8 - 4　　　　　　　　　目前国外稀土生产商情况　　　　　　　　　单位：吨

序号	公司	国家	目前产能
1	美国钼公司	美国	40000
2	Lovozersky 矿业公司	俄罗斯	15000
3	Solikamsk Magnesium Works	俄罗斯	
4	印度稀土公司	印度	100
5	丰田/双日/越南	越南	
6	Neo	泰国	1800 - 2000
7	澳大利亚莱纳公司/马来西亚	马来西亚	
8	巴西原子能工业公司（INB）	巴西	1500
合计			68500

意见》出台以来，国家相关部门出台了一系列法规、政策、措施，加强了国家对我国特色稀土资源开发利用的管控力度，旨在规范行业行为，保持稀土行业持续健康发展。八年来稀土行业运行的实践表明，预想的目标并未完全实现。黑色产业链愈演愈烈，特别是离子型稀土资源的非法开采呈蔓延之势，离子型吸附型稀土精矿的产量和市场供应量远远超过指令性计划指标。业内人士统计分析，近年来，离子型稀土精矿的年产量 5 万 ~ 8 万吨，是每年 1.79 万吨指令性计划的 3 倍以上。直接后果是扰乱了稀土市场的供求格局，稀土冶炼分离产能过剩加剧，从 2011 年的 25 万吨增加至 2016 年的 45 万吨，仅六大集团产能就达 22 万吨，形成了产能过剩的局面，而全球目前对稀土的需求量不过 15 万吨左右[①]。氧化钇为代表的我国重稀土产品大量积压，低价抛售，稀土出口量增价低，镨钕等产品高价进，因此造成在稀土产业上虽然我国储量大、产量大、开采技术先进，却没有价格话语权的被动局面。

（3）深加工技术水平较差，高端产品专利被国外掌握。经过几十年的发展，中国稀土萃取分离技术在世界上已独树一帜，但是在稀土功能材料的生产技术方面与发达国家还有很大差距。我国缺少自己独有的技术和原创专利，这些都制约了我国稀土技术的发展。

---

① 孟庆江. 关于当前稀土行业现状评析——稀土行业的宏观政策应当适时调整 [J]. 铁合金在线，2018 - 4 - 26.

第三节 推动福建省稀土产业高质量发展的措施建议

我国的"十三五"时期是福建省稀土资源发展的重要时期和黄金阶段，其整体稀土资源产业的转型和体制建设有了质的飞跃。福建省对本省当前稀土行业发展状况以及对各项问题进行分析研究，判断和分析未来的发展趋势和进程，构建合理、有序、高效、创新的全新稀土发展方向和行业格局。在进行稀土资源发展和开发和开采的过程中，一定要以保护为首要原则，继续提高开采和冶炼当中的产能效率，提高利用效率，加强上下游产业协同联动，针对一些高端的稀土材料和器件进行重点的发展和研究，拓展稀土中高端材料市场促进稀土产业整体的转型和提升。注重行业的发展质量和效率的提高。继续做大做强传统产业项目，逐步开拓和创新新兴的产业项目，重点培育高端产业项目，发挥稀土产品在我国国防、科技等方面的重大作用和优势。

一、强化资源和生态保护，促进可持续发展

要坚持保护优先，着力推动绿色安全发展。严守环保和安全底线，完善技术规范和标准，坚决打击非法开采、违法生产、破坏生态和污染环境行为，强化污染物排放监管，实现稀土全产业绿色清洁生产。

（一）加强稀土资源管理

针对稀土资源整体的勘探、开发、生产、利用等方面内容进行统一的规划和管理，根据当前稀土市场的发展以及需求有效的控制开采量和生产量。对稀土行业进行细致化管理，构建完善的管理指标，指导稀土产业向高效能、绿色化、智能化的发展方式进行转变，推动镧铈等众多的富裕元素的发展和应用提升。对于稀土生产违法违规行为进行严厉的打击和处罚，妥善监管稀土重要稀缺资源，加强稀土矿的监管和监察力度，对于稀土矿的开采技术进行全方位的优化和升级。

（二）加强生态保护

在进行稀土矿产开采、生产、冶炼的过程中发展新工艺和新技能，保证开采当地的环境保护和治理恢复，确立相应的责任机制。提升尾矿的综合治理和稀土矿的综合利用率，提高矿产开采过程中废渣的处理水平，完善矿产的开采、分离、冶炼等各方面的技术，构建真实有效、技术全面的规范化工厂。

生态环境保护工程：结合园区统一布局和建设发展规划，限制高污染、高耗能、高排放型产业发展，停止新建重污染企业项目。建立限期退出机制，尽快将污染型企业项目迁出。对稀土开采加工与回收利用、废旧金属回收、材料加工型产业，采取集中排污、集中治理措施，加大污水处理、废气废渣排放监察力度，下大力气降低废气、废水、废渣排放对周边空气质量和生态环境的影响。

循环经济工程：强化资源能源消耗高、污染物排放量大的钢铁、机械等行业重点企业的生产源头、生产过程到产品的生命周期管理，组织实施清洁生产，加强废弃物排放减量化和清洁生产技术，包括工艺环节污染处理技术、污水零排放技术的应用，大力降低工业生产过程中的废气、废液和固体废弃物的产生量。

生态化构建工程：在原工业园区规划的基础上，完善园区生态建设。建立延伸产业链条，构筑可再生、可利用资源的综合利用链；相关企业、项目规划在同一园区，组成共生企业群，新上项目原则上都要进入相应的工业园区；开发余热余能利用、有机废弃物的能量回收。

环境监督监管工程：提高项目环保准入标准，建设环境监管体系。严把项目准入关，坚决杜绝高污染、高排放、低效益"两高一低"企业落户园区，关闭高耗能、高污染企业，拒绝高污染、高耗能产业项目入园。建设先进的环境监测预警体系和完善的执法监察体系。项目审批严格执行环境影响评价制度和"三同时"制度，建立健全重点污染企业"一企一册"档案材料，督促企业建立完善的污染防治体系、环境应急体系和风险评估体系。

二、支持创新体系和能力建设，培育行业新动能

要坚持创新引领，着力提升核心竞争优势。建设一批创新平台，完善产学研用协同创新体系，强化企业创新主体地位，推动创新链、产业链、人才链、政策链、资金链深度融合，不断增强稀土产业发展竞争力。

（一）完善行业创新体系

注重科技的创新和发展，要以市场为主要导向，企业为发展主体，逐步形成"政产研学用"的稀土创新体系。同时依托相应的技术服务和信息数据平台，对于稀土材料成果进行全面的完善和装备的提升。对于当前的管理体系、发展技术进行系统的强化，着重解决一些高端稀土磁性材料、储氢材料、

催化材料、轻合金结构材料等产品发展时遇到的技术瓶颈和相应的技术难题。在稀土产品检测和分析的过程中，提升平台的服务水平和能力。对于一些超高纯度的特殊稀土材料物质进行检测工艺的提高，加强机动汽车尾气催化剂、新能源汽车动力电池等内容的评价需求。建立材料的应用和检测平台，有效地对稀土金属进行高纯度的提取与分离，同时注重稀土开采的绿化和环保工作，降低分离和冶炼的成本，对于一些废旧稀土金属进行高效率的回收，提升整体系统产品的附加值水平。同时攻克一些稀土金属在研制和开发过程中的技术难题。

（二）加强知识产权和标准体系建设

对稀土的专利分析、知识产权保护机制等进行研究。对于稀土行业建立相应的技术核心专利保护与专利池，构建产业化导向发展道路。对具有自主知识产权的项目要进行全力的支持和技术的协助。同时多方位的鼓励我国企业申请国外专利。同时重视相应的稀土企业、各个研究院、高校以及行业组织在进行国内的标准制定中所发挥的重要意义和价值，逐步完善和健全我国稀土标准体系，构建信息平台化标准服务，形成专业的管理系统和管理模式。

三、推动集约化和高端化发展，调整优化结构

福建稀土产业形成了从稀土矿山开发、冶炼分离、稀土功能材料（稀土永磁材料、储能材料、发光材料等）和科研应用等较为完整的产业体系。能源新材料领域建设了锂电正极材料和镍氢电池负极材料（贮氢合金）两大产品线，其中锂电正极材料包括了钴酸锂、三元材料、锰酸锂和磷酸铁锂等产品。一方面在进行稀土资源的开采、冶炼和分离的过程中，一定要加强技术领域的支持和提升。同时还要注意产业结构的更新换代和调整，注重产业升级。另一方面针对稀土金属在一些高精尖技术领域的产品进行研发，特别是针对一些高性能的磁性材料、电机、电池、发光材料、显示器件、高精度仪器等方面的研究，促进稀土产品在质量和数量上进行双重扩张，整体提升稀土金属的科技含量和应用质量，增强稀土金属产品的附加值水平。积极推动龙头企业投资高端应用产品生产，延伸产业链。

（一）推动稀土集约化发展

要推动稀土企业实现发展战略，提高矿山开采质量和冶炼分离程度，有效扩大生产规模，应对稀土资源进行管理再造和工艺流程的提升。同时注重企业之间各个部门的相互合作，增强自律性，勇于承担各方面社会责任。自

觉维护市场的各方面秩序和条例，保持供需之间的平衡，逐渐地将稀土产业做大做强。提升企业在市场中的竞争水平，同时推进稀土资源的产业结构升级，延伸产业链，让稀土产品的附加值和科技含量逐步升高。

（二）促进稀土材料高端应用

对稀土的高性能材料进行全面研发。对于一些稀土关键材料包括零部件在内，逐步提升其整体的应用水平。在一些重要的航天航空、海洋工程、机器人机械、医疗等领域开拓稀土材料在未来高科技社会的应用，特别是网络化、智能化和数字化社会建设，更是需要对稀土材料进行全方位的使用。

1. 稀土永磁材料

重点方向：依托下游风力发电、新能源汽车、节能家电等产业的发展，开发高性能稀土永磁材料，打造稀土永磁材料—永磁电机—装备制造等产业链，注重产业间的协作发展。

重点产品和技术：开发高性能稀土永磁材料、新能源汽车用永磁电机、微特电机、电动车用永磁电机等。进一步提高对高性能稀土掺杂铁氧体软磁材料、烧结钕铁硼产品质量和工艺过程控制、低重稀土含量烧结钕铁硼永磁材料、耐高温高矫顽力钕铁硼永磁材料、烧结钕铁硼晶粒细化技术、纳米复合快淬钕铁硼粉末的高性能化、提高钕铁硼永磁产品收得率、各向异性粘结钕铁硼制备工艺、大磁热效应温室稀土磁制冷材料、热变形各向异性钕铁硼粉末制备新工艺、高性能稀土磁致伸缩合金、近净成形钕铁硼磁体的制备技术、新型纳米磁性材料的合成制备、性能研究、产品开发和产业化、烧结钕铁硼磁体和粘结稀土永磁体的矫顽力增强机制、新型稀土永磁、半导体磁电阻等功能材料制备的基础和应用等关键技术的研发。

2. 稀土发光材料

重点方向：打造从发光原材料开发到发光材料日常应用的完整产业链。照明领域（三基色节能灯、CCFL）荧光粉朝连续化和低能耗生产方向发展；显示领域（LED、OLED、等离子显示、液晶显示背光源）荧光粉朝精细合成生产方向发展。

重点产品和技术：重点开发节能灯用荧光粉（稀土三基色荧光粉）、发光二极管（LED）用荧光粉、冷阴极灯（CCFL）用荧光粉、等离子平板显示（PDP）用荧光粉、长余辉荧光粉、场发射等显示（FED）用荧光粉等、稀土发光材料回收等。进一步提高对连续、规模化稳定生产稀土荧光材料关键技术与装备、白光LED稀土荧光材料制备关键技术、高纯稀土材料国产化、3D平板显示稀土荧光材料制备关键技术、高纯度稀土离子掺杂光纤预制棒制作技术、面向先进制作技术可调谐脉冲激光与器件、废弃荧光灯回收体系的建设、高光产频、短余晖新型稀土闪烁材料、新体系、新用途稀土发光材料等关键技术的研发。

3. 稀土催化材料

重点方向：努力加强稀土催化材料的技术研究和储备。特别是对汽车尾气催化净化剂的进口替代研发，争取国内催化剂的市场空间，重点研发欧 V 标准以上机动车尾气催化剂产品。

重点产品和技术：重点开发汽车尾气净化催化剂。进一步加强对开发欧 IV 和欧 V 标准新型低贵金属含量机动车尾气净化催化剂的制备工艺、工业源排放有毒、有害、有机挥发性废气催化燃烧的低贵金属富稀土整体催化剂或气体净化催化剂、稀土催化材料的可控设备、天然气公交车及柴油汽车净化高性能强抗硫稀土催化剂、汽车尾气催化剂整体式催化剂的封装成型技术等关键技术的研发。

4. 稀土储氢材料

重点方向：以新能源汽车产业发展为契机，重点开发高比容量，低自放电、长寿命、快速吸放氢稀土储氢合金，打造稀土储氢材料—动力电池—新能源汽车产业链。

重点产品和技术：重点开发新能源汽车用储氢动力电池，储氢合金，稀土储氢材料等产品。进一步加强对新能源汽车用储氢动力电池负极材料储氢合金产业化关键技术、高性能低成本稀土储氢材料储氢系统的开发、高性能稀土储氢合金在镍氢电池中的应用技术、高性能稀土镁基储氢合金及制备技术、低自放电镍氢电池用储氢合金制备技术、高效真空快淬炉等关键装备的开发应用、高性能新型稀土储氢材料、废弃电池中稀土有价元素的回收技术、高性能新型稀土掺杂储氢材料等关键技术的研发。

5. 中重稀土合金材料

重点方向：重视稀土掺杂特种功能材料和稀土合金材料的开发。重点利用氧化锆、氧化钛等氧化物稀土激活手段和半导体光催化特性，开发稀土激活抗菌剂和空气净化剂。加大重稀土中间合金添加剂产品的研发力度，发展重稀土中间合金产品。

重点产品和技术：开发汽车用稀土轻合金、重稀土中间合金添加剂、电子陶瓷元器件，陶瓷刀具等。进一步提高对低成本稀土中间合金先进制备技术与工艺、新型稀土合金应用与交通工具大型零部件材料的研发与产业化、新型稀土轻合金材料开发、新型稀土合金冶炼装备的开发、电子级稀土粉体

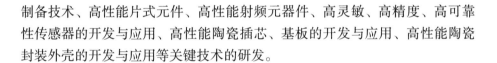

制备技术、高性能片式元件、高性能射频元器件、高灵敏、高精度、高可靠性传感器的开发与应用、高性能陶瓷插芯、基板的开发与应用、高性能陶瓷封装外壳的开发与应用等关键技术的研发。

四、加快绿色化和智能化转型，构建循环经济

（一）推进上游产业绿色转型

全方位的研发和探究稀土资源的绿色开发、环保开发以及冶炼技术的提升。对于绿色高效的萃取技术、低盐低碳的分离提取技术进行工艺的再深化和技艺的增强。同时对于企业整体的生产技术和设备进行更新换代和升级，增强产品的环保性能和技术含量，降低稀土资源的损耗率，逐步实现废物资源有效利用、废水的零排放，对于各项生产环节的卫生进行严格的管理，在开采、提取和加工的过程中发展循环模式。增强矿产资源的综合利用，对于一些废旧的稀土产品进行再次的加工使用，构建完整的回收体系和相应的制度。对于稀土资源的综合使用率和开发效率进行全面的提升，推广稀土资源的重复使用。

1. 稀土冶炼分离

加强稀土绿色清洁生产；稀土清洁分离、超高纯单一稀土金属制备、熔盐电解及合金制备节能项目，全面提升离子型稀土开发利用水平。提高高纯度稀土化合物及金属制备技术的发展。加强离子型稀土矿开采综合技术研究：原地浸矿技术、绿色采矿过程控制技术等，加强绿色矿山生态恢复研究：采矿废水回收技术、矿山水文地质研究、新型稀土分离技术、稀土清洁生产技术、高纯稀土化合物及金属的制备技术等关键技术的研发。

2. 稀土资源回收再利用

支持废旧永磁、发光等稀土材料二次资源回收利用，实现规模化、低成本、低污染、高效率综合回收利用和产业升级。重点提高稀土和高价值金属分离回收技术、稀土冶炼废水综合治理技术及装备、重要稀土资源的回收再利用技术。

（二）加快智能化改造

对稀土矿产整体的资源数据、材料数据以及稀土的加工生产工艺数据进行数据库搭建，在企业管理中实施数据集中式的管理，同时将稀土的数据管理融入企业的 ERP 系统当中。生产和加工的各个环节实行智能化的控制，建立生产台账，实施数字化的监控和调度，注重安全检测，有效地实现稀土资

源管理数字化和智能化发展。增强稀土材料产品的数字化规模，优化工艺技术以及提升整体服务效率。在稀土的开采、分离和冶炼的全过程中，加强数据的采集和各方面的管理控制，有效提升在线检测水平和信息采集效率。整个生产流程过程中，对产品进行有效的识别，同时在线对生产的一些故障进行自我诊断，并进行自我修复。针对一些关键环节的操作可以进行智能化控制，从而有效地推进产品质量的稳定性、环保性和节能性。

1. 稀土数字化矿山

在稀土资源开采的过程中，形成相应的生产数据库和资源共享管理平台。对于一些数据进行集中式的管理，并且能够实现资源的可视化发展。通过一些自动化、智能化的管理系统，对整个生产过程进行全流程的智能监控，提高稀土开采的效率和水平。在矿山建立全面的通信网络，对整个生产经营进行全方位的监督和数字化的管理。同时针对各方面的安全系统也要加强保障，逐步实现矿山整体的数字化管理。

2. 稀土冶炼分离智能工厂

对稀土冶炼分离的整个过程实施数据的自动化采集和管理系统的构建。建立起生产台账数据库，自动收集生产过程中的数据，并且对于产品进行在线检测。实时监控和调配冶炼分离的全过程数据，逐步提升冶炼分离技术和工艺技能，同时也全面提高稀土的产品质量和回收率。

3. 稀土金属及合金智能车间

注重研究和开发合金自动化生产设备，提高稀土金属的使用率。在整个生产过程中，实现数据的自动采集、智能检测和在线控制。对于高纯度的稀土金属冶炼设备以及一些大型的节能稀土合成控制设备进行研究和开发，实现物联网管理，对于整个稀土金属的车间管控形成一体化的控制。

4. 高端稀土材料和器件智能制造

逐步加强高端系统器材的研发和高端稀土器件生产企业的实力，对他们的制作工艺和技能进行升级与更新，实现整个生产过程的自动化管理和控制。将产品的质量、稳定性以及附加值进行全面的提高。增强企业的信息化建设，能够及时地了解产品的参数和具体的性能。通过智能控制对信息进行采集和处理分析，整体订单的跟踪生产、工艺管控、加工流程、物流运输、产品检查等各个方面都形成全面的信息化管理，进行多方位的数据分析和流程控制。

（三）拓展稀土绿色化应用

着力拓展镧铈钇等高丰度元素在工业节能、机动车尾气净化、工业窑炉废气脱硝等环保领域的应用，发展铽镝减量和镧铈钇替代镨钕的技术，推动铈（或富铈）磁体的产业化，扩大在电机等领域的应用。

五、壮大产业集群，实现上下游产业协同发展

要坚持集群发展，突出招大引强、精准招商，优选一批补链、强链、扩链型的大项目好项目，推动稀土产业整体迈上中高端。做优做强做大产业，推进资产、资源、人才、市场向龙头企业集聚。向下游延伸产业链，形成与终端应用需求相适应的原料供给体系，开发具有自主知识产权的稀土功能元器件和零部件，提升稀土功能材料及元器件研发水平，实现稀土全产业链优化。

（一）引入标杆企业入园

精准招商，延伸链条。按照"缺什么引什么、弱什么补什么"原则，选优择强引进稀土项目，利用福建稀土资源优势，开展招商引资和企业改造升级计划。围绕投资和需求两方面的对接机制，不仅仅要规划好园区整体的发展布局以及产业结构和产业链发展等方面，同时还要及时的对市场需求进行合理预测，开拓市场，加强资源配置，针对性的对接供求双方，有计划的实施投资方案，实施民企产业项目第三方招商引资奖励政策，开展产业链招商，持续对接生成一批具有较强引领性、带动性、根植性的产业龙头项目和产业链"补短板"项目，促进集群产业延链、补链、壮链。以资源吸技术、引资金、招人才，大力引进稀土产业链条的核心项目、龙头相关产业项目、配套产业项目和循环利用产业标杆企业项目（稀土高性能磁材、燃料电池、储氢电池、汽车尾气净化器、稀土节能电机等），扩大产业规模，做大做强稀土产业集群。

（二）扶植培育龙头企业

扶优扶强、龙头带动。支持龙头企业通过兼并重组、合资合作、交叉持股、引入战略投资者等方式实施强强联合。推动龙头企业通过参股配套企业、下游企业方式提高产业集群紧密度，对现有企业实施兼并重组，实现规模化发展，应对目前国家对稀土产业的整治，包括严格控制稀土冶炼分离总量制度，一些中小稀土企业通过与大的龙头企业联合，争取配额。

培育龙头企业，发挥大型稀土企业集团的引领带动作用。进一步整合稀土资源，着力提高稀土冶炼分离和应用环节的整合力度，促进大企业开发重要的稀缺稀土资源，逐步提高研发水平及力度。注重龙头企业和高效率单位

来牵头组成相应的产业联盟和集聚组织，共同促进产业的发展和创新，提高市场竞争力和合作效率。除此之外龙头企业也应该和下游的诸多企业进行有效的沟通与合作，使资源型企业进行互相联系，联通其与深加工企业之间的桥梁，对下游的许多企业选取重点商家进行战略合作，逐步的延伸产业链条。

（三）引领园区绿色集聚发展

引导省级以上新型工业化产业示范基地推进完善产业配套和服务环境，不断提升发展质量和水平，使其成为带动工业转型升级、推动工业做大做强的重要载体和骨干力量。加强省级循环经济试点园区建设，支持龙岩稀土工业园发挥示范引领作用，在提高资源节约和综合利用上取得新成效。

第九章

福建省医疗器械产业
高质量发展研究

医疗器械产业增长速度快、带动性强、发展潜力大。受益于经济的繁荣发展，信息时代的快速到来，科技技术的强势更迭，医疗器械产业成为世界上发展最快的产业之一，市场规模增长率已超过全球 GDP 的增幅，年复合增长率在近 20 年的时间内均保持在 10% 以上的增长。随着健康中国战略的逐步推进，特别是在新一轮科技革命和产业变革下，我国医药、机械、电子等学科的快速发展，医疗器械产业发展面临进口替代的重要发展窗口，福建医疗器械产业面临高质量发展的新机遇。

福建省委、省政府高度重视医疗器械产业健康发展，近年来全省医疗器械产业发展增速加快、质量向好，政策环境日益完善，产业规模逐年增长，出口创汇能力领先，产业集聚水平提高。要抓住机遇建立医疗设备智能高效的制造体系，提高产业集中度，增强中高端产品的供给能力，将医疗器械产业培养成为拉动经济发展、建设新福建的新引擎。

第一节 医疗器械产业特征及发展态势

一、医疗器械产业内涵

(一) 产业内涵

医疗器械是指直接或间接作用于人体的仪器、设备、器具、体外诊断试剂及校准物、材料及其他类似或者相关的物品，包括所需要的软件①；其效

---

① 见国务院 2016 年《医疗器械监督管理条例》。

用主要通过物理等方式获得，不是通过药理学、免疫学，或者代谢的方式获得。医疗器械行业是一个多学科交叉、知识密集和资金密集的高技术产业，它涉及到医药、机械、电子、高分子等多个行业，生产工艺相对复杂，企业进入的门槛也比较高，是一个国家制造业和高科技尖端水平的标志之一，属于国家重点鼓励发展的产业之一。

医疗器械一般分为三类（如表 9 - 1 所示），第一类是指通过常规管理足以保证其安全性、有效性的医疗器械。第二类是指对其安全性、有效性应当加以控制的医疗器械。第三类是指植入人体、用于支持、维持生命；对人体具有潜在危险，对其安全性、有效性必须严格控制的医疗器械。经营第二类和第三类医疗器械产品的法人单位、非法人单位和法人单位设立的分支机构应当申办《医疗器械经营企业许可证》，国家食品药品监督管理总局另有规定的除外。通常所说的高端医疗器械，包括骨科固定植入材料、人工关节、人工晶体、植入式心脏起搏器、人工心脏瓣膜（生物和机械瓣膜）、心血管支架、介入医用导管和其他高分子植入耗材，以及大型诊疗设备，如 CT 机、核磁共振仪等。高端医疗器械品种繁多、价格高、风险大，其质量和功能直接影响患者的健康甚至生命安全，任何潜在风险，都可能带来极为严重的后果。

表 9 - 1 医疗器械产品分类及特征

类型	定义	管理方式	审批部门	风险程度
第一类	实行常规管理可以保证其安全、有效的医疗器械	备案管理	所在地设区的市级人民政府食品药品监督管理部门	低
第二类	需要严格控制管理保证其安全有效的医疗器械	注册管理	所在地省、自治区、直辖市人民政府食品药品监督管理部门	中等
第三类	需要采取特别措施严格控制管理保证其安全有效的医疗器械	注册管理	国务院食品药品监督管理部门	较高

资料来源：作者根据相关资料整理。

（二）价值链构成

医疗器械产业涉及人的生命健康，由多个价值增值环节相互衔接而成，其研发与制造是集合了生物医药基础研究与现代加工制造等多种技术和多个环节的复杂过程，特别是高端医疗器械产品需要兼顾产品的安全质量和创新技术的应用。由于医疗器械的特殊性，其效用和价值的发挥不仅与生物医药技术紧密相连，很大程度上还依赖于 IT、机械制造以及大数据分析等服务性行业，因此医疗器械产业价值链中的价值创造活动越来越需要更多的相关主体参与。特别是高端医疗器械的研发过程就需要政府政策、资金的支持，高校科研院所的人才、技术的投入，使用者对产品的建议、需求等。

二、医疗器械产业特征

（一）战略性

医疗器械行业是具有很大发展潜力的高新技术产业，推进医疗器械产业发展具有重要战略意义。世界上众多国家都把医疗器械产业作为战略性新兴产业。我国也高度重视医疗器械产业的发展，《中国制造 2025》以及国家"十三五"战略规划，国家卫生健康委员会（以下简称"卫健委"）① 和国家食品和药品监督管理总局两部委颁发的《数字诊疗装备重点专项》都明确将高性能医疗器械列为重点发展产业，高性能医疗器械受到前所未有的重视和期待，医疗器械产业价值链如图 9 – 1 所示。

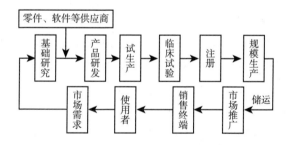

图 9 – 1　医疗器械产业价值链

资料来源：茅宁莹，孙妍：基于产业价值链视角的我国医疗器械产业升级路径［J］. 工程研究，2018（2）.

1. 经济增长潜力巨大

随着科技的进步，人民对健康需求的升级和医疗技术水平的提高，现代医疗卫生服务对医疗器械的要求也越来越高。医疗器械产业处于新兴发展阶段，市场潜力巨大。医疗器械产业发展能够带来经济效益，增加产值和利润，成为经济发展新的增长点，在新一轮世界产业革命中获得竞争优势。

---

① 原卫计委，2008 年机构改革后组建卫健委，以下同。

2. 促进健康事业发展

当前我国临床高端医疗器械和高价值医用耗材主要依赖进口，进口产品昂贵的费用大幅度提高了我国基本医疗的医疗成本。据统计，大中型医疗器械的使用中，三级医院80%、二级医院50%使用的都是进口产品①。发展具有自主知识产权的国产医疗器械，对于大幅减少医疗成本具有重要意义，是保障我国居民基本医疗实现可持续发展的迫切需求。

3. 保障健康信息安全

医疗器械产业的发展，不仅仅是一个产业问题，还涉及国家、民族健康信息、生物信息安全。医疗器械在实现医疗健康辅助功能的同时，还将生成和存储大量的国民健康信息和生物信息，只有实现国产化，才能更好地有效避免重要健康信息的泄露，避免对国家生物安全、国民健康保障带来的重大威胁。

（二）融合性

医疗器械产业是生命科学领域发展最快的领域之一，科技含量高、创新性强，是一个多学科交叉，知识密集、资金密集、技术集成融合型的高技术产业。不仅是健康产业的基础行业，还是一个涉及医疗、机械、计算机、电子信息、自动控制、材料科学等多个行业。医疗器械产业开发了各种各样的设备，从诊断、影像到外科、整形手术，医疗设备集合创新软件技术推动了医疗器械产业的快速增长，许多大型医疗器械都是融合型的产品，如计算机扫描断层成像、磁共振成像系统、手术机器人、全自动生化分析仪等。

（三）高风险

医疗器械产业发展的高风险性体现在：

1. 投资风险大

由于高端医疗器械产品科技含量高，研发制造周期长，投资金额大，市场投资风险大。

2. 运营风险大

基于医疗器械对健康安全的重要性，市场准入门槛高，高端医疗器械需要具备品牌效应，才更能被消费者和市场认可，市场运营风险大。

3. 监管要求高

由于医疗器械对身体健康的重要性，质量细微差别都可能导致难以挽回

---

① 栾鸿翔. 中国医疗器械行业 FDI 与对外贸易关系的实证研究 [D]. 上海外国语大学硕士论文，2014.

的损失，对医疗器械的安全性和有效性要求很高。针对医疗器械可能存在的危险，避免对人体造成伤害，世界各国都对医疗器械提出了严格的监管要求，高端医疗器械需要建立严格的不良事件监测和报告制度。高监管标准不仅会增加企业的管理成本、注册成本，还在无形中形成了很多技术和贸易壁垒①。

（四）细分性

医疗器械的细分市场通常比较小，企业需要不断延展产品线，才能摆脱单品或单细分生命周期对企业的成长限制；同时，器械相对于药品研发周期短，更新换代快，完全靠企业自主研发容易错过市场黄金期，所以外延收购不失为一条可行之路。单一产品市场容量有限，产品多元化是企业持续增长的必然选择。医疗器械行业细分领域市场空间有限，除了少数高端产品技术壁垒较高外，其他产品的研发周期很短。

三、国外发展格局

（一）美国

美国医疗器械产业具有完善的监管和法律法规体系，相对完善的现代产业服务配套体系，政府的鼓励政策、资本和技术的良好对接、先进的生产性服务企业等，为美国医疗器械产业的发展提供了成熟的发展环境。在微电子、通信、仪器仪表、生物技术、软件开发等医疗器械相关的核心技术方面居垄断地位。当前，美国医疗器械产业约有 8000 家生产制造商，产业规模占世界总市场的 40% 左右，居世界第一位。如表 9-2 所示，2018 年全球前 10 大医疗设备公司美国占了 7 席。

表 9-2　　　　　　　　2018 年全球 10 大医疗设备公司

序号	公司	收入（亿元）	国家
1	美敦力	297	美国
2	DePuy Synthes	266	美国
3	费森尤斯医药用品	207	德国
4	飞利浦医疗保健	207	荷兰
5	GE 医疗	191	美国
6	西门子医疗	165	德国

① 郭剑锋. 中国高端医疗器械产业的现状及发展对策 [D]. 北京：对外经济贸易大学，2014.

续表

序号	公司	收入（亿元）	国家
7	康德乐	135	美国
8	史赛克	124	美国
9	BD	121	美国
10	百特	106	美国

资料来源：医药人才服务公司 ProClinical 根据 2017 年营收编制。

美国将发展技术作为医疗器械产业核心竞争力，先后通过一系列促进技术创新的政策法规。包括调整政府和国家科研机构的职能，产学研合作体系，专利和知识产权，配套财政和税收政策，政府担保和成果转化的扶持政策等。并为企业提供了政府、银行、保险、基金等多方面的融资渠道，允许各类金融机构实行跨行业经营，增加了市场的灵活性。美国形成了以中小企业为主体的技术创新体系，大学、科研机构是理论和基础研究的主体，金融机构和风险投资是资本和技术对接的主体，众多中介服务机构成为创新体系中不同主体之间、技术和资本之间的桥梁，风险投资与技术对接多是针对具有高成长性的中小企业。美国医疗器械产业研发投入高，用于医疗器械新产品研发的支出占销售收入的 10% 以上，接近欧盟和日本的 2 倍[①]。

美国在加利福尼亚、纽约、马萨诸塞、伊利诺伊、明尼苏达、佐治亚州等地形成了几大产业集聚区，这些地区在经济、创新、人才方面具有突出优势。以技术资源为核心的产业集聚区，如美国的硅谷科技园、128 号公路科技园、北卡罗来纳研究三角园。北卡罗来纳研究三角园技术资源和人力资源集聚，以北卡罗来纳大学、北卡罗来纳州立大学、杜克大学为核心，将三所大学的人才集中起来，吸引政府、财团、企业在周边投资创办研发机构，区内聚集了几百家科研机构，包括微电子研究中心、生物技术中心、环保研究员、环境卫生研究所等。以临床资源为中心的产业集聚区有明尼阿波利斯医疗设备产业群，区内有五所全美著名医院。美国克利夫兰医学中心是全球最负盛名的医疗机构之一，周边集聚着医药、医疗器械的研发和生产机构，通过产品、研发、应用的结合，从临床应用中寻找研发方向，形成创新产品和临床发展相互促进的良性循环。

（二）欧洲

欧洲工业基础雄厚，现代精密机械、电子技术、新材料、IT 等先进技术

① 宋志坚等. 医疗器械产业集群发展战略研究［D］. 上海：上海科学技术出版社，2017.

的发展，为欧洲医疗器械产业的发展提供了良好的配套产业环境。欧洲医疗器械产业占世界的总份额大概为30%左右，大企业主导产品的生产和销售，众多中小企业提供上下游配套生产和服务。产品结构以中高端技术产品为主，产业集中度较高，专业人才资源充足。欧洲医疗器械主要分布在德国、英国、法国、意大利和爱尔兰。德国的手术及影像设备、英国的生物材料、法国的骨科设备、意大利的X射线等都具有产业优势。

德国是欧洲医疗器械产业最集中国家，规模约占整个欧洲市场的50%，形成了几个集中的工业园区。埃郎根是以企业为主导形成的医疗器械产业集群，是大学与科研机构的集中地，大学与科研机构推动了通信、软件、新材料等新技术的发展，也为医疗器械产业发展提供了全面的技术支持。目前埃郎根工业园集中了西门子医疗、飞利浦医疗、通用电气等大品牌公司，并聚集了一大批具有创新能力的中小企业为这些大品牌公司提供配套辅助产品和服务，带动了整个德国医疗器械产业的发展。德国的图特林根是外科手术器械产业的集中地，拥有贝朗医疗等许多著名的外科医疗器械企业，产品几乎覆盖了整个外科领域，是全球有名的外科器械之都。

瑞士伯恩州是一个世界领先的医疗器械产业群，传统钟表制造基础形成了先进精密仪器制造技术和经验，集中了制造、供应和研发等产业链各环节企业，包含美敦力、捷迈、强生等在内的约280家医疗器械企业在此聚集。

（三）日本

日本把医疗器械产业列为新型主导产业，良好的汽车、电子、光学等工业基础，为日本医疗器械产业提供了良好的产业配套环境。日本医疗器械产业规模大，跨国大企业主导产业的研发、生产和市场，企业规模大、企业数量少。主要以医用电子设备、影像设备、心血管支架、医用光学仪器、康复护理产品、家庭医用产品为主。主要利用跨国公司的优势专业领域，以开发新型医疗器械产品关键零部件为突破口，进行专业的创新活动。如日本佳能公司的医用X射线机的数字化探测器技术，富士公司计算机X射线中的IP板技术，医用激光打印机，日立公司的永磁MRI系统的突破等。

日本的医疗器械产业主要集聚在东京、九州、京都等经济发达地区。东京附近的筑波科技园是由政府扶持建立的科技新城，官产学研机构聚集，现已成为日本最大的研发基地，聚集了诸多医疗器械高新技术企业，利用园区基础研究和高等教育集聚优势，以及科技园区的研发环境和人才优势，从事医疗器械的研发。

四、中国发展格局

随着我国居民生活水平和健康意识的提高，特别是国家优惠政策和激励措施，国内医疗器械市场得到了突飞猛进的发展，产品需求量持续增长，目前已成为仅次于美国、欧盟和日本最重要的医疗器械市场。根据国家统计局数据，截至 2018 年，全国共有医疗器械生产企业 1.7 万家，其中一类器械生产厂家 7513 家，二类 9189 家，三类 1797 家，在医疗器械经营企业方面，全国共有二三类医疗器械经营企业 51.1 万家，其中，仅经营二类为 29.2 万家，仅经营三类为 6.7 万家，同时经营二类三类则达到 15.2 万家。

（一）市场规模增长迅速

作为国家重点支持的战略产业，医疗器械产业正迎来一个爆发期，有统计数据显示，2001 ~ 2018 年中国医疗器械市场规模呈逐年增长趋势，如图 9 - 2 所示，2001 年中国医疗器械市场销售规模仅为 179 亿元，而 2018 年整体市场规模就达到 5250 亿元，比上年 4450 亿元增长 800 亿元，增长率接近 18%。2018 市场规模是 2001 年的 29.3 倍，年均增长 22.25%。中国医疗器械行业整体迈入了高速增长阶段，预计 2030 年中国将成为全球第二大医疗器械市场。[①]

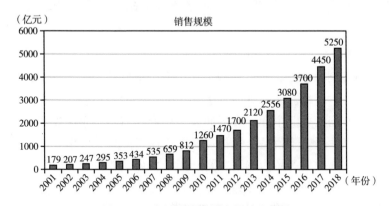

图 9 - 2　中国医疗器械市场销售规模

资料来源：作者根据中国融资租赁网《中国医疗器械产业蓝皮书》整理。

（二）产业集聚优势凸显

现阶段，我国医疗器械产业主要形成了三大产业集聚区，即环渤海湾产

---

① 李莹亮. 中国医疗器械行业崛起之路［J］. 科技与金融，2018（10）.

业区、长江三角洲产业区以及珠江三角洲产业区。

一是环渤海湾产业区，以北京为中心的环渤海湾地区（含天津、辽宁、山东）形成了包括数字X线成像（DR）、核磁共振成像（MRI）、数字超声、加速器、计算机导航定位医用设备、呼吸麻醉机、骨科器材和心血管器材生产企业群。

二是长江三角洲产业区，以上海为中心，医疗器械产业发展迅速、中小企业活跃、地区特色明显，其一次性医疗器械和耗材的国内市场占有率超过一半。部分产业呈现聚集态势，如浙江桐庐的内窥镜，苏州的眼科设备，无锡的医用超声，南京的微波、射频肿瘤热疗，宁波的MRI等。

三是珠江三角洲产业区，以深圳、广州为中心，综合研发能力强，主要产品包含监护设备、超声诊断、MRI等医学影像设备和伽马刀、X刀等大型立体定向放疗设备、肿瘤热疗设备等，是我国现代医疗器械的新技术发展的风向标。深圳拥有600多家医疗器械生产企业，1500多家医疗器械经营企业，年产值超过240亿，成为中国最重要的医疗器械产业集聚区之一。

（三）高端市场差距较大

虽然我国医疗器械行业发展迅速，但与发达国家差距仍然较大，国产化水平有待提高。根据ProClincal公司的统计，2017年世界营收100强中，我国仅占6席，分别是新华医疗、山东威高医用高分子制品、北京乐普医疗、江苏鱼跃医疗、上海巨星医疗、微创医疗。我国医疗器械行业市场中，高端医疗器械市场仅占比约25%，多数企业仍处于中低端医疗器械领域。而研发投入力度太小，行业集中度不高则是国产高端医疗器械的总体质量不高的重要原因。从2018年我国医疗器械市场的产品结构来看，国内医疗器械市场中医学影像、体外诊断、低值耗材类份额占比较高，分别占据16%、14%和13%的市场份额，心血管设备植入物和骨科器械也各占据了6%的市场额度。

根据国家食品药品监督管理总局数据，2017年，我国医疗器械生产企业数共有1.6万家，其中I类生产企业6096家，II类生产企业9340家，III类生产企业2189家。在这1.6万家生产企业中，大部分规模都较小，90%以上为中小型企业，上市公司数量约为200家，其中新三板上市169家，上交所＋深交所＋港交所上市企业43家。从上市公司财务数据来看，绝大多数医疗器械公司规模都较小，2017年营业收入超过50亿元的公司仅有迈瑞医疗、威高股份、新华医疗与迪安诊断4家。行业集中度较低，2017年Top10企业销售收入仅占全部医疗器械行业销售收入的12.58%，而Top50企业销售收入占全部医疗器械行业销售收入的31.71%。相比全球医疗器械行业Top10销售收入37.55%还有很大的提升空间。

（四）产业周期处成长期

我国医疗器械产业目前还处于吸收创新发展阶段，自主创新医疗器械品牌多数集中在中低端产品市场，自主研发能力相对薄弱、核心技术和关键部件依赖国外进口的局面还没有根本扭转。根据兴业证券的研究报告，国产影像类设备绝大多数还处在成长期，有些产品甚至还处在婴儿期（如图 9-3 所示），约 80% 的 CT 市场、90% 的超声市场、90% 的磁共振设备均被外资企业垄断。在部分领域，进口设备的覆盖率甚至可达 100%。生命支持类国产医疗设备已进入成熟期，电刀、监护仪、输注泵等国产医疗设备技术已相对成熟（如图 9-4 所示），市场占有率和用户整体满意度都处在较高的水平上。消毒与材料类中消毒灭菌设备类别的国产设备成熟度比较高，心脏起搏器、人工关节等植入性器械类别仍处于成长期（如图 9-5 所示）。

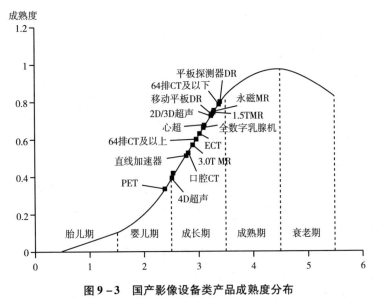

图 9-3 国产影像设备类产品成熟度分布

资料来源：兴业证券经济与金融研究院，《中国医疗器械行业发展报告》。

五、未来发展趋势

（一）政策红利和监管并存

随着人口老龄化和产业升级转化的需要，我国对包括医疗器械产业在内的医疗健康产业的重视、政策利好程度，都处于历史最优状态，如表 9-3 所示。自 2013 年以来，相关部委已发布 18 个鼓励支持医疗器械产业发展的政

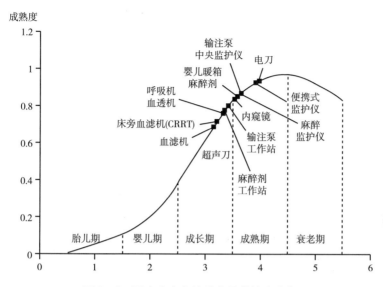

图 9 - 4　国产生命支持类产品成熟度分布

资料来源：兴业证券经济与金融研究院，《中国医疗器械行业发展报告》。

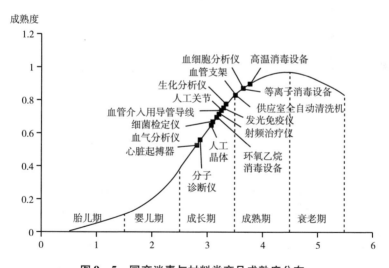

图 9 - 5　国产消毒与材料类产品成熟度分布

资料来源：兴业证券经济与金融研究院，《中国医疗器械行业发展报告》。

策文件，如《医疗器械注册管理办法》《体外诊断试剂注册管理办法》《医疗器械说明书和标签管理规定》等，特别是 2014 年 6 月实施的新版《医疗器械监督管理条例》的发布，在一定程度上对医疗器械行业实现了政策松绑，有望助推国内医疗器械产业发展迈上一个新台阶。2019 年医疗器械行业将持续地在政策红利中健康发展，医疗器械行业发展的新周期已经启动。一方面政府简政放权，贯彻"放管服"，明确主体责任。政府的大部制改革，重新明确了政府各个部门的职责，各项政策对研发、注册、采购、生产、配送、销售、质量、代理等各个环节的责任也进行了重新定位，发布《关于深化审评审批制度改革鼓励药品医疗器械创新的意见》，加快创新医疗器械产品审批等。另一方面，由于医疗器械、特别是第三类医疗器械对健康的重要性，对医疗器械企业注册、生产等的监管也日趋严厉，医疗器械上市许可持有人制度（MAH）的试点和推行，更是从"责任"的角度明确了产品上市持有人的责任。2018 年政策合规管控的力度在加大，规范经营和财务成为传统营销模式面临的考验，打击垄断、行政干预、商业贿赂政策持续发力。医疗器械产业发展朝着更规范、更高效的方向发展，违法企业将会逐步淘汰，行业环境将进一步改善。

表 9 – 3　　　　　　　　我国支持国产医疗器械发展的利好政策

时间	文件名称	主要内容
2018 年 8 月 20 日	国务院《关于印发深化医药卫生体制改革 2018 年下半年重点工作任务的通知》	推进医疗器械国产化，促进创新产品应用推广
2018 年 4 月 9 日	国家卫健委《大型医用设备配置许可管理目录（2018 年）》	部分设备配置审批权限下放，部分设备无须再经审批即可配置
2017 年 10 月 8 日	中共中央办公厅和国务院办公厅《关于深化审评审批制度改革鼓励药品医疗器械创新的意见》	促进医疗器械产业结构调整和技术创新
2017 年 6 月 7 日	科技部、卫健委等《"十三五"卫生与健康科技创新专项规划》	加强创新医疗器械研发，推动医疗器械的品质提升，减少进口依赖，降低医疗成本
2016 年 3 月 18 日	中国医学装备协会《关于开展优秀国产医疗设备产品遴选的公告》	遴选出一批国产医疗设备，形成优秀产品目录
2015 年 5 月 19 日	国务院《中国制造 2025》	高性能医疗器械作为《中国制造 2025》重点推进的十大重点领域之一
2011 年 12 月 31 日	科技部《医疗器械科技产业业"十二五"专项规划》	力求改变我国高端产品依赖进口、国产产品可靠性差、长期跟踪仿造的情况；着力突破高端装备及核心部件国产化的瓶颈问题
2011 年	科技部《创新医疗器械产品应用示范工程实施方案》（"十百千万工程"）	在全国 10 个省（市、区）的 100 个区县的 1000 家医疗机构，示范应用 10000 台套国产创新医疗器械产品，培育扶持一批拥有自主知识产权和核心竞争力的医疗器械高新技术企业

资料来源：作者整理。

（二）市场潜力将持续增强

医疗器械行业是当今世界发展最快、交易最活跃的朝阳产业之一。近年来全球经济发展乏力，但是医疗器械产业发展一直快于药品行业，全球医疗器械产业持续平稳增长。与国际市场对比，中国仍然具有庞大的增长空间。我国人均医疗器械费用支出远低于发达国家的人均医疗器械费用（皆大于100 美元），瑞士甚至高达 513 美元，而我国人均医疗器械费用仅为 6 美元。发达国家的医疗器械市场规模与药品的市场规模相当，但中国医疗器械市场规模只有药品市场规模的 1/5，全球医疗设备市场规模已占据医药市场总规模的 42%，并有扩大之势，而我国只有 14%，医疗设备产业仍然还有较广阔的发展空间。药品与医疗器械人均消费额比例对比如图 9 - 6 所示。

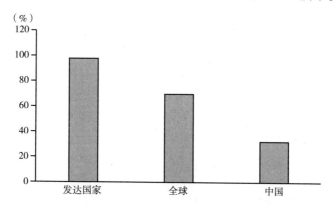

图 9 - 6　药品与医疗器械人均消费额比例对比

资料来源：兴业证券经济与金融研究院，《中国医疗器械行业发展报告》。

随着庞大人口基数的老龄化加剧、人均可支配收入增长和产业鼓励政策落地，以及人民对健康越来越重视，医疗器械市场需求强劲，市场规模也将快速扩大，发展速度明显高于全球平均速度。2011 年以来，国家持续加大对国产设备的支持力度，推动我国医疗器械产业的跨越式发展。医药占比限制、药品零差率、破除以药养医等政策有利于检验科室收入增长；分级诊疗推动基层市场放量；国家鼓励社会办医，民营医院对各类设备的需求越来越旺盛。2020 年是分级诊疗规定服务能力全面提升的目标年，由于目前我国乡镇卫生院和社区卫生服务中心等基层医疗机构，急需"填补缺口"和"更新换代"。中低端医疗器械市场将会出现快速增长，无论从内因还是外因来看，我国医疗器械市场处于较好的发展环境，驱动行业需求持续增长。

（三）创新成为发展新动力

国家把医疗器械创新放到了前所未有的高度，"产品创新、模式创新、监管创新"成为新时期行业发展的新特点，绿色通道的设立将使更多新产品快速上市，研发合同外包服务组织（clinical research organization，CRO）、生产合同加工外包服务组织（contract manufacture organization，CMO）等也将大步快跑。过去的医疗器械生产企业主要是通过制造和销售产品来为医疗机构提供价值服务，未来医疗服务模式将悄然发生重大变化，产业价值链将从功能型向服务型转变，迎来重大变革。新技术不仅能为医疗服务机构与患者提高效率、节省费用，还能够让医疗器械企业在预防、诊断、治疗和护理等方面发挥更大的作用。未来 3~5 年，医疗器械行业将引入更多的创新产品，传统诊断和治疗将被根本性颠覆。

（四）信息化程度不断提升

随着 5G 的到来，万物可联将提升医疗器械的应用范围。实现产品的信息可追溯，用信息化手段对医疗器械生产、流通全过程进行监管是新政对医疗器械行业要求的重点，医疗器械领域的信息追溯机制、体系、编码等至今还不够完善，有待于进一步提高。智能化的医疗器械发展趋势，对信息化的普及和提高同样提出了更高要求。

（五）产品结构日趋多元化

我国的诊断性医疗器械产品具有较为广阔的市场，近年来，家用保健医疗设备产品的市场也逐渐扩大，受到广大消费者的喜爱。因此，医疗设备产品结构多元化的趋势将会日益明显，医疗设备市场上将会涌现大量的家用保健医疗设备、便携式医疗设备以及网络化信息化的医疗设备产品。

（六）产品设计更小更智能

未来适应市场需求的医疗设备应该是更小、可穿戴/可植入、无线连接、可靠以及智能的。人工智能技术、医用机器人、大型医疗设备、应急救援、生物三维打印、可穿戴设备等方面都将获得突破性进展，推动医疗器械人工智能化应用的飞速发展。

第二节　福建省医疗器械产业发展现状

一、发展历程

20 世纪初，随着西医药的发展，福建省一些西药房开始附设加工场，生产化学制剂和医疗卫生材料。福州永保、西亭、亚光、三星等药店先后附设药棉、纱布等加工场；胜建康、宝光、宝康、建华等药店附设玻璃瓶制造厂；邹锡源药店作坊生产胶布；东南化工厂生产盐酸氯酸钾等。由于手工操作，质量差、数量少。

中华人民共和国成立后，福建省医疗器材工业系统逐步形成壮大。1954年10月，福建省医药公司组织生产保健箱、接生箱随成药下乡供应农村。在医药商业的扶持下，福州医疗化工厂、漳州卫生敷料厂、福建省医疗器械修配厂相继建成投产，产品有脱脂棉花、纱布、口罩、X 光机、电针灸机、经络测定仪等。1959 年，福建医疗器材工业产值 61 万元。[①] 20 世纪 60 年代，福州五金生产社、福州金银加工社、福州机械制牌厂、福州建筑机械厂、福州理发工具厂、剪刀社等参加医疗器械生产，产品有妇科计划生育器械、产床、病床、医用各类推车、药物天平、齿科材料及手术器械等 32 个品种 60 多种规格。全省医疗器械厂家增加到 12 个，卫生敷料厂 4 个。1969 年，福建医疗器材工业产值 452 万元，比 1959 年增长 7.4 倍。70 年代，福建医疗器材厂家最多时有 45 个，但因产品质量、销路等问题，一些企业关停并转。1979 年，厂家有 29 个。产品有常用外科手术器械、专科手术器械、医院及病房护理设备、调剂及化验器具等 20 多门类 200 多个品种，产量也有较大增长。重点开发了精密光学、医疗电子仪器。新产品有超声波诊断仪、微波理疗机、心脏调搏器、心脏监护仪、三参数及五参数诊断仪、扇形扫描等。1979 年，福建医疗器材工业产值 1180.91 万元，是 1969 年的 2.62 倍。

80 年代，福建医疗器材工业引进先进设备和技术，提高产品质量，促进产品升级和创优。获省级以上科技奖项目有 10 个，获国家银质奖产品 1 个，省优产品 2 个。有 4 个厂与外商合作生产电子血压计、电子听诊器、电子体温计、光电天平等。省制订企业标准 90 多项，有 16 种产品采用国际标准生产。1990 年，福建医疗器材主要生产企业有 19 个，产值 3211 万元，出口创汇 107 万元。主要产品有超声波诊断仪、心脉仪、心脏监护仪、电子针灸按摩器等诊疗器械，神经针、棉花针、牙科车针、子宫拉钩、胎儿吸引器、阴道镜、阴道手术镜、子宫探针等手术器械，通用和专科手术台床等医院病房护理设备及卫生敷料等[②]。

改革开放以来，福建省的医疗器械产业有了长足进展，医疗器械产业占

---

①② 历年《福建年鉴》。

整个专业设备制造业的份额在不断上升。1990年医疗器械产值占全省医药工业产值4.43%，1995年占比4.75%，1997年，全省医药工业总产值22.4亿元，比上年增长6.4%，医疗器械工业1.31亿元，增长22.8%。近年来，为加快推进福建省生物与医药产业发展，省政府及相关部门出台了《福建省中药材保护和发展实施方案（2016－2020）》《福建省医药工业发展行动计划》《福建省促进医药产业健康发展实施方案》《福建省关于加快康复产业发展八条措施》《福建省生物产业发展行动计划（2018－2020年）》《关于加快生物产业发展七条措施》等一系列政策措施，促进企业创新能力提升，推动产业规模发展壮大。2018年，全省规模以上医药工业企业202家，实现主营业务收入439亿元，同比增长17.0%，其中医疗器械主营业务收入83亿元，在医药工业中排第二位①。

二、市场绩效

（一）政策环境日益完善

一是优化医疗器械服务环境，提升产业发展质量。为鼓励和规范医疗器械行业的发展，我国制定了一系列产业发展政策和医疗器械生产、产品上市的监管措施。福建省在国家政策大背景下，结合福建实际，也出台了一系列相关政策措施。对医疗器械生产许可、产品注册机制进行细化，并形成了常态化的医疗器械质量抽查、公布工作机制，严肃查处医疗器械网络销售等市场经营违法违规行为，如表9－4所示，仅2016年一年就出台了4个关于规范医疗器械注册、质量管理相关文件，为进一步规范医疗器械市场环境建立了制度基础。2019年发布《福建省药品监管局关于进一步优化服务助推医药产业高质量发展措施》。

表9－4　　　　　　　　福建省2016年以来医疗器械相关文件

序号	文件名称	发布时间
1	福建省食品药品监督管理局关于发布第二类医疗器械注册证补办程序等5个相关程序的通告	2016年6月
2	福建省食品药品监督管理局关于实施医疗器械产品出口销售证明管理规定有关事项的通告	2016年6月

---

① 历年《福建年鉴》。

续表

序号	文件名称	发布时间
3	福建省医疗器械注册质量管理体系核查工作程序（暂行）	2016 年 9 月
4	福建省食品药品监督管理局关于医疗器械注册及生产许可有关问题的通告	2016 年 11 月
5	福建省药品监管局关于进一步优化服务助推医药产业高质量发展若干措施	2019 年 5 月
6	《关于进一步加强药品医疗器械化妆品监管工作的意见》	2019 年 6 月

资料来源：作者收集整理。

二是制度创新深化两岸产业合作。福建省药品监督管理局发布了《关于开展台湾地区生产且经平潭口岸进口第一类医疗器械备案工作的通告》，2019 年 1 月 21 日起，台湾地区生产第一类医疗器械，可直接在福建省药监局专门窗口备案并经平潭口岸进口，极大方便了台湾地区第一类医疗器械产品进入大陆市场。

三是充分发挥社会辅助功能。2014 年福建省医疗器械学会成立，成为推动福建医疗器械科学技术和民族医药事业健康发展的重要力量。

（二）产业规模逐年增长

福建医疗器械产业相较改革开放前，总体规模有了较大的提高。根据福建药品监督管理局的统计，1990 年，福建医疗器材主要生产企业有 19 个，产值 3211 万元，出口创汇 107 万元。2013 年有企业 26 家，主营业务收入37.12 亿元，医疗器械出口额 12.55 亿美元，居全国第 5 位。截至 2019 年第一季度末，福建共有医疗器械生产许可证 300 本，如表 9 - 5 所示。

表 9 - 5　　　　　　　2019 年第一季度末医疗器械生产许可证　　　　单位：本

项目 \ 指标	生产许可证数量		合计
	药品	医疗器械	
本季新增	0	2	2
本季注销	0	2	2
季末实有	137	300	437

资料来源：福建省药品监督管理局网站统计信息。

（三）出口创汇能力领先

福建医疗器械产业已形成出口创汇能力，并在全国居于领先地位。如福建梅生医疗其医疗设备、器械及药品在全国4万多家医疗机构临床使用，并已出口至东南亚、中东、南美等20多个国家和地区。大博医疗科技股份有限公司产品出口至欧洲、中东、东南亚、南美、非洲的50多个国家及地区。2013年，福建医疗器械产品出口额125506.04万美元，在全国排第五位，仅次于广东、江苏、上海、浙江，同比增长4.19%。随着"一带一路"倡议的推进，福建医疗器械出口到"一带一路"沿线国家的出口额也占全国前列，2017年"一带一路"沿线国家出口额15216.56万美元，同比增长1.83%，出口额在全国排第六位（如表9-6所示）。

表9-6　2017年我国"一带一路"沿线国家前十位省（区、市）医疗器械出口统计

序号	按地区	出口额（万美元）	同比（%）	占比（%）
	合计	447566.79	4.98	100
1	广东	122975.77	16.08	27.48
2	浙江	87508.35	-0.98	19.55
3	江苏	73528.08	11.91	16.43
4	上海	39915.77	-7.04	8.92
5	北京	19120.74	-1.85	4.27
6	福建	15216.56	1.83	3.4
7	山东	14025.05	3.99	3.13
8	广西	10037.48	-11.44	2.24
9	天津	9024.88	5.18	2.02
10	江西	8830.99	-15.1	1.97

资料来源：《中国先进医疗器械市场研究报告（2013-2014)》。

（四）产业集聚水平提高

经过多年的发展，福建医药工业基本形成以厦门、福州、三明为主要支撑、闽东北、闽西南区域协同推进的产业发展格局。福建医疗器械产业空间结构逐步优化，产业集聚水平不断提升，形成福建莆田、龙岩长汀、厦门海沧等多个医疗器械产业园，集聚优势逐步显现。

1. 福建健康产业园

位于莆田的福建健康产业园依托莆田（中国）健康产业总会，打造医（医疗、康复）、教（培育培训）、研（医学研发）、养（保健养老）、产（药械产业）五位一体的产业链，形成以特色医疗服务业和医疗器械、耗材制造及生物医药产业为两大核心，拥有医院康复治疗、医药器械耗材生产、医疗

商务服务、医学研发总部经济、医学教育培训等功能。其中，健康产业园的医药医疗器械耗材生产区，面积约 3000 亩，主要招商引进跨国公司、大型品牌医疗器械和药品及耗材等生产性企业。

2. 龙岩长汀医疗器械产业园

老区长汀，在不到三年的时间内，将当地的医疗器械产业打造成年产值破 10 亿元的战略性产业。长汀通过改革创新，打造服务高地，探索多项创新举措，率先推进医疗器械企业行政审批告知承诺制改革，探索县级医院临床试验机构运营模式，实现第二、第三类医疗器械部分经营许可本县办理等，持续激发企业发展的内生动力。截至 2019 年 5 月，长汀共签约引进医疗器械企业 48 家，其中大多数企业涉及第二类以上产品的生产或经营。

3. 厦门海沧台商投资区

已形成生物医药、电子信息、机械制造等产业集群，其中生物医药产业获批国家战略性新兴产业区域集聚发展试点。

4. 漳州市台商投资区

漳州台商投资区不断做强园区发展大工业，全区现有工业企业 1200 多家（其中龙头企业 11 家、亿元企业 74 家），投资总额超千亿元，已形成特殊钢铁、汽配、电子家电、食品工业、造纸及纸制品五大主导产业，重点引进培育新一代信息技术、高档数控机床和机器人、生物医药及高性能医疗器械等三个新兴产业，2018 年，全区完成规模工业总产值达 673.72 亿元，同比增长 9.4%。

5. 宁德东侨经济技术开发区

宁德东侨经济技术开发区加快产业转型升级，推动产城融合，努力建设成为一个新型工业化发展的引领区、高水平营商环境的示范区、大众创业万众创新的集聚区、开放型经济和体制创新的先行区。宁德东侨开发区的生物科技产业和电机产业蓬勃发展，在安发（福建）生物龙头带动下，东侨以共建园区形式引进安发生物产业链项目和宸润生物医疗器械项目，做大做强生物科技、健康产业。

三、问题和挑战

（一）创新能力不强，高端产品少

福建医疗器械产业总体呈稳步上升趋势，但是从医疗器械企业生产产品的类型来看，医疗器械产品的技术含量相对较低，产品结构有待进一步的调整。医疗器械产业作为高新技术产业，产品研发对于行业的发展具有重要作用，特别是Ⅲ类医疗器械需要更高的研发投入，属于高端产品。从全国情况来，2019年全国Ⅲ类企业平均比重只有20%。而福建省Ⅰ、Ⅱ类产品生产企业所占比重较多，Ⅲ类占比更低，只有4.12%。为支持医疗器械的国产化进程，自2014年起国家卫生健康委员会委托中国医学装备协会组织开展优秀国产设备的遴选工作，建立国产优秀医疗设备目录，作为积极支持国产医疗器械采购的重要依据。至今已发布五期，榜单几乎都被深圳、北京、上海、广州等重点城市企业占据，福建入选的企业和入选产品占比都偏小，以2019年为例，福建无一家企业产品入选。

（二）行业集中度低，企业规模小

福建医疗器械行业中小型企业所占比重多，产业规模化发展程度不高，虽然近些年来医疗器械产业得到了整顿与优化，小、散、乱的整体布局并未有较大的变化。如表9-7所示，2011年、2013年福建医疗器械企业分别为20家、26家，资产总计15.59亿元、17.02亿元，即福建医疗器械单体企业2011年平均资产为7795万元，2013年为6546万元。这对于重资产的医疗器械生产企业而言，规模非常小，利润率则更低。从业务收入来看，福建整体规模也较小，2013年全省医疗器械产业主营业务收入37.12亿元人民币，远远低于江苏、广东等沿海大省，亦低于湖南、江西、四川等中部省份。国内外知名医疗器械企业一年的销售额都远远超过全省规模，如美国的美敦力2017年一年的销售额就达到30亿美元。

表9-7　全国及主要省份（2011年、2013年）医疗器械产业经营情况

地区	2011年产业经营情况				2013年产业经营情况			
	企业数量（家）	主营业务收入（亿元）	利润总额（亿元）	资产总计（亿元）	企业数量（家）	主营业务收入（亿元）	利润总额（亿元）	资产总计（亿元）
全国	878	1360.00	153.55	1180.00	994	1888.63	199.17	1561.70
北京	63	96.08	18.60	132.94	68	111.75	18.14	175.12
天津	21	16.67	1.34	23.47	31	30.77	2.57	32.27
辽宁	29	56.55	3.54	39.92	42	98.83	7.45	60.12
上海	76	105.18	11.60	98.32	68	105.85	14.11	122.56
江苏	210	320.82	34.68	237.37	228	439.02	41.50	317.20
浙江	78	69.23	8.06	74.76	89	77.39	7.75	90.29
安徽	18	27.39	2.41	10.37	29	44.42	4.14	16.59

续表

地区	2011 年产业经营情况				2013 年产业经营情况			
	企业数量（家）	主营业务收入（亿元）	利润总额（亿元）	资产总计（亿元）	企业数量（家）	主营业务收入（亿元）	利润总额（亿元）	资产总计（亿元）
福建	20	29.48	2.14	15.59	26	37.12	3.00	17.02
江西	23	74.85	5.27	36.91	23	109.11	7.38	51.14
山东	78	134.67	10.32	69.97	87	243.26	19.70	130.95
河南	30	71.62	8.44	106.12	36	95.61	10.11	40.88
湖南	22	29.44	4.30	12.17	27	47.71	42.79	25.71
广东	117	214.73	31.12	234.46	124	265.90	41.04	339.76
四川	22	30.04	4.27	22.67	33	48.62	7.2	49.41

资料来源：《中国先进医疗器械市场研究报告（2013 – 2014）》。

（三）行业上下游配套服务需完善

为促进药品医疗器械产业结构调整和技术创新，国家和福建出台了多方面政策为医疗器械行业的发展提供保障和便利，加快注册上市流程，实现相关领域国产化。但福建医疗器械产业相关配套服务仍需进一步完善，特别是建立质量监督检验服务体系迫在眉睫。当前福建省暂无医疗器械质量监督检验所，长期委托其他省份检验，企业送检测比较困难，严重制约了企业发展，急需建立上下游相关配套服务机构，提高行业发展效率。

（四）两票制推动产业结构大调整

医疗器械行业整体较为分散，未来将趋于集中。2017 年 1 月 17 日，九部委发布《关于在公立医疗机构药品采购中推行"两票制"的实施意见（试行）》，目的在于减少中间流通环节，压缩灰色地带，在实际操作中将对行业的营销模式、营销渠道产生巨大的影响，推动医疗器械行业的并购。一方面是商业公司通过横向并购整合区域渠道来减少中游流通环节的过票过程，另一方面是上中下游企业互相纵向并购。在国家鼓励创新以及国产化政策的引导下，资源将越来越集中于优秀国产企业，各细分领域的头部企业将掀起大规模并购的浪潮，带来行业集中度的提升。随着"两票制""营改增""行业整风"等政策的推行，以及新版《药品经营质量管理规范》（GSP）对企业采购、验收、储存、配送等环节做出更高要求的规定，行业整合加剧，集中度在未来的 2～3 年中将快速提升，这对福建省医疗器械产业的发展来说，既是挑战也是机遇，需要快速响应市场变化，在上下游整合资源，树立优势。

第三节　福建省医疗器械产业高质量发展思路

一、指导思想

深入贯彻党的十八大和十九大会议精神，以习近平新时代中国特色社会主义思想为指导，牢固树立创新、协调、绿色、开放、共享发展理念，全面落实建设制造强国和健康中国战略部署，以满足广大人民群众日益增长的健康需求为中心，充分发挥市场配置资源的决定性作用和更好发挥政府作用，大力推进供给侧结构性改革，加快技术创新，深化开放合作，保障质量安全，增加有效供给，增品种、提品质和创品牌，进一步推动福建医疗器械产业向中高端迈进，实现高质量发展，支撑医药卫生体制改革继续深化，更好地服务于新福建建设。

二、发展原则

坚持创新驱动。加强创新能力建设，完善协同创新体系，推动创新升级。加快推进医疗器械产业与新一代信息技术深度融合，引导和支持企业拓展新领域，发展新业态。

坚持质量为先。把质量安全作为医疗器械产业发展的生命线，强化企业质量主体责任，健全质量标准体系，严格质量安全监管，促进中高端医疗器械质量提升。

坚持集聚集约。加强区域协同和区域联动，发展专业化、循环化产业园区，引导企业重组整合，构建分工协作、绿色低碳、智能高效的先进制造体系，提高产品集中度和生产集约化水平。

坚持开放合作。抓住国家推进"一带一路"建设重大机遇，充分利用国际资源要素，加强技术、人才、产能、资本合作，推动企业"走出去"，提高国际竞争力。

三、重点领域

福建医疗器械产业发展的重点领域，应在充分理解国际、国内产业发展趋势和竞争态势前提下，立足现有产业基础和优势，一方面充分利用我国大力推动医疗器械国产化政策东风，提升第一类、第二类常用医疗设备的产品质量和生产规模，生产适应我国国内基层医疗机构需求的高质量医疗器械产品；另一方面加大科研投入，在 AI 医疗，心血管、骨科等第三类高技术含量的高端医疗器械产品领域取得创新突破，以及在终端服务领域建立服务平台优势，力争在重点产品上树立国际竞争优势。

（一）家用医疗器械

主要是指在家庭使用的医疗器械，常用的家用医疗器械有体温计，听诊器、血压计等。相对于医院医疗器械，家用医疗器械具有操作简单、体积较小、方便携带等特性。全球家用医疗设备市场规模持续扩增，从 2010 年的179 亿美元增至 2015 年的 248 亿美元，中国家用医疗器械 2015 年市场规模为431.2 亿元，根据新业证券研究报告显示，2017 年家用医疗设备市场规模约为 750 亿元，复合增长率为 25%。

（二）终端服务解决方案

重塑业务和运营模式、重新定位和重构价值链。随着国产医疗器械公司产品线布局日益全面，在某一疾病治疗领域形成治疗生态圈，从单纯设备业务发展到涵盖整个患者治疗过程的技术、服务和解决方案，产业链纵深发展、向下游终端服务延伸是大势所趋。重点在于丰富业态，扩充产线，位于产业链中端的器械制造企业，在横向扩充产品线的同时，进行纵向的业务发展，往产业链下游与产品相关的服务领域扩张。

（三）心血管设备植入物

血管设备植入物类医疗器械具有重大社会需求，根据最新发布的《中国心血管疾病防治现状蓝皮书》显示，我国现有心血管病患病人数约 2.9 亿人，1990～2016 年中国心血管病死亡人数从 250 多万人上升到近 400 万人，1990～2016 年中国心血管病粗死亡率从 220.8/10 万人上升到 290.8/10 万人。除了死亡危险，心血管病的高发病率和高致残率给社会、家庭和患者个人带来了沉重的经济负担和心理负担。如何解决心脑血管疾病的棘手问题，早期预防和早期治疗就显得尤为重要，心血管设备植入物是器械领域的发展机会和重要方向之一。

（四）移动医疗产品

开发应用健康医疗大数据，重点发展远程医疗系统，可穿戴生理信息监测设备，具备云服务和人工智能功能的家用、养老、康复设备，可提供健康咨询、网上预约分诊、病例随访、检验结果查询等应用的健康管理信息系统。

开发可穿戴医疗器械使用的新型电生理传感器、柔性显示器件、高性能电池等核心通用部件。

（五）医学影像设备

重点发展高场强超导磁共振和专科超导磁共振成像系统，高端 CT 设备，多模态融合分子影像设备 PET – CT 和 PET – MRI，高端彩色多普勒超声和血管内超声，血管数字减影 X 射线机（DSA），高清电子内窥镜等。提高核心部件生产水平，重点包括 CT 球管，磁共振超导磁体和射频线圈，PET 晶体探测器，超声单晶探头、二维面阵探头等新型探头，X 线平板探测器，内窥镜三晶片摄像系统等。

（六）体外诊断产品

重点发展高通量生化分析仪、免疫分析仪、血液细胞分析仪、全实验室自动化检验分析流水线（TLA）及相关试剂，单分子基因测序仪及其他分子诊断仪器，新型即时检测设备（POCT）。加强体外诊断设备、检测试剂、信息化管理软件和数据分析系统的整合创新，加快检测试剂标准建立、溯源用标准物质研制和新试剂开发。

（七）治疗设备

重点发展高能直线加速器及影像引导放射治疗装置，骨科和腹腔镜手术机器人，血液透析设备及耗材，人工肝血液净化设备及耗材，眼科激光治疗系统，高端治疗呼吸机，移动 ICU 急救系统，除颤仪，中医治疗设备等。

（八）植入介入产品和医用材料

重点发展全降解冠脉支架，心脏瓣膜，可降解封堵器，可重复使用介入治疗用器械导管，人工关节和脊柱，3D 打印骨科植入物，组织器官诱导再生和修复材料，心脏起搏器，植入式左心室辅助装置，脑起搏器，人工耳蜗，牙种植体，眼科人工晶体，功能性敷料，可降解快速止血材料和医用粘接剂等。

第四节　福建省医疗器械产业高质量发展建议

一、推动市场结构重组

（一）培养头部企业

引进、消化、吸收是提高医疗器械产业技术水平的重要路径。受巨大的中国市场规模的吸引，众多世界知名医疗器械在中国建立生产基地。一方面要抓住机遇，努力改善省内行业发展环境，积极引进国外知名跨国医疗器械企业在福建投资建厂，带动上下游相关企业聚集。另一方面要在福建省内选择一批技术含量高、关联度大、带动力强的医疗器械产品重点培植，大力培育一批拥有自主知识产权、主业突出、竞争力强的医疗器械名牌产品生产企业群体，实施名牌梯度培育计划，争创更多的福建医疗器械"中国名牌""驰名商标"和"出口名牌"。

（二）鼓励合并重组

近年来，医疗器械企业兼并重组的平均交易额达到了上百亿美元。并购这几年在国外市场频率很高，大公司可以因此获得更新科研技术，完善自身生产链，加强自身公司品牌产品竞争力，而被并购公司则可获得更多资金支持，并在大公司的支持下获得更多资源，完善已有项目。福建省医疗器械企业规模都不大，应当整合资源，通过重组的方式扩大企业规模，实现规模效益和避免内部竞争，从而降低生产成本、提高市场竞争力。

福建省要落实国家和省促进企业兼并重组政策措施，鼓励有实力的医药企业提高产业集中度、延伸产业链，跨地区、跨行业、跨所有制开展兼并重组。加快医疗器械企业间并购，以产业链无缝对接为目标，沿着自身产品的产品链向上游或者下游延伸，从而实现医疗器械企业更好、更快、更完整发展，拥有更完善的体系，全面提升在国内、国际的竞争力。

（三）提高集聚水平

医疗器械产业是一个融合性产业，需要机械、电子、信息、材料科学的综合性创新和协调发展，因此以大企业为核心，完善上下游产业链，实现产业集聚发展，对区域产业发展极为重要。要进一步提高福建省知名医疗器械企业的品牌知名度，引进世界一流的大型医疗器械厂商，加大政策支持力度，促进社会资源向优势企业集聚，不断增强名牌经济发展的内在动力，形成以医疗器械名牌企业为主体的大企业集团和以医疗器械产业集群为特征的区域强势品牌群，带动区域经济的跨越式发展。

二、促进产业转型升级

（一）优化产业布局

优化医疗器械产业地域布局。打破地域行政限制，在当前产业聚集现状基础上，选择区位优势强、产业基础好、市场吸引力强的优势园区，进行重点扶持，形成在全国具有知名度的产业园区。

优化产业链条上的企业布局。产业价值链中各个主体需合理分工。分工意味着更加专业化、精细化，在一定程度上可以促进产业的发展。引导产业内的企业进行合理定位，大型企业可以建立自己的平台，吸收各种为产业发展提供基础服务以及相关配套的企业，而中小型企业可以只从事设计、研发或者只加工、生产某一高技术含量的部件，建立自己的独特优势，以研发的产品或生产的部件为媒介与大型企业建立合作关系。

（二）优化产品结构

抓住市场新需求开发新产品。医疗器械产业的产品升级就是根据市场新需求（如大健康理念、互联网＋等理念的提出）研发新产品，以保证产品的市场接受度，从而提高产品附加值。以市场需求为导向开展研发、生产工作，在研发投入不能达到发达国家水平的时候，尤其需要注重研发投入的方向，更好地利用研发资金，吸纳更多的专业人才，将相关企业都纳入研发体系。如利用福建省医疗器械行业技术开发基地优势，与福州昌晖自动化、祥兴电子科技、福州仁馨医疗科技及荣耀健身器材等企业开展合作，扩大适用老年疾病治疗康复等智慧健康养老产品开发，抢占养老产业市场份额等。

推进产品结构向中高端发展。重视产品结构的优化与调整，将以中低端产品为主的市场结构转变为以中高端、大型医疗器械产品为主的市场结构进行调整，重点在提升医疗器械产业的创新能力，并以影像设备、医用机器人、生物3D打印以及干细胞技术等先进技术为中心，进行新型医疗器械的开发。发挥《福建省工业企业技术改造投资指导目录》作用，引导医药企业采用新技术、新工艺、新材料实施产品升级换代，扩大中高端产品生产规模。医疗器械企业需要利用自身的优势，在前期通过低端医疗器械生产累积资本，并在企业发展的后期将开发重点逐渐向高端医疗器械产品转移，加快推进高性能医疗设备国产化。

（三）优化区域合作

强化医疗器械产业区域合作，一要全面审视福建在全国医疗健康产业领域内的资源优势，强化与京津冀、珠三角等国内医疗器械产业相对发达区域的合作与互补。二要充分利用海峡两岸的地域优势，通过与海峡对岸相关科技、产业的交流与合作，加强与台湾地区的合作，在"构建区域产业链、价值链"上要有作为。如与台湾地区企业建设"研发—生产"模式，在金融服务上，与台湾地区企业建立"融资—生产—出口"三角模式。

三、支持企业创新发展

（一）建设产业的孵化器

医疗器械的细分市场通常比较小，医疗器械行业细分领域市场空间有限，除了少数高端产品技术壁垒较高外，其他产品的研发周期很短，培育具有技术优势的专业设计、研发公司对区域产业集聚发展具有重要意义。美国、日本等重要医疗器械产业园都在核心大企业周边聚集了大量的中小型研发企业。福建省应充分重视医疗器械产业孵化器的建设，为中小型企业提供专业化和平台化的投资，促进中小企业的科技成果成型，从而可以降低中小企业的创业成本并且促进科研企业的发展，也能形成企业创新的良好风气。

（二）搭建公共技术平台

从政策层面上支持基础研究应用，支持前沿技术研究、创新产品开发。设立省、市两级政府医疗器械产业发展专项资金，建立战略性产业研发机构，强化前瞻性产业技术研发。一是用于搭建一个公共的技术平台，帮助协调福建省医疗器械研发中的重大问题和重大科技成果转化工作，加强共性技术的研究开发。二是用于企业技改、医疗器械产业基地的建设、基础性研究、中上游技术创新。三是对于开发国家一、二类医疗器械产品和为新医疗器械开发服务的实验室及临床试验，给予一定的扶持。

（三）支持创新平台建设

积极培育扶持省内高校科研院所、龙头企业组建国家级医药科技研发创新平台，积极探索适合医疗器械科技成果转化模式，开展与国内外知名医院、医疗器械检测机构的合作。建立完善福建省中药产业技术开发基地、福建省医疗器械行业技术开发基地等技术服务平台；支持同溢堂药业、汇天生物、福抗药业等福建知名企业技术研发中心建设。支持国内外药品和医疗器械重大技术成果在福建省转移转化；鼓励医药企业自主创新和药械研发，支持创新药物及医疗器械产业化；支持医药企业牵头承担实施国家科技重大专项。对企业的新产品以及生产设备的研发给予更多的财政支持和税收优惠，积极鼓励企业设立发展资金，对进行研发新产品或者工艺改造的企业，可以给予低息财政贷款、专项补贴、产品投产初期给予免税等优惠政策。

四、强化产业外部支撑

（一）强化行政协调保障支撑

完善产业协调保障机制。提高行政部门办事效率。简化审批手续。统筹协调各级职能部门做好医疗器械行业管理服务，鼓励行业组织参与行业规划、行业管理、技术咨询等工作，营造行业自律、规范生产、诚信经营发展环境，促进企业落实环境保护、安全生产、职业健康等社会责任。

完善医疗器械采购制度。借鉴欧洲和日本，作为福利行业扶植器械行业发展。通过税收、信贷和政府采购等一系列方式，帮助和促进产业发展。对福建省内企业或科研机构生产或开发的、符合国民经济发展要求和先进技术发展方向、且具有较大市场潜力的医疗器械试制品和首次投向市场的产品，经认定，政府进行首购，由采购人直接购买或政府根据采购制度采购支持。对标国家优秀国产医疗器械设备名录认定体系，建立福建优秀国产医疗器械产品名单，列入政府优先采购范围。支持本省药品和医疗器械按有关规定及时在省药械采购平台挂网，各级公立医疗机构及时按有关程序将挂网的省产药品和医疗器械纳入各医院采购目录供采购使用。对新批准的省产药品和医疗器械，按动态调整有关规定及时挂网，供医疗机构采购使用。

（二）强化专业人才队伍支撑

培养和引进科研人才是提高产业科研水平的关键。改进高等院校培养模式，对接企业需求，培养真正具有"交叉学科能力"的医疗器械人才是解决人才瓶颈的关键。鼓励有条件的企业在福州、厦门等地设立研究院或研发中心。出台一些优惠的宏观政策吸引人才和留住人才，提供优惠政策，住房、子女入学等方面给予落实相关优惠条件，增强人才的吸引力。同时扩大医疗器械相关领域人才基数，不仅仅是要引进博士等高级人才，还需要引进相关专业的本科、专科等普通高等教育学历人才，构建有梯度的人才队伍结构，更有利于形成良好的创新循环。

五、加强行业监管力度

（一）进一步完善审批注册制度

医疗器械行业直接关系到人民的生命和健康，要进一步完善审批注册制度，在强化医疗器械质量安全管理同时，针对现有审批注册制度阻碍企业发展的方面，进行一定的调整。省医疗器械监管部门要坚持监、帮、促相结合的方针，进一步规范医疗器械市场秩序，营造公平合理的竞争环境，促进医疗器械的发展。分类别、分层次确定审批时限，甚至可以考虑建立审批绿色通道，提高审批效率。如创新产品和重点企业拳头产品的系列开发的新品种上市审批应缩短时限、简化程序，重点扶持已具规模生产企业的新产品开发，促进龙头效应，加快其发展。

（二）进一步提升行业自律水平

2014 年福建省医疗器械行业协会成立，成为行业自律和行业发展的重要社会力量。要进一步鼓励医疗器械行业组织参与行业规划、行业管理、技术咨询、贸易仲裁、标准制定等工作；支持行业组织承担政府职能转移，发挥行业专家资源优势，积极参与行业统计、调查研究、行业培训、项目招商、交流合作等工作；营造行业自律、规范生产、诚信经营发展环境，促进企业落实环境保护、安全生产、职业健康等社会责任，推动福建省医药产业高质量发展。

（三）进一步提升综合监管能力

加强医疗器械行业的监管，不仅仅单方面依靠药品监督管理部门，还要充分发挥工商等相关部门的联合执法，形成综合监管能力，这样才能营造一个良好的行业发展环境。要切实把政府管理产业的职能转变到规划引导、政策调控、综合协调、公共服务上来。逐步实现医疗器械产业由依靠政府推动向政府与市场机制作用相结合的转变。如工商部门着力打击医疗器械流通环节的与市场经济体制不容的各种违法行为，维护合法厂商的市场地位；纪检监察部门则大力整肃有关医疗器械生产流通销售环节的腐败现象，维护医疗器械行业的发展环境。

第十章

福建省医药生物技术产业
高质量发展研究

医药生物技术产业（以下简称"医药生技产业"）是促进人民的全面发展、实现民族昌盛和国家富强的重要产业，也是科技创新最密集、发展最为活跃的领域之一。党的十九大报告提出，要着力加快建设实体经济、科技创新、现代金融、人力资源协同发展的产业体系。医药生技产业置身于现代产业体系之中，要充分发挥企业的创新主体作用，建设创新引领、协同发展的产业体系，实现医药生技产业的高质量发展。

第一节　福建省医药生物技术产业发展的时代背景

党的十八大以来，习近平总书记围绕坚持和发展中国特色社会主义、实现中华民族伟大复兴的中国梦，提出了许多富有创见的新思想、新观点、新论断、新要求。特别是 2016 年 8 月 20 日，习近平出席全国卫生与健康大会并发表重要讲话，指出要加快把党的十八届三中全会确定的医药卫生体制改革任务落到实处，推进药品供应保障制度，推动中医药和西医药相互补充、协调发展，为医药生技产业高质量发展指明了方向。

一、概念界定

医药生技产业可以简单分为医药产业和生物技术产业两部分，由于这两个产业具有一定的相似性，且联系紧密，经常被相提并论。2010 年国务院发布了《关于加快培育和发展战略性新兴产业的决定》，将生物产业作为七大战略性新兴产业之一重点发展，此后对该产业的范围进行了微调。而福建省则将"生物及新医药产业"作为七个战略性新兴产业之一。这两者之间范围基本相同。根据《战略性新兴产业分类（2018）》，本章将医药生技产业主要分为以下七大类。

（一）生物技术药物

生物技术药物，广义是指所有以生物质为原料的各种生物活性物质及其人工合成类似物，以及通过现代生物技术制得的药物。狭义指利用生物体、生物组织、细胞及其成分，综合应用化学、生物学和医药学各学科原理和技术方法制得的用于预防、诊断、治疗和康复保健的制品，特别是采用 DNA 重组技术或其他现代生物技术研制的蛋白质或核酸类药物。

生物技术药物已广泛用于治疗癌症、艾滋病、贫血、发育不良、糖尿病、心力衰竭、血友病、囊性纤维变性和一些罕见的遗传疾病，新的药物发现技术使得寻找特殊疾病药靶的途径变得越来越便宜和迅速。生物技术药物由于是人类天然存在的蛋白质或多肽，量微而活性强，用量极少就会产生显著的效应，相对来说它的副作用较小、毒性较低、安全性较高。

（二）化学制药

化学制药工业是用化学手段人工合成药物的现代工业。化学药品根据其原料来源和生产方法的不同，可分为植物化学药、化学合成药、抗生素、半合成抗生素、生物化学药等。大多数国家将生物制品如血清、疫苗、血液制品等也列入制药工业范畴。此外，兽药也属于制药工业的产品。全球制药行业的总规模从 20 世纪中后期开始持续的高速增长。总产值从 1970 年的 218 亿美元增加到了 2005 年的 6020 亿美元，年均的增长速度达到了 8.3%，几乎达到了同期全球 GDP 增长率 3.5% 的 2 倍以上[1]。

（三）现代中医药

中药是在中医理论指导下用于预防、诊断、治疗疾病或调节人体机能的药物，主要包括植物药、动物药、矿物药及部分化学生物制品类药物。中医药是中华民族的宝贵财富，并逐渐被世界所接受，这为中医药的发展提供了广阔的空间。中药产业要继承传统中医药理论的精华，又要借鉴现代医学、生物学、信息科学理论和国内外天然药物的研究成果，以适应当代社会发展需求。

（四）医疗器械与材料

医疗器械是指直接或者间接用于人体的仪器、设备、器具、体外诊断试

---

① 周鸣杰. 医药行业：持续高速增长技术创新才是核心 [J]. 中信建投研究报告，2007 - 10 - 29.

剂及校准物、材料以及其他类似或者相关的物品，包括所需要的计算机软件。医疗器械的用途十分广泛，包括：疾病的诊断、预防、监护、治疗或者缓解；损伤的诊断、监护、治疗、缓解或者功能补偿等，通过对来自人体的样本进行检查，为医疗或者诊断目的提供信息。

医疗材料是随着生物技术的蓬勃发展和重大突破，对人体进行诊断、治疗、修复或替换其病损组织、器官或增进其功能的新型高技术材料。按用途可分为骨骼—肌肉系统修复材料、软组织材料、心血管系统材料、医用膜材料，组织粘合剂和缝线材料等。按材料可分为金属材料、生物陶瓷、生物高分子材料等。

（五）生物农业

生物农业是指运用基因工程、发酵工程、细胞工程、酶工程以及分子育种等生物技术，改良动植物及微生物品种生产性状、培育动植物及微生物新品种、生产生物农药、兽药与疫苗的现代农业。生物农业包括转基因育种、动物疫苗、生物饲料和生物农药几大领域，其中，转基因育种是发展最快、应用最广、发展最有潜力的一个领域。当前各主要农业企业都通过整合产业资源、完善产业链条、抢占产业上游的龙头，以谋求对产业链的掌控和垄断，而各国政府都在制定相应的国家战略、中长期规划，出台一系列政策、法律等，不遗余力地积极推动高技术生物农业的发展。

（六）生物质能产业

生物质能是自然界中有生命的植物提供的能量。据计算，生物质储存的能量为270亿千瓦，比目前世界能源消费总量大2倍。生物质能具有可再生性、绿色环保、储量丰富、应用广泛等特点。生物质能产业细分3个子类分别是生物相关原料供应体系活动、生物质燃料加工、生物质能相关服务。共涉及18个国民经济行业。现阶段我国的生物质能应用主要集中在沼气利用、生物质直燃发电、工业替代燃料和交通运输燃料这四方面。其中生物质直燃发电、工业替代燃料的工业发展前景最大。

（七）生物酶制剂及生物基化学品

生物酶是由活细胞产生的具有催化作用的有机物，大部分为蛋白质，也有极少部分为RNA。酶制剂是酶经过提纯、加工后的具有催化功能的生物制品，主要用于催化生产过程中的各种化学反应，其应用领域遍布食品、纺织、饲料、洗涤剂、造纸、皮革、医药以及能源开发、环境保护等方面。生物基化学品是指以农业废弃物、植物基淀粉和木质纤维素材料为原料，采用生物炼制的方法生产的化学品。与利用化石能源生产的化学品相比，生物基化学品具有原料可持续获取、环境友好等特点，因而在化石燃料资源的不断耗竭、全球气候变暖的背景下，日益受到人们的关注。主要产品包括：可降解的生物塑料、生物润滑油、生物橡胶等。

二、全球医药生技产业发展方兴未艾

随着世界经济的发展、生活环境的变化、人口老龄化及人们健康观念的革新，近年来医药生技产业一直保持持续增长的趋势。2006 年全球生物医药市场规模为 7020 亿美元，2011 年达到 9420 亿美元[①]。未来，医药生技产业的发展将呈现新的趋势：

一是欧美少数国家占据产业主导地位。目前，全球医药生技产业呈现集聚发展态势，主要集中分布在美国、欧洲、日本、印度、新加坡、中国等国家和地区。其中美国、欧洲、日本等发达国家和地区占据主导地位。世界十大医药生技公司中，辉瑞、强生、默沙东、惠氏、雅培等为美国公司，赛诺菲、诺华、葛兰素史克、罗氏、阿斯利康等为欧洲公司。特别是美国生物医药产业已在世界上确立了代际优势，研发实力和产业发展领先全球，生物药品已被广泛应用到癌症、糖尿病、慢性疾病的治疗之中。

二是形成了一系列产业集群。在医药生技产业迅猛发展的浪潮推动下，经过多年的发展和市场竞争，加上政府不失时机地加以引导，许多发达国家在技术、人才、资金密集的区域，已逐步形成了医药生技产业聚集区，由此形成了比较完善的生物医药产业链和产业集群。美国的生物新医药产业聚集区主要是波士顿、旧金山、圣地亚哥、北卡三角研究地带、西雅图、纽约、费城、洛杉矶、华盛顿—巴尔的摩九大都市区，并已形成代际优势。这九大集群有一个共同的特点都坐落在知识创新点附近，由此产生强大的技术扩散效应和价值链关联。除美国外，英国的剑桥基因组园、法国巴黎南郊的基因谷、德国的生物技术示范区、印度班加罗尔生物园等，聚集了包括生物公司、研究、技术转移中心、银行、投资、服务等在内的大量机构，提供了大量的就业机会和大部分产值。这些生物技术产业集群已在这些国家和地区产业结构中崭露头角，对扩大产业规模、增强产业竞争力作出了重要贡献。

三是跨国公司的研发投入维持在高水平。生物医药产业具有高投入、高

---

①　2011－2020 年珠海市生物医药产业发展规划。

收益、高风险、长周期的特征，需要高额投入作为产业进入和持续发展的条件。为应对科技创新瞬息万变和国际科技竞争日趋激烈的局势，各国际大型跨国医药企业争相加大科研投入。全球 Top50 药企的研发投入占销售收入的比重维持在 18% 以上，总体呈现波动上升的趋势变动。至 2017 年全球 Top50 药企研发投入占销售收入的比重为 18.66%（如图 10 - 1 所示）。新一轮研发投入的增强将会有积累性的促进企业竞争实力的提升。

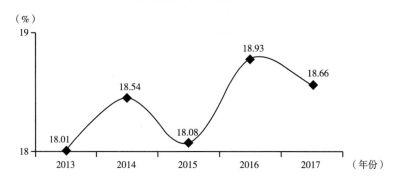

图 10 - 1　2013～2017 年全球 Top50 药企研发投入占销售收入的比重

资料来源：前瞻产业研究院。

四是国际并购风起云涌。为建立全球性的生产与销售网络，最大限度降低成本，也为了获取新药或是直接掌握新技术，生物技术公司之间、生物技术公司与大型制药企业以及大型制药企业之间在全球范围内的兼并重组非常活跃。特别是随着特朗普上台，受奥巴马时期严厉税收政策影响而一度放缓的医药行业并购趋势重新活跃。由于未来 10 年内，将有价值 170 亿美元的重点药物专利过期，美国医药行业巨头们必须要为减轻损失而寻找出路。研发新药费时费力，结果又具有不确定性，大企业自然将目光投向那些手握好品种的新兴研发型药企。2019 年 1 月，美国制药巨头百时美施贵宝（Bristol - Myers Squibb）宣布以 740 亿美元的价格收购竞争对手新基制药（Celgene），将全球最大的两家癌症药物生产企业合二为一。交易完成后，百时美施贵宝将持有合并后公司约 69% 的股权，新基制药的股东将持有约 31%。百时美施贵宝将可获得新基在肿瘤、免疫、炎症领域的多个具有重磅管线资产，仅近期，两家公司就将有 6 个新产品发布，代表着价值 150 亿美元的收入潜力。这次并购成为全球制药领域第一大并购案，超过辉瑞在 2000 年收购 Warner - Lambert 的交易。另外，著名的国际并购还包括 2018 年 5 月，日本武田制药（Takeda）以 621 亿美元收购在罕见病领域最负盛名的爱尔兰制药巨头夏尔（Shire）；全球第二大仿制药生产商 Actavis 以 660 亿美元收购特种药物制造商 Allergan 等。全球范围内生物医药行业的并购和重组热潮，大大提高了发达国家及跨国公司抢占市场、垄断技术、获取超额利润的能力。

五是形成新的产业组织方式。新药发现是一项整合分子生物学、基因组学、系统生物学知识和技术的复杂的系统工程，前期投资巨大，风险也很大。这迫使跨国制药巨头之间、生物技术公司和制药公司通过战略同盟的形式推动研发。当前医药生技界存在着大量小型高科技企业，大部分生物技术产品及生产技术掌握在这些新生的生物技术企业手中。跨国制药巨头将技术性强的研究开发内容，分包给具有研究实力的小型公司完成。目前"委托研究机构"（CRO）公司已承担了美国市场将近 1/3 的新型药物开发的组织工作。CRO 已经成为制药企业产业链的重要一环，正以其低成本、专业化和高效率的运作方式，受到生物技术及制药公司的高度重视。无论战略同盟还是委托外包，都是近年来产业发展新的组织形式，不仅将影响到各种新产品的研发，也将对产业发展的未来造成新的重要影响。

六是各国政府都大力支持医药生技产业发展。许多国家都把医药生技产业作为 21 世纪优先发展的战略性产业，纷纷制定发展计划，加强领导，网罗人才，加大对医药生技产业的政策扶持与资金投入。

美国虽然处于领先地位，但仍居安思危，颁布了多部法案，维护本国医药生技产业发展：一部是《生物技术未来投资和扩展法案》，它充分考虑到生物医药产业的特殊性，通过政府修改赋税制度，极大地刺激了研究和投资生物医药的积极性。另一部是《药品价格竞争和专利期恢复法案》，强化医药生技产业的知识产权保护。法案允许经美国食品与药品管理局（FDA）批准首次上市销售或使用的药品的专利获得一次最长 5 年、延长后总有效专利期不得超过 14 年的专利期延长。

欧盟则制定了"创新药物计划（innovative medicines initiative，IMI）"，该计划由欧洲制药行业与协会联盟（EFPIA）联合欧盟委员会于 2003 年提出的，并得到欧洲医药局（EMEA）、各成员国的药品管理局、临床与学术研究机构、中小企业及中小企业协会的代表、患者协会的成员及其他利益相关团体的积极参与。该计划将基因组学、生物信息学等生物技术应用到欧洲新药开发领域，消除阻碍欧洲新药开发的瓶颈，加速其新药开发的过程，提高其新药开发效率，在提高欧洲新药研究能力的同时，使其成为世界医药行业的领导者。计划由两部分构成，一是建立欧洲创新药物技术平台，二是制定并实施欧洲创新药物技术平台战略研究议程。

日本制定了《生物技术战略大纲》，提出实现跨越发展的三大战略：大力充实研究开发、从根本上加速产业化进程，加深国民对科技的理解。进而实现健康和长寿、提高食品的安全性和功能性、实现可持续的舒适社会等三大目标。为协助增进药厂的全球竞争力，日本行政院筹措资金，为药物开发设立临床试验中心，促进药物获得临床试验使用许可，从而加速日本药厂的新药开发。新加坡制定了"五年跻身生物技术顶尖行列"规划，5年内将拨款30亿新元资助生命科学和生物技术产业；印度成立了生物技术部，每年投入6000万~7000万美元用于生物技术和医药研究。印度政府公布《国家生物技术发展战略》，提出了未来10年印度生物技术及产业发展的国家目标和政策措施。印度生物技术和制药企业和IT行业一样享受税收优惠待遇。

三、我国近年来医药生技产业发展情况

改革开放为我国制药产业提供了良好的发展机遇，我国由最初的缺医少药到现在建立了较为完整的工业体系，满足13亿人民医疗所需的各种药品，甚至一些药品能供应世界很多国家。

（一）制药产业保持稳定发展

2017年，中国规模以上制药工业企业实现主营业务收入已达到2.98万亿元。改革开放40年来，我国医药行业规模增长了400多倍。目前，中国已经成长为世界第一大原料生产国和世界第二大医药消费国。

其中，化学药品工业规模以上工业企业实现主营业务收入1.3万亿元，同比增长13.57%；实现利润总额1606亿元，同比增长19.67%。中成药工业规模以上工业企业实现主营业务收入5736亿元，同比增长8.41%；实现利润总额707亿元，同比增长10.02%。生物、生化制品工业规模以上工业企业实现主营业务收入3311亿元，同比增长11.8%；实现利润总额499亿元，同比增长26.78%[①]。

据中国海关数据统计，2017年，我国医药保健品进出口额1166.76亿美元，同比增长12.64%。其中出口607.99亿美元，同比增长9.44%；进口558.77亿美元，同比增长16.34%；对外贸易顺差49.22亿美元。

---

① 制药工业蓝皮书——中国制药工业发展报告（2018）。

（二）医药创新成果不断涌现

近年来，随着一系列促进医药产业发展的政策和措施出台，药品创新研究的政策环境、制度环境发生了很大变化，医药产业的创新能力明显增强。企业愈发成为研发主体，从事新药研发的企业增多，I类新药获批临床企业覆盖面越来越大。涌现出了一批研发型中小企业，成为科技成果的主要来源。研发外包服务（CRO）快速发展，技术水平提高，覆盖了医药研发各个环节，有效促进了研发效率提升。科技队伍壮大，越来越多的海归学者回国创业，以"千人计划"专家为代表，为医药创新增添了活力。

虽然国内创新药正处于发展的初期，获批品种还相对较少，但申报的品种数量在逐步增加。目前每年新申报的国产新药 IND 数量已经达到 300 个以上，这些申报的品种预计将于 3~5 年以后将逐步获批上市。我国已经成功开发上市了具有自主知识产权的埃克替尼、艾拉莫德、艾瑞昔布、阿帕替尼、西达本胺等创新药物；仿制药大品种伊马替尼、地西他滨、非布司他、替加环素等成功上市，为重大疾病治疗和降低医疗负担提供了支持。

（三）仿制药一致性评价有序推进

一致性评价是对已经批准上市的仿制药，按照和原研药品质量和疗效一致的原则，进行质量一致性的评价。2016 年，国务院颁布《关于开展仿制药质量和疗效一致性评价的意见》规定，化学药品凡未按照与原研药品质量和疗效一致原则审批的，均须开展一致性评价。一致性评价以前，我国的仿制药在保证安全性的基础上，质量和疗效都与原研药有很大差距，通过一致性评价，我国仿制药在质量和疗效上将会有大幅度提高。通过一致性评价的仿制药，在质量上和原研药一致，由于仿制药投入研究的周期短，研究费用没有原研药那么高，如果临床用药上优先选用可以替代的仿制药，可以很大程度上降低患者的用药费用。截至 2019 年 5 月，已接受的一致性评价的受理申报已达 1117 个，共计 337 个品种，涉及 348 家药企。其中，通过和视同通过仿制药一致性评价的品种达到 267 个，其中有 20 个品规的重点药品通过企业已经超过 3 家[1]。

（四）生物发酵业国际竞争力大幅提升

我国生物发酵业已逐渐形成味精、赖氨酸、柠檬酸、结晶葡萄糖、麦芽糖浆、果葡糖浆等大宗产品为主体、小品种氨基酸、功能糖醇、低聚糖、微生物多糖等高附加值产品为补充的多产品协调发展的产业格局，为食品、医

---

[1]　国家卫健委网站。

药、化工等相关行业提供了品质优良的原料。其中发酵大宗产品味精、赖氨酸、柠檬酸等产品的产量和贸易量位居世界前列，淀粉糖的产量在美国之后，居世界第二位。发酵产业主要产品的产量由 2010 年的 1840 万吨增长为 2015 年的 2426 万吨，年平均增长率 5.7%。同时产值也由 1990 亿元增长为 2900 亿元，年平均增长率达到了 7.8%。同时，生物发酵产业主要产品出口总量与出口额逐年稳步增长。主要产品出口从 2010 年的 264 万吨增加到 2015 年的 344 万吨，平均年增长率 5.4%。出口额由 2010 年的 27 亿美元增长为 2014 年的 35 亿美元，而截至 2014 年上半年出口额增长为 18.6 亿美元，年平均增长率 7.5%。其中柠檬酸、味精、淀粉糖一直是生物发酵产业主要出口产品①。

（五）生物基材料发展迅猛

2014 年，中国生物基材料总产量约 580 万吨，其中再生生物质纤维产品约 360 万吨，有机酸、化工醇、氨基酸等化工原料约 140 万吨，生物基塑料约 80 万吨。"十二五"期间，全国的生物基材料产业发展迅猛，主要品种生物基材料及其单体的生产技术取得了长足发展，产品种类速增，产品经济性增强，已形成以可再生资源为原料的生物材料单体的制备、生物基树脂合成、生物基树脂改性与复合、生物基材料应用为主的生物基材料产业链。在众多生物基材料中，聚乳酸（PLA）同时具备了 100% 生物质来源（不依赖石油资源，减碳）和 100% 生物可降解（在堆肥条件下降解，不带来固废白色污染）两大特性，含税价约 15～19 元人民币/公斤，远低于其他类似特性的生物基塑料，是目前市场前景和应用前景最为看好的生物塑料。全国 PLA 产能由 2010 年的 0.5 万吨快速增长到 2014 年的 20 万吨，成为世界第二。中国聚乳酸表观消费总量也已达到 2.2 万吨以上，PLA 的产品主要销往海外。另一种发展较快的生物基塑料是生物基聚丁二酸丁二酯（PBS），其聚合单体由生物发酵法获得，再通过化学法聚合得到 PBS。由于 PBS 具有通用塑料 PE、PP 相类似的力学性能和加工性能，但价格相对便宜、工艺简单，所以发展较快。生物基 PBS 的年生产能力由 2010 年的 1 万吨快速增长到 2014 年的 10 万吨。

（六）原料供应成为生物质能源发展的瓶颈

我国的生物质能源主要为生物乙醇、生物柴油及生物质发电。生物乙醇由于可以直接与汽油混合使用，且工业化生产技术成熟、价格相对较低，是

---

① 刁晓倩等. 国内生物基材料产业发展现状［J］. 生物工程学报，2016（6）.

世界范围内广泛适用的生物燃料。中国已经成为仅次于美国和巴西的生物燃料乙醇第三大生产国，产量由 2010 年的 182 万吨提升至 2014 年的 216 万吨。然而，由于第一代生物燃料乙醇的原料是玉米等粮食作物，会与食用粮食形成竞争，无法成为可持续的产业。

近几年在国家财税政策调节的引导下，国内燃料乙醇行业逐渐向非粮经济作物和纤维素原料综合利用方向转型，积极开展技术工艺开发和示范项目建设。目前全国范围内已建成 7 家生物燃料乙醇生产企业，封闭推广地区包括河南、安徽、黑龙江、吉林、辽宁、内蒙古等省份。生物柴油是欧洲的首选生物燃料，占世界生物柴油产量的 49%。"十二五"期间，中国生物柴油发展处于高速增长期，目前生产企业主要为民营企业，约 300 家，其中年产 5000 吨以上的厂家超过 40 家，产能规模逐渐扩大。生物柴油产量由 2010 年的 30 万吨飞速增长为 2014 年的 121 万吨，年平均增长率 41.7%。虽然全国生物柴油实际产能已经达到 300 万～350 万吨，但国内十分缺乏作为生物柴油原料的油料作物，每年进口大量大豆和食用植物油。所以全国生物柴油的油原料地沟油和植物油占到 90%。由于受到原料供应的限制，生产装置开工率不足，产量远远达不到预期，无法满足巨大的市场需求。

第二节　福建省医药生物技术产业发展质量分析

一、福建省医药生技产业发展现状

近年来，福建省坚持重点突破与集聚发展相结合，坚持走品牌化、特色化发展道路，以产业集聚区、总部经济、产业园、医械产业交易网、产业链及重大项目为主要抓手，医药生技产业规模稳步提升。

（一）产业规模不断扩大

2017 年，福建省全省规模以上医药生产企业 169 家，实现工业总产值 404.0 亿元，增长 10.1%；销售产值 385.1 亿元，增长 10.1%；主营业务收入 335.9 亿元，增长 10.5%；利润总额 45.1 亿元，增长 9.7%；主营业务收入利润率达 12.2%[①]。

九个区市中，福州、厦门、三明三地医药工业总产值位居全省前三，占

---

① 王光前．福建省医药产业发展现状存在问题及对策建议［J］．改革与开放，2018（8）．

全省医药工业总产值的 55%，如图 10 - 2 所示。全省医药工业形成了以福州、厦门、三明为主，其他地市齐头并进的格局。169 家规模以上医药生产企业中，厦门、福州、三明分别有 38 家、31 家、20 家。

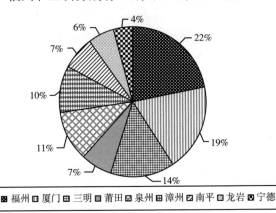

图 10 - 2　2017 年福建省各设区市医药工业产值占比

资料来源：王光前．福建省医药产业发展现状、存在问题及对策建议［J］．改革与开放，2018（8）．

如表 10 - 1 所示，各子行业发展方面，占比较高的分别是化学制剂、中成药和医疗器械，分别占 21.43%、19.13%、19.38%。其中中成药及中药饮片是福建省的优势行业，占比相对较高。医疗器械是福建省近年发展较快的行业，在全国有一定的地位。但化学原料和化学制剂的占比远低于全国水平，发展较为落后。

表 10 - 1　　　　　　　　2017 年福建医药各细分行业分布

细分行业	2017 年产值（亿元）	占比（%）
化学原料药	55.0	13.92
化学制剂	84.7	21.43
中成药	75.6	19.13
生物制药	55.7	14.09
中药饮片	37.0	9.36
卫生材料	10.6	2.68
医疗器械	76.6	19.38

资料来源：王光前．福建省医药产业发展现状、存在问题及对策建议［J］．改革与开放，2018（8）．

根据《福建统计年鉴》，21 世纪初的 2000 年（也是有相关统计的第一年），福建制药业的总产值达到 35.2 亿元，增加值 9.72 亿元。而到了 2017

年，全省制药业的总产值达到 313.5 亿元，增加值 114.2 亿元。增加了 7.9 倍和 1075%，年均增速分别达到 13.7% 和 15.6%。

生物技术产业方面，由于统计比较薄弱，并没有相关统计数据。但从全国来看，福建生物产业方面的竞争力较强，医药产业方面的竞争力较弱。根据《福建产业竞争力年鉴》，2016 年福建医药制造业的竞争力全国仅排名第 25，且与 2009 年相比下降了 4 名。而生物产业的全国竞争力则为第 11 名，与 2009 年相同。

（二）产业布局基本形成

"十二五"以来，福建省大力建设医药生技产业基地，已经形成以生物制药、生物技术、化学药、现代中药、医疗设备等医药产业门类，推动厦门、福州、闽东北等产业集聚地。其中厦门以海沧生物医药集中区为核心，重点发展基因工程药物，并建设生物医药专业孵化器；福州重点发展福州市生物医药产业园、福抗新医药产业基地等项目及口腔 CT 机、数字化乳腺 X 线机等医疗器械和设备；闽东北地区充分利用生态环境和资源优势，发展传统中药种植，支持柘荣"闽东药城"建设。目前，全省已建立 2 个中药材生产质量管理规范（good agricultural practice for chinese crude drugs，以下简称"中药材 GAP"）基地，13 个特色的中药材种植示范基地，推动国家中药现代化科技产业基地工程建设。

（三）产业创新平台持续强化

为加强科技支撑，福建省重点支持海西新药创制中心建设，逐步建成新药研发、药理药效、临床试验等一批高水准的医药生技研发平台，提供成果采集、项目评估、投资融资、人才引进等服务的医药生技产品全程链式公共服务平台建设。主要平台包括厦门大学国家传染病诊断试剂和疫苗工程技术研究中心、福建省微生物研究所免疫抑制剂和新抗生素研发中试平台、福建中医药大学闽产中药研发平台和福建省重要产业技术开发基地、福建农林大学天然生物毒素工程实验室及中药材 GAP 工程技术研究中心等，提升了产业科研成果的工程化与系统集成能力。

平台建设促进了福建省医药生技产业的专利形成。1997～2015 年，福建省医药生技技术领域内的专利申请量累计达到 4062 件，特别是从 2009 年起，专利申请数量快速增加，从 2008 年的 206 件增加到 2011 年的 527 件。2011～2015 年医药生技专利申请量占福建省总专利申请量的 69%。其中福州和厦门由于集中了福建省大部分科研院所和大企业，占总申请量的 7% 左右。

（四）医疗改革持续深化

根据国务院的部署，福建省作为综合医改试点的示范省份，持续深化医疗改革。福建省突出大医保在医疗资源配置中的重要地位和作用，通过医保带动药品耗材招标采购，医疗服务价格调整、谈判、结算及定点协议管理等工作。从根本上统筹协调供给侧和需求侧的关系，整合了六个部门的职能，推动"以治病为中心转向以健康为中心""医疗服务供给和需求平衡""财务供给需求的平衡"的一个转变、两个平衡。

二、福建省医药生技产业发展质量不高的主要表现

近年来福建省医药生技产业有了长足的发展，但也存在一些突出的矛盾和问题，与产业发展的需求还不相适应。

（一）缺乏有实力的龙头企业

2018年，全国营业收入前250名的医药生产企业中，福建企业只有4家，分别是漳州片仔癀、厦门金达威、绿康生化、艾德生物。其中绿康生化、艾德生物仅排在200多名，厦门金达威也排在100名开外，仅有漳州片仔癀排名全国第33位。而以上四家企业主要产品分别是中药、维生素、兽药和肿瘤分子诊断，并没有主流的生物制药和化学制药企业。工信部的"2017年度中国医药工业百强企业"榜单中，竟然一家福建企业都没有。

由于缺乏大的龙头企业，福建省缺乏支撑整个产业的优势产品和名牌产品、难以占领更大市场。医药生技"小、散、弱"的问题比较突出，产业集中度低、结构趋同、市场无序竞争，导致企业利润不足、积累能力较弱，难以步入良性发展轨道。多数品种生产的规模化和集约化程度较低，专业化程度、管理水平、经济效益普遍不高。

（二）产业技术水平与全国相比仍有不少差距

作为战略性新兴产业，医药生技产业投入高、风险高、回报也较高，由于福建省企业规模小、资金不足，导致用于产品研发的投入非常欠缺，每年研发费用远低于国内同行业的平均水平。从研发投入看，2016年，福建省全社会研发经费内部支出占GDP比重只有1.61%，远低于全国平均2.1%的水平，与全省的经济发展水平明显不符。"2018中国药品研发实力排行榜"共100家企业，福建企业没有一家上榜。从在研产品看，目前正在研制和生产的医药生技产品大部分是追踪模仿国外的产品，缺少原创性的技术和拥有自主知识产权的产品。医药技术创新和科技成果转化的机制尚未完全形成，因科技与经济结合不紧密，"中试、放大、集成"工程化环节薄弱，使一些优

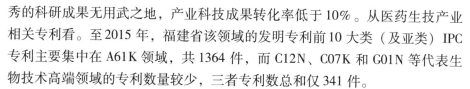

秀的科研成果无用武之地，产业科技成果转化率低于10%。从医药生技产业相关专利看。至2015年，福建省该领域的发明专利前10大类（及亚类）IPC专利主要集中在A61K领域，共1364件，而C12N、C07K和G01N等代表生物技术高端领域的专利数量较少，三者专利数总和仅341件。

（三）产业集聚效应不明显

福建省已形成厦门、福州、三明等为代表的产业集聚地。以厦门为例，厦门市医药生技产业在福建省占有重要地位，拥有如厦门特宝生物工程股份有限公司、厦门北大之路生物工程有限公司、厦门养生堂生物技术有限公司等大企业。但这些企业地理集中度高，产业关联性较差，多数与聚集地外企业进行合作交流，内部配合不足。对比通信、电子、纺织等行业，产业集聚效应仍不明显。此外，省内科研机构不集中，离生物医药产业园区距离较远、不利于知识的溢出效应。

（四）政府对行业管理和支持不足

福建省医药生技主管部门调控、引导和协调力度有限，缺乏具体、可操作性的措施和办法，行业准入没有话语权，规划实施缺少约束性手段，药品的品牌、质量、创新含量在价格上得不到体现，在实际管理工作中缺少有力抓手，工作推进难度较大。近年来福建省医药市场竞争日趋激烈，一些企业反映，出现经营困难的情况。由于原辅材料、动力能源、运输费等生产要素价格上涨，致使生产成本加大，利润空间减少，企业发展受限，目前福建省医药制剂的闲置生产能力高达50%以上。另外，医疗机构药品集中采购，在同等条件下对本地产品扶持不够，企业销售中面临着较严重的货款拖欠问题，企业负担较重。

（五）相关高科技人才比较匮乏

人才是新兴产业发展和科技创新的核心动力。团队协作已成为科学研究获得成功的关键条件，也是创新人才成长发展的重要途径。福建全省仅有1所"985"、2所"211"高校，既比不上东部其他地区，也与中西部一些地区有差距。如湖北省有2所"985"、7所"211"大学；四川省有2所"985"、5所"211"大学。而在福建主要高校中，拥有医药生技方面专业的高校也不多，且学位课程设置与行业需求相对脱节，不能够满足生物制药行业不断变化的需求，特别是许多高校从事医药生技产业的师资队伍多是从事基础研究，缺乏产业化必需的工程专业人员与工艺技术人员。而面对国际化和全球一体化的趋势，福建省的医药生技产业企业还缺乏具有从产业化到国际化经营的高素质综合型人才。另外，对已有的高层次人才缺乏有效支持，导致人才引进难、留不住，人才存量增长缓慢。

三、福建省医药生技产业发展前景分析

(一) 医药生技产业发展前景广阔

21 世纪被誉为生命科学和生物技术的世纪。生物经济时代来临的明显特征就是生物技术产业及其相关产业的飞速发展，预计今后 15 年是其产业化的快速成长期，生物医药占全球药品的比重将超过 33%，生物质能源占世界能源消费的比重达 5%，生物基材料将替代 10%~20% 的化学材料，生物产业的市场空间将比信息产业大 10 倍。

2008 年开始，我国生物产业总产值突破万亿元。预计到 2025 年，全国总体医药生技产业的产值将达到 10 万亿量级，市场前景极其广阔。

(二) 福建医药生技产业相关资源非常丰富

福建省位于我国东南沿海地区，具有相对独立的地理单元和优越的气候条件。地貌和水系自成体系，气候温暖湿润，生态系统具有较高的生产力，具有发展医药生技产业的天然优势。

福建省动植物种类与数量居全国前列；拥有较为丰富的中药和植物资源。普查资料显示，共有 445 科、2468 个品种，其中植物药 245 科、2024 个品种；动物药 200 科、425 个品种；矿物药 19 种。属本省地道名产药材 21 种，大宗主要药材 91 种，珍稀名贵药材 27 种；海洋药用生物资源 350 种；约占全国一半[①]。

福建省大部分地区气候温热潮湿、雨量充沛，水热条件和土壤条件有利能源林植物的生长。据福建省能源林资源调查，全省可供开发利用的木本油料树种约 20 个，规模经营的油茶、油桐、山苍子达 6.69 万亩，现有林地中的 30.79 万亩，可用于发展油料能源林。福建省能源甘蔗研究具有明显优势，农林大学国家甘蔗改良中心和农业部甘蔗遗传改良重点实验室在甘蔗育种和产品开发上的研究水平处于国内领先地位，在国内选育成一批高生物量、高可发酵糖的能、糖兼用甘蔗新品种。

(三) 各级政府对发展医药生技产业非常重视

由于医药生技产业发展前景极为广阔，从国家到省，从各设区市到县，都非常重视医药生技产业的发展，出台了一系列支持医药生技产业发展的政策。2010 年 5 月，国务院在《关于加快和发展战略新兴产业的决定》中，

---

① 《2006-2008 年福建省医药产业发展行动计划》。

将生物和新医药产业列为七大战略性新兴产业之一，加快培育和发展。2015 年，在国务院印发的《中国制造 2025》中，将生物医药及高性能医疗器械列入重点支持的十大领域。在《国民经济和社会发展第十三个五年规划纲要》中，继"十二五"规划后，再次将生物技术作为战略性新兴产业之一，并提出"加快发展合成生物和再生医学技术"，以打造未来发展新优势。

2012 年，福建省制定《福建省加快战略性新兴产业发展的实施方案》，将生物与新医药产业作为七大战略性新兴产业之一重点培育，并在之后列入"十三五"规划。此后，福建省又颁布了《福建省实施〈中国制造 2025〉行动计划》《福建省生物产业发展行动计划（2018—2020 年）》《关于加快生物产业发展七条措施的通知》《福建省贯彻国家中医药发展战略规划纲要（2016—2030 年）实施方案》等措施，为医药生技产业优化布局、创新发展、转型升级提供了清晰的路径。

各设区市也积极支持医药生技产业发展。厦门市的《厦门市促进生物医药与健康产业发展实施意见》，希望到 2020 年实现"1111"的发展目标即建成 1 个国家级生物医药产业基地、建设 10 个支撑产业的国家级科研平台、培育 100 个亿元重点企业、发展 1000 亿元的产业规模。三明市印发《三明市医药产业升级发展规划（2016—2020）》，提出统筹规划、合理布局，高起点、高标准建设医药产业。

第三节　福建省医药生物技术产业高质量发展的对策建议

一、医药生技产业高质量发展的要求与目标

（一）总体要求

深入贯彻习近平新时代中国特色社会主义思想和党的十九大精神，按照高质量发展的要求，紧跟世界科技革命和产业变革趋势，以供给侧结构性改革为主线，聚焦产业链布局创新链，围绕提升关键技术控制力、产业集群带动力、产业链条整合力、信息化对制造业的引领力和国际行业标准制定主导力，针对医药生技产业的研发、生产、流通、使用、服务等关键环节，突出企业创新能力建设，跨区域整合创新资源，布局建设重大科研基础设施，统筹各类创新创业平台，组建产业技术创新联盟，打造专业化投融资服务体系，

加强对各子行业发展的分类指导，着力推动医药生技产业质的提升，把医药生技产业集群打造成海峡西岸重要的高科技产业集群。为确保如期全面建成小康社会，全方位推动高质量发展超越提供有力的健康保障。

（二）发展目标

重点发展用于重大疾病防治的生物药物、化学药物、现代中药等创新药物品种，开发具有自主知识产权的医药生技新品种，加快先进医疗器械、新型医用材料等生物医学工程产品的研发和产业化，培育生物育种产业，积极推广绿色环保型农用生物产品，加快发展生物农业，将医药生技经济打造成为继信息经济后的新经济形态。到 2025 年，医药生技产业产值达到 1000 亿元。

（三）基本原则

坚持创新驱动。聚焦重点领域和关键核心技术，加强前瞻布局，加快突破一批共性关键技术，研制一批原创新药、高端医疗器械等重大创新产品。

坚持绿色生态。严守环保标准，形成绿色环保、生态友好的产业发展新态势，在保护中发展、在发展中保护，科学合理利用土地、药材等资源，大力实施绿色改造，推动清洁生产，促进医药行业绿色低碳发展。

坚持企业主体。以市场需求为导向，充分发挥市场在资源配置中的决定性作用，强化企业市场主体地位，激发企业活力和创造力；转变政府职能，在产业规划、产业政策、质量监管等方面引导和推动产业健康发展。

二、医药生技产业高质量发展的主要任务

福建医药生技产业要实现高质量发展，要做好以下五方面工作：

（一）增强自主创新能力

尽快构建起以企业为主体，以市场为导向，以产品为核心，产学研相结合的技术创新体系，提升企业自主创新能力。坚持原始创新、集成创新和引进消化再创新相结合，加快原研药、首仿药、中药、新型制剂研发产业化。大力发展用于重大疾病防治的生物技术药物、化学新药和新型制剂、现代中药、先进医疗器械，鼓励推动海洋药物研发和产业化。推动政产学研医相结合，鼓励企业与高校、科研院所协作，发挥医疗机构新药创新主动性，提高新药临床研究水平。

推动企业推出新药新产品。鼓励企业加大医药研发投入力度，加快医药科研成果转化，大力发展用于重大疾病防治的生物技术药物、化学新药和新

型制剂、现代中药、先进医疗器械。各有关职能部门用足、用好现有专项资金，支持已经完成临床研究和已获得新药证书的创新药物产业化、规模化发展。对被列为生物制品、化药、中药1类，实现产业化生产的企业，给予300万元奖励；对被列为具有新药证书的生物制品，化药和中药2类，实现产业化生产的企业，给予100万元奖励；对被列为化药3类、具有独立知识产权的医疗器械3类和中药3~6类，实现产业化生产的企业，给予50万元奖励。

加强相关平台建设。建设生物新医药产品技术研发、产业化、安全评价、临床评价公共服务平台。进一步完善福州、厦门生物医药产业孵化器功能，创新医药研发模式，推动医药科技创新服务平台资源向企业开放共享。支持创建医药和生物技术类国家重点实验室、工程实验室、工程（技术）研究中心、国家企业重点实验室、国家企业技术中心，或教育部重点实验室、工程研究中心等。对我省医药企业和科研院所建立的省级以上科技平台，由考核认定部门按其新购研发仪器设备实际投资额的30%给予资助，最高额达500万元；对福建省医药生技企业购买重大高新技术成果在我省转移转化的重大项目，按技术成果购买、中间试验、工业性生产试验、重大产品或装备产业化阶段给予资金补助，单个项目补助总额最高达2000万元。

（二）培育壮大医药生技产业链

紧跟世界医药生技产业发展的前沿，发挥福建对外开放的各种有利条件，以医药骨干企业和生物名优产品为龙头，以科技创新为动力，以医药生技产业结构调整和产业链配套发展为主线，突出重点领域，突破关键环节，壮大优势品种，促进产业集聚，优化产业布局。促进医药产业发展由单体项目向链、群、基地延伸，改变医药产业布局"小、散、乱"的现象，实现优化发展、跨越发展、可持续发展。

大力引进和培育一批生物技术和医药健康领域的龙头企业。鼓励医药生技企业通过联合、兼并、改制、重组等形式，在福建省创建大型医药生技集团企业。鼓励国内外大型药品生产企业、专家、专利拥有者进入省内投资创业，在土地供应、金融服务、行政审批、工商注册登记等方面给予支持。对于进入福建省新投资的世界前20强制药跨国公司和国内前10强制药企业，其地方税收和地方政府行政事业性收费可采取前2年减免80%，后3年减半征收的奖励。

根据福建省医药资源和产业分布情况，规划建设好医药产业园区和基地建设，充分发挥厦门现有生物新医药产业基础优势，以厦门海沧生物医药集中区为核心，以厦门生物医药专业孵化器为支撑，加快建设集研究开发、项目孵化、生产制造、物流配送、教育培训于一体的厦门生物新医药产业基地；进一步发挥福州生物医药专业孵化器功能，集聚产业资源，加快福州生物新医药产业基地规划和发展；充分利用三明、永春的生态环境和资源优势，以生物医药为重点，以若干骨干企业为龙头，高起点规划建设生物医药产业园区。

延伸医药科技产业链，积极发展相关服务业。大力推进涵盖生物技术和医药研究开发、技术转移转化、检验检测认证、临床试验、注册审批、创业孵化、知识产权保护、科技咨询、科技金融、市场营销与销售和科技人力资源等的全链条科技服务业发展。建设"创业苗圃＋孵化器＋加速器"、创新创业"星创天地"等众创空间的创业孵化服务链条。加强产学研用合作，支持专业服务机构为企业提供"一站式"的综合配套服务。

（三）完善药品采购机制、保障药品的供应安全

建立以医保支付为基础的药品采购机制。建立动态和开放的药品采购平台，完善药品采购目录阳光遴选办法，统一药品目录编码，将药品分成治疗性、辅助性和营养性三类，试行不同的医保支付政策。按照"按需而设、为用而采、价格真实、去除灰色"原则，采用通用名称、通用剂型、通用规格、通用包装竞价办法，实施药品最高销售限价和医保支付结算价。开展高值医用耗材、检验检测试剂、大型医疗设备集中采购。规范和推进高值医用耗材集中采购，统一高值医用耗材编码标准，确保高值医用耗材采购各环节在阳光下运行。鼓励医疗机构在省级药品联合限价阳光采购的基础上，进一步与药品供应商进行带量谈判议价，降低药品采购价格。

完善基本药物生产供应保障模式，对用量大、生产厂家多的品种，促进生产能力向优势企业集中，提高规模化和集约化水平。加强药品供需信息监测，建立药品短缺预警体系，综合运用监管、医保、价格、采购、使用等政策，引导企业开发和生产短缺药。加强医药储备体系建设，提高应对各类公共突发事件的能力。省财政要增加医药储备专项资金，支持省级医药储备库改造，提高储备信息化管理水平。对非专项储备品种过期失效的，进行适时核销。属国家、省级储备药品的品种，由承担该品种国家、省级储备任务的企业配送。

（四）鼓励医药生技产业开放与合作

充分发挥闽台合作优势，推动产业对接。重点围绕中药及天然药物、海洋药物及海洋生物资源、生物农业等领域，加强与台湾地区相关部门、行业

公（协）会、科研机构的联系，搭建闽台生物与新医药产业对接交流平台。支持福建省生物与新医药产业基地和园区通过交流研讨、项目对接等形式，与台湾地区生物与新医药产业建立优势互补、互利双赢的产业对接新模式。打造对台湾地区中医药合作交流前沿平台，吸引台湾地区中医师来闽执业，开展中医药交流和服务。充分发挥和挖掘创新优势和潜力，密切联系跟踪国内外龙头骨干企业，创新招商引资的模式，充分利用科技招商和资本招商等方式，围绕产业链，着力引进一批重点项目，加强产业补链、扩链和强链，做强做大产业规模。着力引进一批创新人才和创新团队，争取引进高校、科研院所在厦门市建立生物医药技术中心、成果转化中心。

（五）推动中医药健康发展

福建中医药源远流长，名医辈出，中药资源丰富，药用动植物种类达2400种以上，道地及具有优势特色的闽产药材有太子参、建泽泻等20多种，片仔癀、灵源万应茶饼、老范志神曲、八宝丹等一批名药享誉海内外。近年来，在省委、省政府的正确领导和高度重视下，福建中医药事业发展取得突出成就。全省各级中医类医院91所、中医类门诊部67所、诊所1310所，床位数达2.08万张，中医类执业（助理）医师1.38万人[①]。

要加强中药资源保护利用。推进中药材规范化、规模化种植养殖，支持闽产大宗药材标准园建设。鼓励中药相关企业向中药材产地延伸产业链，在道地药材主产区积极扶持建设产地初加工和仓储物流设施。加强中药材生产流通全过程质量管理，建立中药材质量追溯体系，加强中药饮片生产加工炮制的技术改进和监督，提升中药材、中药饮片质量。实施好太子参、泽泻、重楼等国家中药品种标准化研究项目，打造闽产药材"福九味"品牌。加大对中药行业老字号、驰名商标的扶持与保护力度，促进传统技艺和工艺的传承创新，提升品牌价值。

要加快中医药科技进步与创新。重点支持开展中医古验方、名中医医案、中医诊疗设备的系统研制，重点加强经络研究和常见病、多发病的中医药防治研究。建立符合中医药特点的科技创新体系、评价体系和管理体制。鼓励各地将传统医药项目申报列入各级非物质文化遗产代表性项目名录。

三、医药生技产业高质量发展的重点领域

根据福建医药生技产业的现有产业方向，未来产业重点发展的领域主要

---

① 《福建省贯彻国家中医药发展战略规划纲要（2016－2030年）》。

包括以下八个方面：

（一）生物农业

围绕产出高效、产品安全、资源节约、环境友好的发展目标，重点发展生物种业、生物农药、生物饲料和生物肥料等新产品。加快农业良种培育，发展绿色农用生物产品。利用细胞工程、基因工程等生物育种技术开展动植物育种、保种、培育、选育和发展农作物、林木、畜禽、水产等动植物优良品种；开展优质种苗繁育关键技术研究，建设品种资源保护中心，打造具有较强自主创新能力和核心竞争力的育、繁、推一体化现代生物种业企业。发展新型生物农药、有机复合肥、兽用疫苗、环保兽药、土壤改良剂等产品，支持杀虫、防病、促生的新型高效多功能生物药肥、农药、杀菌剂、防菌剂的研究开发及产业化，发展可替代抗生素的酶制剂、抗菌肽、氨基酸、免疫增强剂等新型绿色生物饲料产品。

（二）生物化工

提高生物化工产业创新发展能力，推动生物基材料、生物基化学品、新型发酵产品等的规模化生产与应用，推动绿色生物工艺在化工、医药、轻纺、食品等行业的应用示范。以生物质为原料，建立以微生物、动植物细胞为基盘的细胞工厂，突破基因重组、酶分子机器和基因定向进化等一批生物化工关键核心技术，重点发展生物基材料、生物化工产品、工业发酵产品及其生物反应器的产业化开发。推动生物基材料产业的链条式、集聚化、规模化发展；大幅度提升氨基酸、维生素等大宗发酵产品的产业自主创新能力和国际竞争水平，实现产业的良性和高端化发展。利用细胞转化和酶催化等绿色生物制造方式及天然产物提取分离技术，生产各类精细化学品、功能营养品、医药中间体和轻化工产品；利用现代生物技术，改造闽派生物酿造产品的生产工艺；以山海生物资源为依托，加快菌种资源和极端微生物等工业生产菌的开发和利用，大力发展抗生素替代品产业，支持生物芯片和检测试剂盒的产业化开发。

（三）生物质能源

围绕能源生产与消费革命和大气污染治理重大需求，创新生物质能源发展模式，拓展生物质能源应用空间，提升生物质能源产业发展水平。积极培育一批非粮、速生、高产、高含油并适合于荒山、盐碱地种植的能源植物新品种，建立培育示范区。鼓励生物柴油生产企业在国内外建设能源植物种植基地，扩大生物质液体燃料规模化生产的原料来源。发展分布式生物质燃料，积极推动生物质能与地热能、太阳能等其他新能源供热技术多元综合利用，探索建立多能互补的分布式供热应用新模式。加大规模化沼气利用技术开发力度，发展集约化沼气工程，普及农村沼气应用。

（四）生物技术药物

重点发展新型疫苗、诊断试剂、抗体药物、蛋白质及多肽药物等生物技术药。加快研制用于疾病预防和治疗的新型疫苗产品以及用于重大传染病的诊断试剂。仿创一批专利到期的国际"重磅药物"，引进一批国内外领先技术水平的重量级新药及其高端生物制剂产品。着力开发重大疾病的疫苗（如艾滋病疫苗、结核病疫苗、疟疾疫苗）、结合疫苗、联合疫苗、抗肿瘤疫苗以及新型传染病（新型冠状病毒肺炎甲流、埃博拉、口蹄疫等）疫苗，重点研发针对持续感染性疾病、肿瘤、自身免疫性疾病等的细胞型疫苗、多态性疫苗、重组基因疫苗，整合多种技术，控制关键环节，继续做强优势疫苗。

（五）基因工程与干细胞

突破基因工程多肽技术、DNA重组技术和细胞重编程技术，重点发展需求量大的基因工程药物和基因治疗药物。大力发展基因测序等精准诊断与治疗技术，开发具有自主知识产权的核心技术、试剂和装备。大力发展以细胞治疗技术为重点的生物技术，开展各种细胞及功能细胞群关键制备技术研发，突破细胞存储技术瓶颈，建立临床应用级别、种类齐全的细胞库。开展以药品和化妆品为目标的关键技术研发，开发具有自主知识产权的核心技术，实现产业化。开展基于细胞技术的组织工程技术研发，解决组织缺损与功能替代技术难题。大力发展细胞治疗技术的临床应用研究，建立重大疾病细胞治疗技术标准和临床方案，推动福建省干细胞与组织工程技术产业化。

（六）化学制药

发展有优势的重点品种，加快新药研发和仿制药高品质生产速度。积极扶持有优势的重点品种，重点开发抗病毒、抗多药耐药菌、抗深部和多重真菌、抗耐药结核杆菌、抗其他微生物的新型抗感染药物，在把握庆大霉素、卡那霉素系列、妥布霉素、小诺霉素等老品种市场的基础上，进一步升级换代、重点发展奈替米星、地贝卡星、阿贝卡星、威替米星等品种。发挥福建微生物研究所、福建生物医药工程中心等科研研发平台作用，针对心脑血管疾病、糖尿病、肿瘤等重大疾病和多发性疾病，加快推进具有自主知识产权的创新药物的研发及产业化，着力发展新型药物制剂、高端化学原料药。开发治疗高发性肿瘤疾病的毒副作用小、临床疗效高的靶向、高选择性抗肿瘤药及辅助用药。着力开发能解除抑郁、焦虑、失眠、精神分裂等精神性疾病、慢性神经性疼痛等疾病的药物以及新型免疫调节剂。

贯彻落实《国务院办公厅关于开展仿制药质量和疗效一致性评价的意见》，鼓励有能力的药品研究机构、药品检验机构积极参与处方工艺和质量的研究工作，以参比制剂为对照，全面深入地开展比对研究。建立一致性评价绿色通道，做好研制用对照药品一次性进口药品的快速审批和通关工作。凡福建省内药品生产企业通过一致性评价的药品应纳入福建省医保目录，在药品联合采购中，享受与专利过期的原研药同一质量层次待遇，鼓励医疗机构优先采购供临床选用。

（七）医疗器械

发展高端诊疗设备，扩大生物医用材料自主生产，开拓专科医疗器械市场。针对需求量大、应用面广的医疗应用，整合福建省在生命科学、电子信息、精密制造等领域的技术与产业资源，重点发展数字医学影像设备、医用直线加速器、新型放疗和热疗设备、人体功能状态检测设备、治疗微系统等高端诊疗设备。发展微创介入、外科植入、人工器官和组织工程产品等医用材料，加快实现一批高端生物医用材料的自主生产。进一步提高助听器产品技术水平；建设全国最大的口腔牙科医疗器械研发和生产基地；大力发展智能化、小型化、家庭化、网络化、数字化的医疗器械产品，积极发展远程医疗专用设备；建设集医疗器械设备药品的生产基地与药械交易等为一体的福建健康产业园。

（八）海洋生物产品

重点突破海洋生物活性物质高效提取分离纯化、海洋生物药物制备优化集成等技术，发展具有福建特色的海洋生物产业。海水养殖良种方面，重点发展海洋生物优良种质挖掘与开发，规模化繁育，海水养殖动植物细胞工程，育苗及大规模海水养殖技术。海洋药物与生物制品方面，重点发展源于海洋生物的抗菌、抗病毒、抗肿瘤、抗氧化、抗骨关节病、降血糖、减肥及心脑血管、神经系统等高效海洋生物创新药物，推动海洋动物疫苗与诊断试剂、海洋生物兽药、海洋动植物生物反应器药物的开发生产及海洋药用微生物资源建设。海洋生物食品方面，大力发展海洋生物提取、纯化和合成技术，着力发展以海洋多肽、多糖和脂类及其衍生物等为主要活性成分的海洋功能食品，积极研发新型高值海洋精深加工产品。

四、保障措施

（一）构建促进发展的新机制

加强省级统筹协调，按照"统一规划、分工合作、协同推进"的原则，构建医药生技产业发展推进体制和机制。强化顶层设计，加强各部门之间的沟通，协同落实国家各项政策，加强科技创新、财税、金融等政策的衔接，形成目标一致的合力。切实加强对各项工作的统筹推进力度，强化组织重大项目研发攻关、产业化项目落地协调、产业基金重大事项决策咨询、产业园区布局规划统筹、产业转移承接协调等的能力。推动重心下沉、权力下放，充分发挥基层积极性，鼓励各区、各园区在操作环节因地制宜，开拓创新，探索实施贷款贴息、厂房先租后售等行之有效的扶持政策，满足企业发展需求。

（二）落实惠企扶持力度

充分运用好国家和省促进生物、医药、医疗服务等行业发展的各项优惠政策，加强产业政策的有效供给。加大资金支持力度，研发费用补贴等创新资源优先支持医药生技产业发展，给予新纳入规上的医药生技企业一定程度的地方级财力奖励。对省内医疗设备企业加强首台（套）产品的研发生产和推广应用，对符合先进装备制造业财政扶持政策的项目给予支持。积极指导医药生技企业申报和争取国家项目资金支持。积极在医药生技企业中宣贯落实相关政策，支持福建省医药生技产业发展。充分发挥省产业发展基金对医药生技产业的引领作用，大力挖掘符合条件的产业项目进入项目储备库，力争推动扶持一批行业龙头企业。支持具备条件的医药产业集聚区申报创建省级及以上新型工业化产业示范基地。

（三）拓宽企业融资渠道

鼓励金融机构、社会资本为医药生技企业提供多渠道、低成本的金融支持。鼓励金融、保险业探索服务生物医药、医疗器械服务新模式，引导用户支持应用创新型产品，推动企业创新产品加快产业化和推广应用。支持医药生技龙头企业通过上市、发债、新三板挂牌、资产证券化等形式筹措发展资金。鼓励生物新医药企业通过海峡股权交易中心开展股权、债权、并购融资，优化企业融资结构。支持海峡股权交易中心、省产权交易中心为医药企业产权、股权转让和融资提供服务。通过政府引导资金，鼓励银行机构对医药生技企业，优先予以信贷支持并提供科技担保贷款、保证保险贷款、知识产权质押贷款等服务，帮助企业解决融资难题。

（四）支持企业开拓市场

积极帮助并争取将福建省生产药品、医疗器械、诊断试剂纳入国家基本医疗保险目录。帮助推荐性价比高、疗效确切的创新药物纳入福建省医保支付范围。帮助推荐特殊医学用途配方食品、功能性食品、海洋生物食品纳入医保健康账户范畴。鼓励引进渠道商、医药电商及流通服务商，搭建具有专业特色和地方特色的流通销售公共平台。支持福建省优势医药、医疗器械先进技术和产品走出去，立足"一带一路"沿线国家、布局全球市场。落实国家"一带一路"科技创新行动计划，支持福建省企业、高校院所开展医药、医疗器械领域科技人文交流、共建联合实验室、科技园区合作、技术转移等行动，实施技术转移项目、建设国际科技合作基地。

（五）培养与引进先进人才

医药生技产业具有知识和技术密集型的特征，集聚了各层次的高水平人才和团队是发展医药生技产业的关键。要着眼于医药生技产业的结构调整和产业升级，着力引进本地发展急需的高层次人才和紧缺人才。特别是引进适应国际化发展需要的高端管理人才，建立健全医药生技从业人员继续教育制度，积极推进创新团队建设，通过专题培训、考察交流等多种方式培养和引进管理通才。对企业自主培养的优秀创业创新人才，符合条件的可享受相关优惠政策，在购房、落户、子女就学等方面给予优惠政策支持，完善人才配套支持体系。

第十一章

福建省平台经济高质量发展研究

国务院总理李克强 2019 年 7 月 17 日主持召开国务院常务会议指出，平台经济是生产力新的组织方式，是经济发展的新动能，对优化资源配置、促进跨界融通发展和"双创"、推动产业升级、拓展消费市场具有十分重要的作用。随着新一代信息技术的迅猛发展和"互联网＋"的深入普及，越来越多的平台化企业迅速崛起，数字平台经济迅猛发展。当前，福建经济正处在转变发展方式、优化经济结构、转换增长动能的高质量发展攻关期，不失时机抢抓平台经济快速发展机遇、推动福建数字平台跨越式高质量发展意义重大。

第一节　平台经济概述

一、平台经济的概念与特征

（一）平台经济的概念

所谓平台经济，是指以云、网、端等网络基础设施为基础，以技术创新、商业模式创新为驱动，旨在促进平台的多边整合并促进有效的交易，优化资源分配，促进创新创造，降低交易成本并提高交易效率为目的的一种新型经济形态。从具体形式看，平台经济主要包括软件应用平台、电子商务平台、金融支付平台以及云计算服务平台等。

（二）平台经济的主要特征

1. 双边（多边）市场特征

与传统单向模式下的企业竞争相比，平台经济是一种双边市场合作关系：平台化企业同时面对产品制造商和最终消费者，通过双边市场效应和平台集群效应形成平台双边（市场）分工。在这个平台上，供需两端有很多市场参与主体和机构，他们分工明确，在市场供应消费链中做出自己独特的贡献，获得应有的回报。每个平台都有一个平台运营商，负责汇聚社会资源和合作伙伴，为供应商提供信息—消费平台，为消费者提供优质价美的产品。平台运营商通过聚集人气，扩大用户规模，使得平台参与各方密切高效（交易费用大幅下降）合作都能从中受益良多，以正和博弈产生平台集群效应、协同效应、网络效应，实现平台价值、客户价值、供应商价值的共同最大化。

2. 网络外部性特征

平台化企业能够为产品买卖双方搭建交易平台、合作舞台，提升服务效率，获取服务效益。参与平台交易的市场主题越多，越能提升平台价值、客户价值、供应商价值，带来全面、正反馈的网络外部正效应。平台网络外部性具有明显的交叉性，也就是说，一方用户的规模、效用或价值的增加将对平台另一方产生显著的正向影响。在网络正效应的驱使下，平台化企业能够获取网络规模报酬递增收益，强平台可以掌控全局，实现"强者通吃"，胜者可以包揽一切，实现"寡头垄断"，而弱者则可能在平台竞争中"迅速败下阵来""惨遭淘汰"。

3. 开放包容性特征

平台经济的重要特点是打破地域局限，强烈吸引和优化配置全球优质资源，使得平台跨越国界。一个平台开放得越多，合作伙伴的数量就会越多，平台的价值也就越大；平台越开放，越能实现多方共赢，它就越能提高焦点效应和交易价值。事实上，我国古代的钱庄、票号等都具有平台经济特性。随着新一代信息技术的快速发展，尤其是移动互联网为代表的移动终端的发展，使得平台变得越来越先进，功能越来越强大且易于使用。当前，淘宝、腾讯、京东、百度等互联网企业纷纷加入开放平台行列，自身的竞争力也不断增强。

4. 共享共赢特征

平台的价值是由平台的使用者和供应商以及物流等中介机构等共同决定的。经济实体通过共享平台获得群体创造的价值，实现自身的附加值提升，并在双赢的基础上为用户群体创造价值。例如，百度一方面向广大用户免费提供搜索引擎，另一方面对用户数据进行分析，以大数据和算法为基础，以精准广告投放和先进营销能力获得高额广告收益。平台化企业成功的关键是为多边市场主体带来了增值的服务，创造了增值的价值，并由此吸引更多的供应商、消费者、服务商的加盟，创造了增值平台价值和凝聚力。数字经济

平台本质上是一个效率更高、价值更大、成本更低的开放共享（对内实现共享对外实现开放）的最佳商业模式。

二、平台经济：组织范式的革命性创新

（一）平台化企业对传统企业的颠覆

传统工业经济的特点是工业内部的劳动分工，各部门之间的界限泾渭分明。传统企业是单向线性价值链的一部分，只需要向客户提供产品或服务，充当生产者和供应商的角色。传统企业业务管理的核心是如何以低成本、高质量和有效的方式交付产品，以实现利润最大化。与此同时，传统企业正试图通过强调整个线性过程，使产品或服务用户的生命周期价值最大化。生产过程主要是依托实体的物理空间，以一个很小的区域市场、商业销售、生产和制造的创新研发、形成一体化的商品供应和分销产业链。一旦一个小的区域市场成熟并实现扩大再生产，在其他区域迅速进行复制和拓展，就能实现更大范围的区域滚动发展和线性增长。

平台经济可能加速和提升这一进程。从封闭的以产定销发展到反向资源配置的敏捷供应，促成了无边界、无距离和自我成长的飞跃式增长。在平台经济下，市场需求越来越个性化，生产者规模趋于灵活小批量，供给、需求两侧均出现反规模经济效应。具体说，由于需求方的个性化、小批量诉求，在平台供给侧实现弹性生产，供给的精确度上升，出现零库存、零积压。对于产品供应商而言，用户不再是一个活生生的肉体，而是一个个数字化的集合体，数据逐渐成为最为重要的生产和设计"基因"，有助于供给厂商对消费者进行全方位"画像"，几乎可以无限逼近消费者最真实的形象，甚至挖掘出更多隐藏于内心深处的信息。平台经济中的商品，变成了被数据赋能的超级IP，在生产的同时就已经与消费者实现了紧密对接，并通过价值传递的零售渠道，持续激发新的消费欲望，相当于克隆出了一大批真实的消费者。在平台经济中，市场将是基于数字经济的统一市场，未来企业的核心竞争力缘于算法的先进和广泛应用，即基于数据基因的云计算能力和科学利用。

平台经济中大规模的信息匹配和商业模式创新，同时联动了两个相关产业的发展，一个是物流和仓储业，另一个是支付产业。由于这两个产业都比较容易实现过程的标准化，如物流公司规模越大，其效率就越高；支付产业用户越多，支付效率就越高，成本就会越低，反过来进一步促进支付产业的兴旺发达。历史上供给方的规模经济和需求方的规模经济，已经延伸到与平

台交易相配套的支付、物流和仓储等中介业务的规模经济。在平台规模经济模式的作用下，数字平台经济活动的重心由生产规模经济向平台侧的服务规模经济（包括支付和物流）延伸、发展，极大地拓展了生产、消费、服务空间。

在平台经济条件下，由于决策数据和平台算法等各种技术的迅猛发展，平台经济显著减少了平台经济系统中生产和销售的摩擦和耗散成本。从平台流水线到算法，数字平台的财富密码发生了重大变化，资本方的利益联盟从与普罗大众的联盟转向与知识分子精英的联盟。

（二）平台经济的竞争优势

平台经济并非完全是新鲜事物，而是古而有之。3000 多年前的中国古代市场、300 多年前的意大利专业批发市场、荷兰证券交易所和 100 多年前的美国百货公司都是典型的经济平台。在这些传统的经济平台基础上，组织了一系列的商业活动，这些活动构成了平台经济的原始形式。由于缺乏时间、空间和技术，平台的初始规模经济和影响非常有限，在大多数情况下，处于主流市场的边缘地位，缺乏经济活动的回旋余地。随着信息社会和数字经济时代的来临，建立在网络技术基础上的新型经济平台迅猛发展，新型平台经济突破时空限制，在全球经济中迸发出强大的生命力和影响力，并日益深刻地影响着人们日常的生产、生活，为学界、政界、实业界和广大普通百姓所广泛关注。

平台经济的核心是平台，不同的平台决定了不同类型的平台经济。实体经济有两种主要的基本平台，一种是技术创新平台，另一种是商业平台。技术创新平台是共享资源和功能元素的组合，其优势是促进企业的创新。该平台为 Windows 操作系统、开发工具、接口等软件开发人员提供基本服务，减轻了软件开发人员的技术困难。其他传统技术平台包括云计算平台、网络平台和公共技术服务平台。这是一个将多边实体聚集在一起并促进它们之间有效交易的平台。基于交易的平台能够方便平台多边市场参与者进入商业基础设施，降低交易成本，并为参与平台的多边实体提供商业利益。例如，阿里巴巴的电子商务平台允许所有运营商通过提供电子商务网站、在线结算和数据分析等支持服务，降低双方的成本，其他典型的交易平台还有打车、租房、社交媒体、搜索引擎，等等。

平台经济的竞争优势主要在于平台特征的开放性、互动性和互惠性。平台的开放性意味着它始终对多边市场实体开放。其目的是帮助不同类型的企业，特别是中小型企业（包括个人）参与平台的经济活动，并降低他们参与平台经济活动门槛，以帮助不同的商业实体。这种开放的运作方式是一种传统的经济关闭模式，远远超出了对基本资源的控制。平台的交互性意味着在平台上工作的实体将永久地保持网络协作关系，并具有持续和实时协作的效果。超越单向线性合作。平台的相互特征意味着平台与多边贸易实体始终保持互利共生关系。换句话说，一个商业实体的增长总是对其他实体产生积极的影响。这是对传统经济中利益此消彼长的零和博弈关系的超越。

三、平台经济：高质量发展的新引擎

（一）平台经济发展势不可挡

从企业的角度看，1995～2015 年，全球互联网平台的市场价值从 167 亿美元上升到 2.56 万亿美元。拥有超过 140 家未上市、估值超过 5000 亿美元的"独角兽"公司，全球平台型企业总市值超过 3 万亿美元。在过去的 20 年里，世界平台经济增长了 180 多倍。

从行业的角度来看，平台经济不再仅仅是软件、电子商务、社交媒体和数字媒体行业的专利。几乎所有行业高管都认识到，在数字经济时代，平台运营模式具有内在的增长潜力。行业的领先者已经采取了实际行动，并取得了相当大的成功。无论是早期的电子商务，还是来自旅游出行和租赁市场的共享经济模式，其主要盈利点都是基于平台的商业模式创新。

从国家的角度来看，互联网平台正成为各国竞争优势的重要来源。由于经济平台的强大竞争力，中国和美国处于产业和数字革命的前沿。在全球 111 家互联网平台公司中，49 家在美国，55 家在中国。从市值来看，美国占比达到 75.3%，中国占 18% 以上[①]。

通过发展平台经济战略，适应国际经济竞争的新形势。首先，现有的高科技巨头诸如谷歌、亚马逊、苹果、阿里巴巴、腾讯、小米和京东等，积极致力于推进云计算、大数据和人工智能等平台建设，凭借其强大的技术积累和创新的商业模式，抢占国际经济竞争的新高地。在家具、医疗、汽车、机械制造等传统行业，行业领导企业都在着力实施"互联网+"、智能化、平台化的开发战略，通过平台的商业模式，促进产业整合，引领变革升级，探索经济发展道路。如飞利浦开发的数字健康平台，宝马、奔驰等汽车巨头的智能汽车平台，都是新型平台经济发展例证。伴随"互联网+"从生活领域

---

① 深入解读平台经济［J］. eworks 数字化企业网，2018－5－14.

向生产领域扩展，平台经济有望迎接新一轮开发高峰的到来。

正如美国哈佛商学院马可·扬西蒂教授所说："未来的竞争不再是个体公司之间的竞赛，而是商业生态系统之间的对抗"①。全球平台经济继续扩张势不可挡，国家之间的经济竞争不只是技术的竞争、人才的竞争、制度的竞争，更是最佳商业模式和平台经济的竞争，平台经济的国家之争已经拉开了新序幕。

（二）平台经济：高质量发展的新引擎

平台经济是推动经济转型发展的重要引擎。从微观视角看，平台经济具有多媒体交流功能、信息服务功能、产业组织功能和利益调整功能。从宏观视角看，平台经济的发展对产业的持续创新、确立新兴经济发展方向、加快制造业服务化转型以及工作、生活方式的变革都具有重要作用。

1. 促进产业持续创新

通过整合产业资源和市场资源，平台经济可以为企业提供广阔发展空间的同时，鼓励企业进行可持续创新，以实现竞争优势和一体化协同优势。例如，为了接触到更多的用户，在电子商务平台上拥有类似产品的公司需要在技术、产品、服务和品牌推广方面加强创新。与此同时，为了实现高附加值和高增长，平台企业本身必须继续在支持整个行业发展的技术和商业模式方面进行创新。由于苹果应用商店模式的创新引发效仿，促进硬件制造、软件开发、创新和整个信息服务链的发展。

2. 促进制造业和服务业的融合发展

平台经济发展了 B2B、B2C、C2C、O2O 等多种商业模式，使产业链上下游交易者、生产者与消费者之间建立了对应关系。在竞争日益激烈的背景下，制造商必须使用有效的中间平台来解决制造和分销的衔接问题，并在产品供应链和分销链之间建立起了有效的联系。例如，乐高集团是一家国际知名的玩具公司，它对多媒体、娱乐电子游戏和平板电脑等传统玩具的巨大影响作出了积极的反应。可见，平台经济将是加快制造业服务化转型的重要动力。

3. 推动新型商业形态蓬勃兴起

平台经济中包含的新的沟通和交易模式，正在成为人们日常生活方式和社会结构演变的重要驱动力。举例来说，新浪微博等社交网络平台已经成为人际沟通的重要渠道；诸如天猫、京东等电子商务平台网站，成为消

① 马可·扬西蒂等. 制定战略：从商业生态系统出发 [J]. 会计师，2004（5）.

费者日常消费的重要选择；支付宝等第三方支付平台以及网络银行的普及为人们带来了更多便捷。随着互联网的发展，社交网络平台、人际关系平台的兴起和作用，加速了人与人之间的交流和信息流动，直接影响人们消费习惯和消费模式的演变，人们的信息消费迅速增长，使以信息交换为基础的商业和商业活动成为未来经济活动的核心部分。总之，平台经济作为一种重要的产业和发展模式，正逐渐成为现代经济的"皇冠"，成为经济社会发展的新引擎。

第二节　福建省平台经济发展的现状与存在问题

一、我国平台经济发展现状

20世纪90年代末，中国平台经济开始形成。在过去的20年里，网民优势、市场优势和后发优势相结合，推动了中国平台经济的转型、加速发展。20世纪90年代末，新浪（Sina）、阿里巴巴（Alibaba）和腾讯（Tencent）等新兴平台公司在网络媒体、电子商务和即时通信等多个领域走在了前列，蓬勃发展，并将这些点融合在一起。

首先，第一批新兴平台公司迅速成为行业巨头。例如，2016年，阿里巴巴的交易额超过3万亿人民币，超过沃尔玛，成为全球最大的零售经济体①。

其次，平台经济继续扩大行业渗透的前沿。新兴领域的平台公司，如付费内容和在线直播，正在稳步增长。交通、医疗、教育等传统服务行业的"独角兽"平台公司正在蓬勃发展，航空航天云网络、树根互联、海尔科摩等行业互联网平台发展迅速。

最后，平台经济已经从模仿追赶到部分领域实现并跑、领跑。中国的平台经济早先基本上从模仿起步。近年来，通过灵活运用本地创新市场，实现了从模仿到创新，再到引领世界的历史性变革。例如，新浪微博平台整合短视频和实时移动广播提供创新产品，为用户提供更好的全景资源，现在的市场价值超过了 Twitter。阿里巴巴是全球最大的在线零售商，是面向移动支付平台的创新应用的全球领先者②（如表11-1所示）。

---

① 阿里巴巴2016财年电商交易额突破3万亿元［N］. 光明日报，2016（8）.
② 微博市值首次超 Twitter 成全球市值最高社交媒体［N］. 上海证券报，2016-10-18.

表 11 −1　　　　　　　　我国平台企业市值及类型　　　　　　　单位：亿元人民币

企业	（2017 年 6 月）市值	类型	企业	市值	类型
阿里巴巴	24197	电子商务	微博	999	社交传媒通信
腾讯	22967	社交传媒通信	乐视	612	社交传媒通信
百度	4233	搜索信息广告	今日头条	548	社交传媒通信
蚂蚁金服	4110	金融科技	三七互娱	533	游戏
京东	3809	电子商务	宜信	510	金融科技
小米科技	3080	社交传媒通信	陌陌	497	社交传媒通信
网易	2694	社交传媒通信	唯品会	462	电子商务
滴滴出行	2280	出行	58 同城	438	搜索信息广告
携程	1878	旅游	饿了么	429	电子商务
陆金所	1270	金融科技	链家	429	房产租售
美团大众点评	1230	电子商务	新浪	412	社交传媒通信
分众	1202	搜索信息广告	乐视移动	380	社交传媒通信
苏宁	1047	电子商务	口碑网	378	搜索信息广告

资料来源：作者根据 2017 年 6 月中国上市公司市值排行榜整理。

二、福建省平台经济发展现状

近年来，福建省形成了一批极具代表性的互联网平台公司。至 2018 年底，全省共有互联网平台公司 200 多家，覆盖工农业产品流通、金融、医疗、教育等各领域。据不完全统计，2018 年 1～9 月，福建全省平台型企业累计实现交易额 1161. 23 亿元，同比增长 19. 6%，货物类交易额 884. 29 亿元，服务类交易额 276. 94 亿元，网络平台经济发展已初具规模①。

（一）数字平台发展态势良好

据中国信息通信研究院测算，2018 年福建省数字经济规模达 1. 42 万亿元，同比增长 22. 4%，增速居全国第 2 位；数字经济占全省 GDP 的比重达 39. 8%，成为高质量发展的重要支撑力量。根据腾讯研究所发布报告，2018 年福建数字经济指数位列全国第 5 位，落后于广东、江苏、浙江、北京四省、市，领先于其他省份。在"处处相连"方面，福建全省所有行政村都有

① 戴小颖. 信息化背景下加快福建省平台经济发展战略思考 [J]. 海峡科学, 2019 (2).

100% 光纤接入，互联网普及率居全国前列。在"物物互通"方面，窄带互联网实现全覆盖，政务网和外部电子政务网覆盖省、市、县、州。在"事事网办"方面，政府服务范围从电脑端转向移动端，大部分服务问题都可以在网上管理。在"业业创新"方面，大数据、云计算、物联网、人工智能、共享经济等产业发展迅速，产生了数据红利，构成了经济发展的新引擎。

（二）电商平台规模持续扩张

借助地理区位和政策红利优势，福建省电子商务持续快速发展，电商交易额自 2012 年以来一直位居全国前列。2015 年，全省电子商务交易额达7116 亿元，2017 年交易额达到 14168 亿元（如图 11－1 所示）；2018 年仅双十一当天，全网交易额就达 146 亿元，位居全国第 6 位。从电商平台分布看，2019 年第一季度，福建省各平台网络零售额中，天猫商城以 35.6% 的占比处于绝对优势；淘宝网占比 22.9%，位居全国第二；京东商城占比 13.2%，其他平台占比较小[①]。

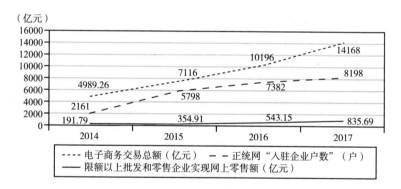

图 11－1　2014～2017 年福建省数字电子商务发展情况

（三）平台中心和平台企业加快培育

依托大数据产业园，福建省相继设立数字福建大数据技术服务中心、省大数据交易中心；金融服务云、健康医疗云、农业云、海上丝绸之路卫星数据服务中心等一批特色云平台加快建设。"智慧公路""智慧港航""智慧运管"建设加快推进，人脸识别、车牌识别、移动支付等新技术在交通领域加速推广应用。在全国范围内率先建设国家健康医疗大数据平台及其安全服务平台。至 2018 年底，全省有 23 家互联网企业收入破亿元，其中 7 家入围全国百强；移动互联网、大数据、云计算等相关产业均在快速建设和发展；物

---

① 戴小颖. 信息化背景下加快福建省平台经济发展战略思考 [J]. 海峡科学，2019（2）.

联网产业总产值已超过千亿元级别。美图、美柚、今日头条、美团等生活服务平台已成为行业龙头企业，"正统网"入驻企业户数逐年增加。

（四）农村电商跨越发展

2019 年上半年，福建省农村网络零售额 810.6 亿元，位居全国第 3 位。2019 年阿里研究院公布"2019 中国淘宝村"名单，福建省 318 个淘宝村上榜，淘宝乡镇数量不断增加，农村电商发展水平稳步提升，主流平台交易额优势明显。从网络零售额占比看，2018 年福建省 C2C 网络零售为 946.3 亿元，B2C 网络零售额为 2670.4 亿元，占比达到 73.8%[①]。

三、福建平台经济发展面临的主要问题

（一）平台化企业培育发展缓慢

福建新兴平台公司所占比例相对较小，而传统行业所占比例较大。如农业规模化和工业化水平较低，现代农业发展基础不牢，农业大数据应用严重不足等。同时工业企业的规模通常较小，尤其是龙头企业的数量较少。公共信息服务平台牵引乏力，企业信息化共享程度较低，从而影响互联网平台培育。

（二）大型知名运营平台化企业不多

当前，福建省各类运营平台企业数量不少，发展较快，但多数企业"重交易、轻品牌"现象较为突出。许多网站和代理运营商年交易额虽大，但多数企业以利用第三方平台为主，企业自主创新和自生能力明显不足，从而导致知名平台企业难以生成，龙头平台企业更是凤毛麟角。

（三）平台企业创新能力不足

主要是企业创新氛围不浓。由于知识产权保护跟进不够有力，导致平台企业及个人勇于创新氛围不足。平台企业创新能力欠缺，尤其是商业模式创新能力偏弱，多数企业难以适应平台经济发展的需要。企业创新文化发育缓慢，对于培养企业家精神和创客文化，多数企业重视不够，创新文化形成尚需时日。

（四）平台技术研发和应用水平不高

随着互联网经济和平台经济的发展，大数据的应用是不可避免成为大势所趋。目前，福建省的数据资源开发和利用价值尚未完全释放。如福建省的基础数据库尚未完成建设，在公开数据交换和社会应用方面也处于较低水平。

---

① 福建省淘宝村数全国第六突破 300 个 ［N］. 福建省人民政府网，2019 – 8 – 6.

同时，大数据应用程序的安全性和私密性也亟待加强。

（五）本土第三方支付平台缺乏

目前，尽管福建省拥有 4 张自主第三方支付牌照平台型企业，但是只能开展银行卡收单和预付卡业务，至今没有建立起一家覆盖范围广、用户众多、使用便利、能跨区域、跨两岸和跨境在线支付平台。目前福建省企业间电子商务、第三方电子商务平台以及 90% 的网商，主要依托浙江阿里巴巴的"支付宝"、深圳腾讯的"财付通"和中国银联等省外十几种第三方支付平台进行在线支付与网银转账完成。

（六）农村电商物流体系不完善

目前，福建省多数电商服务体系的物流中心只搭建至乡镇服务中心，农村物流主要依靠邮政快递公司的合作，在车辆、人员配置、配送费用等方面常常无法满足农村电商快速发展的需要。农村物流信息化建设虽有进步，但在条码技术应用于农产品物流、射频识别（radio frequency identification，RFID）技术应用于农产品追溯、冷链技术应用于农产品仓储与运输等方面，仍有很长的路要走。

第三节　福建省平台经济高质量发展方向与对策思路

一、发展原则

（一）线上和线下相结合

互联网采取线上运行方式实现资源信息共享，但创建智能平台需要线上线下复合的运行模式。控制终端通过线上实现信号传输，需要一个在线平台来获取和使用信息和数据。然而，生产服务等领域的活动，如生产、检查等，以及物流运输等也需要依托线下平台进行。线上平台与线下平台应当发展成为实时互动、上下游联动、企业内外一体，线上交易，线下交割的商务模式。

（二）营利性与非营利性相结合

平台组织可以是营利性平台公司，也可以是非营利组织（如商会、协会等）。平台企业通过开放低成本客户资源和提供付费服务来创造收入。与其他市场参与者一样，平台企业也是自负盈亏的。非营利平台是公益性较强的平台组织，政府提供一定时期的资金，然后通过市场化运作来平衡收支，如美国创新研究所。创新研究院是一个独立的非营利性组织，拥有由核心企业和大学组成的独立董事会。在政府资助 5～7 年后，创新研究院通过募捐、支付服务、各种奖励和捐赠等方式自主创收，实现收支平衡。

（三）整合数据资源，构建平台生态系统

考虑到平台的网络外在性，一旦平台的组织实现了稳定的发展，必须逐步建立一个平台的焦点企业和产品为核心，协作企业积极参与互补的产业生态系统。生产平台需要整合包括产品设计和开发、检验和测试等模块，形成一个基于关键产品和技术的兼容平台生态系统，再由多个互补平台企业参与兼容性平台进行补充，形成在制造业中纵向联系，区域间横向联系的平台生态系统。通过建设一个平台生态系统，将制造业产业链中的有利资源纳入所属区域，对优质资源进行网络化、集约化和一体化分配。

（四）财政支持与区域共建共享相结合

政府支持对非营利平台和营利平台起步发展都有重要作用。制造业集群化发展催化制造平台经济的出现，从而打破时间和空间的界限，并产生了积极的外部因素。平台的建设既需要中央政府和地方政府的财政支持，也需要该区域内外、产业内外的共同建设、信息共享。政府可以针对平台开发的各个阶段提供不同的支持期限和扶持力度，通过联合设立专项基金，支持产业平台建设。城市群应共同建造共用的制造业网络平台，将高质量的区域内外资源纳入网络，实现实时信息更新和即时交易。

（五）鼓励创新与适时规范相结合

政府各部必须兼顾鼓励创新和规范监管。鼓励创新方面，可以参考市场负面清单制度，负面清单以外的情形由市场主体自主决定，从而为平台公司提供合理的发展空间。与此同时，必须及时监测和管理具有负外部影响的平台，以避免进一步的损失和损害。在管理平台经济时，应尽可能利用经济和法律手段，为平台经济的发展提供明确的市场引导。如应迅速修订负清单目录，排除具有社会风险、污染浪费严重和高外部成本的经济类型。

二、发展方向

充分发挥区位、创新、产业和政策优势，以供给侧结构性改革为主线，以促进新技术、新业态、新模式与实体经济深度融合为抓手，推动资金、知识、技术、人才在现代网络空间集聚、融合，加快大数据、云计算、物联网应用，实现大平台、大市场、大流通融合发展，打造适应平台经济、共享经济、微经济发展的法治营商环境，加快形成一批分工明确、协同发展的数字

平台经济。

（一）建设基础公共平台

加快福建长乐、安溪产业园数据中心建设，完善福建数字云计算中心、福建超级计算机中心，吸引国家有关部委来闽设立部委数据中心或备份中心，支持正在形成的大数据、虚拟现实等新兴平台产业发展。改进物联网识别管控平台，建设多卡融合公共平台，共享视频图像平台，改进位置信息服务平台。鼓励通过开放平台界面、提供鼓励互联网运行的服务来创建公共平台。国家陆地、海洋、气象等卫星资源中心数据，服务"一带一路"沿线地区，加快建设海丝卫星数据服务中心，推进数字政务、乡村振兴、智慧城市、闽台融合和"海天丝路"的"卫星＋"示范应用。鼓励社会组织和相关机构建立一个工业数据资源平台，以促进工业数据交换和传播。

（二）发展电子商务平台

在福州市、厦门市、泉州市、莆田市等中国电子商务示范城市，先行先试，建立功能齐全、完整的电子商务平台集聚区。结合"互联网＋"区域化链条化试点，开发新的O2O综合经济模式、升级发展服装、鞋帽、陶器、电器、建筑材料、汽车、钢铁、海产品、真菌、桃树等电子商务平台。借力阿里巴巴、腾讯、京东等国内电商知名企业，加快完善农村电商服务体系，壮大农村电子商务规模。大力发展"海丝电商"，实施"闽货出海"，引导有实力的企业在欧盟、东南亚、非洲、美洲、中东等贸易活跃地区以及"一带一路"沿线国家建设公共海外仓。

（三）构建工业互联网平台

积极实施"十百千万"工业互联网工程，继续促进数字技术与制造业一体化发展，引导福建省内企业积极参加创业云平台和培养制造工业云平台。积极支持和促进工业、分层和系统的互联网平台建设。推进电子、石化、高端装备、新能源汽车、纺织服装与制鞋、食品、医疗器械等行业综合平台建设，推动传统制造业加快数字化转型，增强专业化工业互联网服务平台能力。支持一批特色鲜明、亮点突出的工业互联网龙头企业，利用其独特的平台级工具，构建推动上下游企业空间聚集的全产业生态链平台。建设一批工业共享平台以及供应链服务平台，推动企业资源定制、检验检测、专利咨询、创业孵化、国际合作、展览展示和教育培训等服务平台的发展。

（四）完善物流服务平台

支持物流企业转型为专业第三方、第四方物流服务平台，建设物流资源交易平台。加快物流平台建设，鼓励无车承运人、多式联运等物流运输模式，发展专业的互联网物流服务平台。快速物流企业建立智能物流系统的进程，支持快速物流企业、电子商务企业参与仓储一体化项目建设。积极发展网上物流服务平台，如城市生鲜配送、同城快递等，以减低平台的物流成本，方便市民使用。

（五）打造大宗商品现货交易平台

依托福建省产业集群和特色园区，着力在化工、农副产品、纺织、建材、机械、电子等优势产业领域，打造一批集网上信息发布、交易支付、体验展示、售后服务、价格发现、品牌推广等功能为一体的跨区域商品现货交易平台。积极探索打造以互联网为支撑，以物流配送、金融配套为依托的国际化标准的第三方商品交易平台。

（六）创新互联网金融平台

推动金融企业与云计算技术供应商合作开展金融公共云服务，提供多样化、个性化、精准化的金融产品。支持博金贷、融通资产、赣商贷等互联网金融平台进一步拓展业务领域，开展众筹、第三方支付、保险、创投等金融服务。加快金融大数据服务中心、云计算中心、互联网金融创新中心建设，促进互联网金融与电子商务、现代物流、跨境贸易等行业融合发展。

（七）培育多样化细分平台

创建"工具＋社区＋电子商务服务＋数字营销"信息服务平台。支持移动终端平台朝着个性化、精准化的社交平台发展。在平台技术发展中，着重支持创意设计、科技研发、采购交易、会议展览、时尚消费、品牌发布功能的融合，为客户提供个性化服务。

三、对策思路

平台经济刚刚兴起，作为新生事物，注定会遇到种种"瓶颈"障碍。应充分发挥政府的引导作用，超前部署，认真研究其发展规律，加大政府扶持力度，清除产业发展障碍，顺应新的发展形势，推动平台经济成为福建经济高质量发展的新引擎。

（一）实施"三大工程"

1. 实施"平台企业培育"工程

瞄准欧美发达国家以及国内先进地区，加强与苹果、谷歌、脸谱、阿里巴巴、百度、腾讯、京东等知名平台企业对接，大力引进一批行业龙头旗舰平台企业和基地型项目。支持龙头骨干企业大力实施平台化发展战略，加快实现平台化转型升级，使之成为具有集成服务能力的平台型企业。

2. 实施"本土品牌提升"工程

依托农产品、有色金属、中药材、陶瓷、家居等特色行业，大力支持一批本土平台企业采用多种方式跨地域跨行业整合资源。推动平台企业围绕品牌创建、品牌开发和品牌运营，实施品牌一体化项目，培育形成一批拥有核心关键技术及自主品牌的平台型企业。

3. 实施"平台基地建设"工程

通过资源整合、项目优化和功能拓展，将有条件的电子商务产业园、商贸物流产业园、健康养老产业园等改造提升为区域性平台经济基地。结合各地重点产业，建设一批具有研发设计、物流仓储、人才培训、孵化培育等功能的特色平台经济基地，推动平台经济在有条件的地区率先突破、稳健发展。

（二）推动"三大创新"

1. 加快商业模式创新

利用现有的线下资源，如集群、品牌和专业市场等，引导企业导入 C2B（消费者对企业）、O2O（线上到线下）、P2C（产品对消费者）等模式，实现体验店与网店互动增长，实现双赢。推广"VR＋电商""AR＋电商""视频＋电商""直播＋电商"等购买体验模式，支持一批拥有内容制作能力的购物平台开展"平台＋内容制作"的营销模式，实现内容制作企业的平台化发展。

2. 推动运营模式创新

支持传统企业运用先进的信息技术，对产品设计、品牌推广、营销方式、渠道物流、支付结算、售后服务等环节进行重构，简化价值链环节，打造一体化综合性网络服务平台。积极引导具有制造能力的企业开展反向定制生产，探索个性化、定制化服务的新型互联网服务模式，培养高粘度用户群体，通过投资、相互持股等方式，促进平台内各公司之间的联系和它们的结合，衍生新的运营模式。

3. 促进业务模式创新

支持具有一定融资能力的公司通过收购、兼并和投资扩大业务，并在公司内部价值链中形成闭环。引导符合条件的平台公司积极开展互联网金融活动，促进行业跨境融合发展，提升整体实力，促进转型升级。

（三）夯实"三大支撑"

1. 夯实平台信用支撑

建立健全平台信用信息管理制度，推动平台企业信用信息公开。推进人口、法人、商标和产品质量等信息资源向平台企业和信用服务机构开放，逐步降低查询及利用成本。促进平台信用信息与社会其他领域相关信息的交换共享，推动平台信用评价，建立健全平台经济领域失信行为联合惩戒机制。推动应用网络身份证，完善网店实名制，鼓励发展网站平台可信认证服务。发展平台可信交易保障公共服务，完善平台信用服务保障制度，推动信用调查、信用评估、信用担保等第三方信用服务和产品在平台经济中的广泛应用。

2. 夯实平台物流支撑

加快农村物流基础设施建设，加快推进农村信息网络设施全覆盖，推动移动互联网、宽带等信息网络设施的普及，提高物流效率，降低物流成本。培育农村物流服务主体，对从事农村物流运营的企业，在税收、资金、土地等方面给予政策支持。推动物流企业服务网络延伸至农村，完善农村服务网络。加快农村物流信息化建设，鼓励物流公司将条码技术应用于农产品流通。在农产品追溯中运用 RFID 技术、仓储与运输环节采用冷链技术，装卸搬运和分拣环节采用机械化运作，在运输途中采用 GPS 与 GIS 技术进行跟踪等，通过现代物流信息技术为农村电商发展奠定基础。

3. 加强对平台人才的支持

制定专业人才引进政策，将引进平台经济人才纳入福建省人才创新创业工程，重点引入一批能够融合互联网思维和实体经济规律的复合型人才。加强平台经济应用型人才文化建设，帮助高校和职业学校积极进行必要的学科布局调整，整合学科设置，培养平台经济发展所需的技术应用型人才。

改善平台人才生活条件，支持企业解决员工的居住问题。对创业核心团队的长期居住、出入境便利和医疗服务提供倾斜性支持。支持企业的内部培训和职业教育，对平台人才培训给予业务资质和资助，财政资金对于新员工的业务培训给予个税返还的补贴支持。加强对平台人才的股权激励，探索试点不分所有制的股权激励个人所得税分期纳税政策。

（四）完善"三大政策"

1. 完善平台税收政策

被有关部门依法指定为高新技术企业平台的企业，享受高新技术企业的优先政策，如公司税税率为 15%；土地转让费用为 50%～75%；技术转让、研发等优惠政策；以及基本税收、免税、固定资产折旧等方面的税收优惠。属于小微企业的，依法享受小微企业的税收优惠政策。

2. 完善平台金融政策

鼓励商业银行利用应收账款为平台企业融资，帮助存贷款担保机构对平台的无形资产和动产进行贷款。充分发挥省级股权投资引导基金和创业投资的引导作用，放大财政资金拓展功能，吸引社会资本设立子基金，创新平台经济社会资本的形式，扩大企业融资渠道平台。积极引导各类创业投资机构和股权投资基金参与平台企业项目投融资，推动各类有创新性、成长性的平台以多种途径上市融资。平台企业应与政府、金融机构、市场等通力合作，加强自身诚信建设，吸纳更多社会资本融入。成立农村电商发展专项基金，为农村电商发展提供多元化资金支持。

3. 完善平台竞争政策

完善平台竞争政策，改善平台企业的市场准入和管理制度，探索平台经济发展的管理模式和法律环境。鼓励平台运营商完善交易规则，建立完善的管理体系，规范商业行为，帮助平台公司保护知识产权。

参 考 文 献

[1] 安晖，吕海霞. 以平台经济引领经济转型发展[N]. 科技日报，2013 - 11 - 25.

[2] 安相根. 信息技术产业平台经济的发展方向及其特点研究[J]. 现代经济信息，2015 (1).

[3] 白春礼. 未来的科技发展新趋势 [N]. 人民网，2015 - 7 - 5.

[4] 暴宁钟，白凤娟，何大方. 石墨烯新材料发展现状与研发应用挑战 [J]. 中国工业和信息化，2018 (8).

[5] 编辑部. 国家增材制造产业发展推进计划（2015—2016 年）[J]. 粉末冶金工业，2015，25 (2)：56.

[6] 蔡仲曦，干荣富. 我国医疗器械行业之现状与发展趋势 [J]. 中国医药工业杂志，2013，44 (12)：1314 - 1318.

[7] 陈必链. 福建生物经济发展现状与对策研究 [J]. 生物技术通报，2010 (8).

[8] 陈恩沛. 福建省高端医疗器械产业发展研究报告 [J]. 海峡科学，2008 (8)：10 - 12.

[9] 陈济轮，杨洁，于海静. 国外高能束增材制造技术应用现状与最新发展 [J]. 航天制造技术，2014 (4)：1 - 4 + 10.

[10] 陈柳钦. 国外新能源汽车财税政策研究及启示 [J]. 电器工业，2014 (10)：54 - 55.

[11] 陈柳钦. 加快发展和振兴我国高端装备制造业[J]. 郑州航空工业管理学院学报，2011 (4).

[12] 陈柳钦. 美日欧新能源汽车产业发展的政策支持 [J]. 汽车工程师，2010 (10)：22 - 25.

[13] 陈敏，吴秋明. 海西先进制造业发展的协调度研究 [J]. 福州大学学报（哲学社会科学版），2016，30 (3)：30 - 34.

[14] 陈禹,杨培芳,姜奇平等.互联网时代的经济学革命[J].财经问题研究,2018(5).

[15] 陈章兰,熊云峰.福建省船舶产业发展的人才培养培训规划初探[C]//福建省科协第十届学术年会"船舶及海洋工程新技术开发与应用"学术会议.

[16] 褚淑贞,王恩楠,都兰娜.我国医疗器械产业发展现状、问题及对策[J].中国医药工业杂志,2017,48(6):930-935.

[17] 丛强,朱景萍等.海外装备制造强国支持政策与发展趋势[J].石油科技论坛,2010(3).

[18] 崔毓剑.基于网络化的林业工程装备制造业供应链协同研究[D].长沙:中南林业科技大学博士论文,2010.

[19] 笪尚明,刘西林.基于复杂产业集群的先进制造业发展研究[J].科技进步与对策,2005(6):11-12.

[20] 笪贤流.福建装备制造业发展情况调查与思考[J].厦门特区党校学报,2015(1).

[21] 戴国宝,王雅秋.民营中小微企业高质量发展:内涵、困境与路径[J].经济问题,2019(8):54-61.

[22] 戴小颖.信息化背景下加快福建省平台经济发展战略思考[J].海峡科学,2019(2).

[23] 邓洲.制造业与服务业融合发展的历史逻辑、现实意义与路径探索[J].北京工业大学学报(社会科学版),2019,19(4):61-69.

[24] 丁宏,梁洪基.互联网平台企业的竞争发展战略——基于双边市场理论[J].世界经济与政治论坛,2014(7).

[25] 丁芸,张天华.促进新能源汽车产业发展的财税政策效应研究[J].税务研究,2014(9):16-20.

[26] 窦衍瑞.中国医疗器械进出口面临监管不到位的问题及对策[J].对外经贸实务,2018(8):45-48.

[27] 杜琦,姚波,解芳.副省级城市先进制造业发展水平评价研究——以西安为例[J].现代管理科学,2010(11):65-68.

[28] 杜宇玮.培育世界级先进制造业集群的中国方案[J].国家治理,2018(25):10-19.

[29] 范怀谷.智能无人船舶发展面临的问题和解决办法[J].船舶标准化工程师,2018(3).

[30] 冯德连. 加快培育中国世界级先进制造业集群研究 [J]. 学术界, 2019 (5): 86 - 95.

[31] 福建船舶工业企业在逆境中"转身" [N]. 中国产业经济信息网, http: //www. cinic. org. cn/xy/fj/412824. html.

[32] 福建交通. 舟楫传奇里的福船 [N]. 中国水运报微信公众号, http: //www. jinciwei. cn/d353035. html.

[33] 福建省船舶工业协会. 2018 年福建省船舶工业运行经济分析 [N]. http: //v6053907. 11129. 31la. com. cn/news_ny2. php? pid = 3&classid = 188&infoid = 1479.

[34] 福建省贯彻国家中医药发展战略规划纲要 (2016—2030 年) 实施方案 [Z] 2017 - 9 - 6.

[35] 福建省人民政府. 福建省"十三五"战略性新兴产业发展专项规划 [Z]. 2016 - 4 - 25.

[36] 福建省人民政府. 福建省新能源汽车产业发展规划2017 — 2020 年 [Z]. 2017.

[37] 《福建省人民政府关于促进稀土行业持续健康发展的实施意见》, 2011.

[38] 福建省造船工程学会. 福建省船舶与海洋工程装备学科发展报告 [J]. 海峡科学, 2015 (1): 42 - 47.

[39] 高琳. 关于包头市装备制造业建设机制的研究[D]. 北京: 中央民族大学硕士论文, 2012.

[40] 高心如. 福建船企砥砺前行 [J]. 船舶物资与市场, 2016 (4).

[41] 高智, 鲁志国. 装备制造业与高技术服务业融合发展对提升全要素生产率的影响 [J]. 商业研究, 2019 (7): 42 - 49.

[42] 工信部, 财政部. 工业和信息化部、财政部关于印发智能制造发展规划 (2016 - 2020 年) 的通知 [Z]. 2016.

[43] 关于促进医药产业高质量发展的六条措施 [Z]. 2019 - 5 - 27.

[44] 关于印发福建省促进生物医药产业发展八项措施的通知 [Z]. 2013 - 11 - 27.

[45] 管亚梅, 陆静娇. 先进制造业上市公司收益质量评价与经营效益的相关性研究——以苏锡常为例 [J]. 南京财经大学学报, 2017 (5): 58 - 69.

[46] 桂亮, 金悦, 赵卫军, 郭婷, 张俊. 3D 打印技术在创客实践教学

环节中的应用 [J]. 实验技术与管理, 2016, 33 (10): 181 - 184.

[47] 桂雪琴. 转型升级 寻找低迷船市的突破口——访福建省马尾造船股份有限公司总经理曾金柱 [J]. 船舶物资与市场, 2018, 152 (4): 12 - 15.

[48] 郭朝先. 产业融合创新与制造业高质量发展 [J]. 北京工业大学学报 (社会科学版), 2019, 19 (4): 49 - 60.

[49] 郭承先. 产业融合研究: 基于企业行为的分析视角 [D], 中央党校博士论文, 2017.

[50] 郭剑锋. 中国高端医疗器械产业的现状及发展对策 [D]. 北京: 对外经济贸易大学, 2014.

[51] 郭立超. 装备制造企业产品平台升级研究 [D]. 浙江大学硕士论文, 2008.

[52] 韩永奇. 我国石墨烯投资热的冷思考 [J]. 新材料产业, 2018: 11.

[53] 郝杰. 3D打印国家计划出台碳纤维大有可为 [J]. 纺织服装周刊, 2015 (9): 8.

[54] 贺晓宇, 沈坤荣. 现代化经济体系、全要素生产率与高质量发展 [J]. 上海经济研究, 2018 (6): 25 - 34.

[55] 侯瑞. 全球智能制造发展模式及我国智能制造发展现状 [J]. 信息化建设, 2018 (3): 23 - 26.

[56] 侯赟慧, 卞慧敏, 刘军杰. 网络平台型商业生态系统的演化运行机制研究 [J], 江苏商论, 2019 (3).

[57] 黄畅, 苏煜, 吕丹阳等. 沈阳市平台经济发展问题研究 [J]. 对外经贸, 2016 (11).

[58] 黄晖. 宁波发展先进制造业的行业选择 [J]. 经济地理, 2011, 31 (3): 458 - 463.

[59] 黄沛琳, 林继志, 习勇. 基于专利的生物医药产业SWOT分析——以福建为例 [J]. 科技与经济, 2017 (8).

[60] 黄烨菁. 何为"先进制造业"?——对一个模糊概念的学术梳理 [J]. 学术月刊, 2010, 42 (7): 87 - 93.

[61] 黄英, 孙秀, 杜秀娟. 鞍山市发展平台经济的对策 [J]. 鞍山师范学院学报, 2017 (10).

[62] 纪璇, 秦树文. 贫困地区电子商务产业发展对策研究——以张家

口市桥东区为例,河北北方学院学报（自然科学版）,2019（1）.

[63] 季凯文,龙强. 江西发展平台经济的战略思考与对策建议[J]. 价格月刊,2018（1）.

[64] 江冬英. 福建自贸区生物医药产业发展研究 [J]. 黑龙江科学. 2019（2）.

[65] 蒋达良. 机械制造业自动化的现状及发展趋势分析[J]. 湖北农机化,2019 - 7 - 15.

[66] 蒋海洪,杨悦. 我国医疗器械管理制度发展评析与展望 [J]. 沈阳药科大学学报,2018,35（5）:419 - 423 + 436.

[67] 蒋选. 先进制造业选择标准及建设制造强国的发展路径 [J]. 理论探讨,2018（3）:102 - 108.

[68] 金碚. 关于"高质量发展"的经济学研究 [J]. 中国工业经济,2018（4）:5 - 18.

[69] 孔令丞,许建红等. 长三角科创合作,培育世界级产业群:石墨烯产业案例分析 [J]. 福建论坛·人文社会科学版,2018（12）.

[70] 李江烨. 福建省石墨烯产业现状及发展建议[J]. 机电技术,2017 - 4.

[71] 李金华. 新工业革命行动计划下中国先进制造业的发展现实与路径 [J]. 吉林大学社会科学学报,2017（3）:31 - 41.

[72] 李金华. 中国先进制造业技术效率的测度及政策思考 [J]. 中国地质大学学报（社会科学版）,2017（4）:104 - 116.

[73] 李金华. 中国先进制造业品牌的现实与提升路径 [J]. 学术论坛,2017（3）:101 - 108.

[74] 李京文,黄鲁成. 关于我国制造业创新战略的思考 [J]. 中国软科学,2003（1）:23 - 26.

[75] 李俊. 进口医疗器械垄断我国中高端市场的原因分析 [J]. 卫生经济研究,2015（3）:62 - 63.

[76] 李礼,戴煜. 中国增材制造技术现状及发展趋势 [J]. 新材料产业,2018（8）:30 - 33.

[77] 李丽婷. 3D打印技术发展战略及产业化研究报告 [J]. 厦门科技,2016（6）:9 - 17.

[78] 李凌雁,刘丽娟. 河北省先进制造业发展水平测度及优化对策 [J]. 河北经贸大学学报（综合版）,2018,18（4）:81 - 86.

［79］李美云. 服务业的产业融合与发展［M］. 北京：经济科学出版社，2007.

［80］李小敏，陈德棉. 医疗器械行业核心竞争力分析［J］. 现代管理科学，2009（2）：61-63.

［81］李莹亮. 中国医疗器械行业崛起之路［R］. 2018.

［82］李子文. 我国平台经济的发展现状和规制问题［J］. 中国经贸导刊，2018（2）.

［83］梁鑫阁. 后位企业发展中的颠覆性创新研究［D］. 北京：北京化工大学硕士论文，2015.

［84］梁中. 把握制造业创新升级的机会窗口［N］. 中国社会科学报，2019-7-31.

［85］林家宝，罗志梅，李婷. 企业农产品电子商务采纳的影响机制研究——基于制度理论的视角［J］. 农业技术经济，2019（9）.

［86］林晓芳. 基于互联网时代的企业商业模式创新思考——以海尔案例分析［J］. 产业与科技论坛，2019（8）.

［87］林致燊. 福建船舶的"海丝"机遇［J］. 海峡通讯，2015（3）：32-33.

［88］刘川. 珠三角现代服务业与先进制造业融合发展趋势研究［J］. 统计与决策，2015（2）：138-140.

［89］刘丽华，陶蕴彬. 医疗器械行业企业并购的协同效应分析——以Y企业并购S集团为例［J］. 财务与会计，2018（10）：51-53.

［90］刘润心. 福建省数字经济现状及发展建议［J］. 安徽商贸职业技术学院学报（社会科学版），2018（11）.

［91］刘思德. 十三五稀土行业要有质的提升［J］. 稀土信息，2016（11）.

［92］刘洋，李晓. 我国医疗器械进口中存在的问题及监管制度的优化［J］. 对外经贸实务，2018（5）：50-53.

［93］刘志彪. 攀升全球价值链与培育世界级先进制造业集群——学习十九大报告关于加快建设制造强国的体会［J］. 南京社会科学，2018（1）：13-20.

［94］刘志彪. 强化实体经济推动高质量发展［J］. 产业经济评论，2018（2）：5-9.

［95］卢素梅，张芝萍. 新型城镇化背景下农村物流体系的构建［J］. 物

流技术，2016（5）.

[96] 吕铁，贺俊，黄阳华. 不容错过"机会窗口"[J]. 新经济导刊，2012（11）：48-49.

[97] 吕文晶，陈劲，刘进. 工业互联网的智能制造模式与企业平台建设——基于海尔集团的案例研究 [J]. 中国软科学，2019（7）：1-13.

[98] 栾鸿翔. 中国医疗器械行业 FDI 与对外贸易关系的实证研究 [D]. 上海：上海外国语大学，2014.

[99] 罗爱民. 医疗设备产业的未来发展趋势分析. 经济研究导刊 [J]. 2018（6）：40-41.

[100] 罗文. 从战略上推动我国先进制造业发展 [J]. 求是，2014（10）：22-24.

[101] 马朝扬. 广西稀土产业发展分析研究[J]. 大众科技，2018（11）.

[102] 毛蕴诗，孙赛赛，李炜. 从传统产业跨向新兴产业的制高点——广东德豪润达的跨产业升级案例研究 [J]. 学术研究，2016（9）：104-110+178.

[103] 茅宁莹，孙妍. 基于产业价值链视角的我国医疗器械产业升级路径 [J]. 工程研究，2018（2）.

[104] 倪卫涛. 无锡平台经济发展现状与对策建议[J]. 现代商贸工业. 2019（3）.

[105] 欧阳安. 增材制造从产业培育步入推广应用新阶段——《增材制造产业发展行动计划（2017—2020年）》解析 [J]. 中国机械工程，2018，29（23）：2895-2897.

[106] 欧阳华兵. 智能制造技术的研究现状与发展趋势 [J]. 上海机电学院学报，2018（6）：11-18.

[107] 邱立新，周家萌，国内先进城市先进制造业发展水平测度及对青岛的启示 [J]. 青岛科技大学学报（社会科学版），2018（2）：18-24.

[108] 任保平，李禹墨. 新时代我国高质量发展评判体系的构建及其转型路径 [J]. 陕西师范大学学报（哲学社会科学版），2018（5）：105-113.

[109] 任保平. 新时代高质量发展的政治经济学理论逻辑及其现实性 [J]. 人文杂志，2018（2）：26-34.

[110] 任翀，黄江，菅宸龙. FDM 工艺快速成型喷头内熔体的分析研究 [J]. 机械研究与应用，2014，27（1）：62-64.

[111] 盛亚，戴建新."互联网＋制造"模式下产业政策比较研究——以中国、德国、美国为例 [J/OL]. 科技进步与对策，2019 (18)：1－8.

[112] 石勇. 谈谈国外装备制造业的发展与振兴[J]. 求是，2007 (9).

[113] 石勇. 新业态新模式深刻改变制造业生产方式 [N]. 中国产业经济信息网，2017－6－19.

[114] 史永乐，严良，智能制造高质量发展的"技术能力"：框架及验证 [J]. 经济学家，2019 (9)：83－92.

[115] 宋志坚等. 医疗器械产业集群发展战略研究 [M]. 上海科学技术出版社，2017.

[116] 孙金秀，俞佳根，流通业和先进制造业协同性测度与评价——基于浙江的实证分析 [J]. 商业经济，2018 (9)：3－7.

[117] 孙英浩. 日本新能源汽车产业扶持政策的经验及启示 [J]. 经济视角（上旬刊），2015 (3)：76－78.

[118] 孙郁瑶. 大力发展高端应用加速稀土行业转型升级[J]. 化工管理，2016 (34).

[119] 孙悦津. 山东省城市平台经济发展对策研究[J]. 山东行政学院学报，2018 (12).

[120] 谭媛元，谭蓉娟. 中国先进制造业技术效率及其影响因素测度 [J]. 北方经贸，2015 (9)：98－99.

[121] 田宗军，顾冬冬，沈理达，谢德巧，王东生. 激光增材制造技术在航空航天领域的应用与发展 [J]. 航空制造技术，2015 (11)：38－42.

[122] 王超贤. 全球平台经济加速崛起中国注入发展新动能[J]. 人民邮电，2018 (10).

[123] 王超贤，韦柳融，释放平台经济潜力，助推传统产业转型 [J]. 世界电信，2017 (9).

[124] 王福君. 比较优势演化与装备制造业升级研究——基于辽宁省的实证研究[D]. 沈阳：东北师范大学博士论文，2009.

[125] 王华明，张述泉，王向明. 大型钛合金结构件激光直接制造的进展与挑战（邀请论文）[J]. 中国激光，2009，36 (12)：3204－3209.

[126] 王怀明. 湖北省制造业"新型化"评价实证研究 [J]. 华中科技大学学报（社会科学版），2010 (1)：65－71.

[127] 王锦连. 大力发展船舶配套业 建设世界造船强国 [C]. 国际船舶配套产业发展论坛，2010.

[128] 王岚. 融入全球价值链对中国制造业国际分工地位的影响 [J]. 统计研究, 2014 (5)：17 – 23.

[129] 王启万, 王兴元. 战略性新兴产业集群品牌生态系统研究 [J]. 科研管理, 2013, 34 (10)：153 – 160.

[130] 王如忠, 郭澄澄. 全球价值链上先进制造业与生产性服务业协同发展机制：以上海市为例 [J]. 产经评论, 2018, 9 (5)：30 – 43.

[131] 王伟, 袁雷, 王晓巍. 飞机增材制造制件的宏观结构轻量化分析 [J]. 飞机设计, 2015, 35 (3)：24 – 28.

[132] 王一鸣. 高质量发展十策 [N]. 北京日报, 2018 – 4 – 2.

[133] 王媛媛, 宗伟. 第三次工业革命背景下推进我国智能制造业发展问题研究[J]. 亚太经济, 2016 – 9 – 20.

[134] 王志华, 陈沂. 南京发展先进制造业的行业选择 [J]. 工业技术经济, 2005 (8)：87 – 89.

[135] 王子龙. 中国装备制造业系统演化与评价研究[D]. 南京：南京航空航天大学博士论文, 2007.

[136] 闻璋. 推进"数字福建"建设"数字中国" [J]. 中国招标, 2018 (4).

[137] 吴德进等. 福建省新兴产业发展研究[J]. 北京：经济科学出版社, 2018：117 – 138.

[138] 吴德进. 福建省新兴产业发展研究[J]. 北京：经济科学出版社 2018：185 – 213.

[139] 吴德进. 福建装备制造业突破性创新：内容、路径与方向 [J]. 福建论坛（人文社会科学版）, 2016 (9)：160 – 164.

[140] 吴德进. 福建装备制造业突破性创新:内容、路径与方向 [J]. 《福建论坛》（人文社会科学版）, 2016 (9).

[141] 吴晋娜. 大数据时代：从预言走向现实 [J]. 大众科学, 2013 (12)：28 – 29.

[142] 伍仕雄, 杨安民. 金属增材制造技术在模具开发中的应用 [J]. 模具制造, 2017, 17 (3)：68 – 71.

[143] 工信部. 稀土行业发展规划（2016 – 2020 年）, 2016 – 10.

[144] 肖高, 先进制造企业自主创新能力结构模型及绩效关系研究 [D]. 浙江大学博士学位论文, 2007.

[145] 肖劲松. 石墨烯产业：现状、问题、对策 [J]. 新经济导刊, 2018

(5).

[146] 谢奇. 船舶制造业转型为综合服务制造商——"中国制造"新动力 [J]. 广东造船, 2012, 31 (3): 28 – 30.

[147] 谢晓燕, 刘洪银. 平台经济推进制造业创新发展机制及其建设路径——基于全国先进制造研发基地建设的实践[J]. 广西社会科学, 2018 (9).

[148] 忻榕, 陈威如, 侯正宇. 平台化管理[J]. 机械工业出版社, 2020 (1).

[149] 兴业证券经济与金融研究院. 中国医疗器械行业发展报告 [R]. 2019.

[150] 胥朝阳, 唐寅, 刘睿智. 武汉打造全国重要的先进制造业中心战略研究 [J]. 区域经济评论, 2013 (2): 73 – 78.

[151] 徐恒. 智能制造推动新旧动能转换[J]. 中国电子报, 2017 – 6 – 13.

[152] 徐铭辰, 张厚明. 促进我国制造业智能升级和产融结合的思考——来自上海明匠智能系统有限公司的启示[J]. 发展研究, 2018 – 2 – 20.

[153] 徐铭辰, 张厚明. 促进我国智能制造和产融结合协同发展[J]. 中国经济时报, 2018 – 4 – 4.

[154] 许和木. 福建省医药产业发展若干问题研究 [J]. 福建论坛 (人文社会科学版), 2011 (7).

[155] 许学国, 王羊昕, 杨文静. 知识密集型服务业与先进制造业协同度分析与评价 [J]. 科技管理研究, 2017, 37 (22): 52 – 59.

[156] 杨斌清. 江西稀土产业链 SWOT 分析研究[J]. 稀土, 2012 (4).

[157] 杨久炎. 创新铸就造船强国梦——中国船舶工业 60 年的辉煌成就 [J]. 广东造船, 2009, 28 (5): 14 – 15.

[158] 杨诗炜, 刘贻新, 朱怀念, 张光宇, 先进制造业与生产性服务业互融发展现状及其对策研究——以广州市为例 [J]. 广东工业大学学报, 2018 (9): 86 – 94.

[159] 杨拴昌. 扎实推动智能制造 促进制造业由大变强[J]. 中国工业报, 2016 – 12 – 13.

[160] 杨雪滢, 傅利平. 基于破坏性创新的自主品牌跨越式发展路径机理分析[J]. 西安电子科技大学学报 (社会科学版), 2010 (9).

[161] 杨毅沉. 新能源汽车推广三大障碍: 成本、技术、地方保护

［J］．决策探索（下半月），2014（11）：29－30．

[162] 杨英法，周子波，陈静．以文化和智能制造推进先进制造业发展的路径研究——以河北省为例［J］．云南社会科学，2018（3）：85－89．

[163] 杨子杨．"十二五"智能制造装备产业发展思路［J］．中国科技投资，2012－5－10．

[164] 尤金秀．青岛市石墨烯产业发展现状及对策［J］．中国科技信息，2018（10）．

[165] 于军生．我国船舶制造业生产计划与控制研究［D］．太原理工大学，2010．

[166] 余稳策，张雪妍．制造业重塑与中国制造业转型研究［J］．河南社会科学，2017（7）．

[167] 袁红莉．我国造船技术现状及发展新趋向［C］．福建省科协第十届学术年会船舶及海洋工程分会论文集．2010．

[168] 袁红林，辛娜．全球生产网络下我国先进制造业集群的国际经验与政策建议［J］．国际贸易，2019（5）：61－68．

[169] 袁巍．徐州平台经济研究——以徐州经济技术开发区为例［J］．淮海文汇，2018（10）．

[170] 曾祥炎，成鹏飞．全球价值链重构与世界级先进制造业集群培育［J］．湖湘论坛，2019，32（4）：72－79．

[171] 曾真，王建忠，陈艳，郑金华．自贸区建设背景下福建生物医药产业发展研究［J］现代商贸工业，2018（19）．

[172] 张帆．"高质量发展"的思考：内涵及发展路径［J］．经济研究导刊，2018（21）：187－188．

[173] 张峰，史志伟，宋晓娜，闫秀霞．先进制造业绿色技术创新效率及其环境规制门槛效应［J］．科技进步与对策，2019，36（12）：62－70．

[174] 张广钦．中国船舶工业发展现状及未来展望［J］．船舶与海洋工程，2007（4）：10－11．

[175] 张辉．全球价值链动力机制与产业发展策略［J］．中国工业经济，2006，（1）：40－48．

[176] 张鹏，发展平台经济助推转型升级［J］．宏观经济管理，2014（7）．

[177] 张平，张自然，袁富华．高质量增长与增强经济韧性的国际比较和体制安排［J］．社会科学战线，2019（8）：77－85．

[178] 张添, 余伯阳. 医疗器械产业高端化进程中产业创新生态系统的构建研究——以江苏省为例 [J]. 现代经济探讨, 2018 (8): 106-111.

[179] 张伟. 面向智能制造的信心中心的应用研究 [J]. 第三十二届中国 (天津) 2018' IT、网络、信息技术、电子、仪器仪表创新学术会议论文集, 2018-8-25.

[180] 张伟民. 先进制造业——传统向现代的跨越 [J]. 山东统计. 2007 (1): 41.

[181] 张晓芹, 王宇. 基于《中国制造 2025》的新型制造业综合评价——以佛山市制造业为例 [J]. 科技管理研究, 2018, 38 (3): 100-106.

[182] 张讯, 葛建彪. 激光增材制造技术在民机复杂结构上的应用及研究 [J]. 应用激光, 2018, 38 (6): 1022-1027.

[183] 赵琥. 福建应大力发展船舶工业 [J]. 发展研究, 2004 (5): 51-53.

[184] 赵杰. 成熟企业发展突破性技术创新的困境与对策 [J]. 企业经济, 2012 (9).

[185] 赵丽杰, 王晓晓. 产业融合与制造业结构升级——以我国生产性创意产业与制造业融合为例 [J]. 公共财政研究, 2017 (6): 60-69.

[186] 赵文强. 我国平台经济的效应分析及其发展策略 [J]. 改革与战略, 2019 (3).

[187] 赵文强. 我国平台经济的效应分析及其发展策略 [J]. 改革与战略, 2019 (3).

[188] 赵秀婷, 刘宇. 我国石墨烯产业园发展现状分析 [J]. 新材料产业, 2018.

[189] 郑贤玲. 造船业迎来产业转移与行业景气的双重机遇 [R]. 华夏证券研究所, 2004-8-3.

[190] 中国石墨烯产业技术创新战略联盟产业研究中心. 我国石墨烯产业应用与发展态势 [J]. 中国工业和信息化, 2018-8.

[191] 中国医药保健品进口商会. 中国先进医疗器械市场研究报告 (2013-2014) [M]. 北京: 中国商务出版社, 2015.

[192] 中华人民共和国国务院. "十二五" 国家战略性新兴产业发展规划, 2012-7-24.

[193] 钟晓云. 实现南方稀土跨越发展 [J]. 中国有色金属, 2010 (24).

［194］周桂荣，闫晋凤. 融合创新：天津滨海新区先进制造业发展路径选择［J］. 产业创新研究，2019（7）：3－6.

［195］庄志刚. 福建省稀土产业发展机遇与挑战［J］. 稀土信息，2013（355）.

［196］左世全，李方正. 我国增材制造产业发展趋势及对策建议［J］. 经济纵横，2018（1）：74－80.

［197］前瞻产业研究院. 2019 年中国稀土产业全景图谱，2019－8.

［198］Greenstein S., Khanna T. *What does industry convergence mean. Competing in the age of digital convergence*［M］. Boston：Harvard Business School Press，1997，201－226.

［199］Rosenberg N. *Technological change in the machine tool industry*，1840－1910［J］. The Journal of Economic History，1963，23（4）：414－443.

后　记

　　本书系 2019~2020 年福建社会科学院重点课题最终研究成果。在研究过程中，课题组得到福建社会科学院领导、专家、学者、同事们的大力支持。参加本书撰写的人员分工如下：第一章由张旭华执笔；第二章由林昌华执笔；第三章由李冰执笔；第四章由吴德进、张丹执笔；第五章由张元钊执笔；第六章由蔡承彬、李冰执笔；第七章由陈捷执笔；第八章由陈捷执笔；第九章由刘艳飞执笔；第十章由黄继炜执笔；第十一章由吴德进、张丹执笔。当然，本书各章节观点仅代表作者本人。

　　在研究过程中，课题组参考了大量的国内外著作、论文、研究报告等相关成果，引用了有关政府部门特别是福建省委省政府及其职能部门的数据资料、政策文件等，谨此深表谢意！本书在出版过程中得到经济科学出版社的大力支持，在此表示衷心感谢！

　　由于作者水平有限，书中不妥之处，敬请批评指正。

吴德进

2019 年 11 月 18 日

于福州市世纪城